U0143293

凤凰枝文丛

孟彦弘　朱玉麒　主编

# 朗润舆地问学集

李孝聪　著

凤凰出版社

图书在版编目（ＣＩＰ）数据

朗润舆地问学集 / 李孝聪著. -- 南京：凤凰出版
社，2023.12
（凤凰枝文丛 / 孟彦弘，朱玉麒主编）
ISBN 978-7-5506-3894-5

Ⅰ．①朗… Ⅱ．①李… Ⅲ．①历史地理－中国－文集
Ⅳ．①K928.6-53

中国国家版本馆CIP数据核字(2023)第177699号

| 书　　　名 | 朗润舆地问学集 |
| 著　　　者 | 李孝聪 |
| 责 任 编 辑 | 孙思贤 |
| 书 籍 设 计 | 陈贵子 |
| 责 任 监 制 | 程明娇 |
| 出 版 发 行 | 凤凰出版社（原江苏古籍出版社） |
| | 发行部电话025-83223462 |
| 出版社地址 | 江苏省南京市中央路165号，邮编:210009 |
| 照　　　排 | 江苏凤凰制版有限公司 |
| 印　　　刷 | 苏州市越洋印刷有限公司 |
| | 江苏省苏州市吴中区南官渡路20号，邮编:215104 |
| 开　　　本 | 880毫米×1230毫米　1/32 |
| 印　　　张 | 10.25 |
| 字　　　数 | 189千字 |
| 版　　　次 | 2023年12月第1版 |
| 印　　　次 | 2023年12月第1次印刷 |
| 标 准 书 号 | ISBN 978-7-5506-3894-5 |
| 定　　　价 | 68.00元 |

（本书凡印装错误可向承印厂调换，电话:0512-68180638）

## 李孝聪

北京大学历史学系教授、中国古代史专业博士生导师，教育部人文社会科学重点研究基地、北京大学中国古代史研究中心副主任，北京大学中国历史地理与古地图研究中心主任。主要从事区域与城市历史地理研究，中外比较城市史研究，中国地图学史、古代地理图籍和中国地方志的教学与研究。撰写《中国区域历史地理》《中国城市的历史空间》等多部著作，发表论文百余篇。

# 弁　言

"凤凰台上凤凰游"，是李白《登金陵凤凰台》之诗句，昔年我江苏古籍出版社立足南京、弘扬文史，而更名所由也。

"碧梧栖老凤凰枝"，是杜甫《秋兴八首》所吟咏，今日我凤凰出版社为学林添设新枝，而命名所自也。

30多年来，凤凰出版社围绕中华传统优秀文化，彰显传承文明、传播文化、服务大众、贡献学术的出版理念，坚持以整理出版中国文、史、哲古籍及其研究著作为主的专业化方向，蒙学界旧雨新知之厚爱、扶持，渐已长大成为"碧梧"，招引了学界"凤凰"翩然来栖。箫韶九成，凤翥凰翔！嘤其鸣矣，求其友声！

"凤凰枝文丛"是本社与学界同人共同打造之文史园地，除学术研究论文外，举凡学人往事、经典品评、学术札记之文化随笔，旧学新知，无所不包。是作者出诸性情而诗意栖息之地，读者信手撷取而涵泳徜徉之处。

"凤凰鸣矣，于彼高冈。梧桐生矣，于彼朝阳。"

愿"凤凰枝文丛"成为我们共同的文化家园。

2019.5.22

# 引言

　　这本小书是我 40 年来的一些学术性文章的结集，分为区域观察、水利审视和田野踏查三个主题。

　　1982 年 6 月，邓广铭先生将刚刚从北京大学历史学系中国古代史专业毕业的我留在新创立的北京大学中国古代史研究中心任教。我边研读李焘《续资治通鉴长编》、试作《宋史·河渠志》考证，边准备在历史系讲授中国历史地理课程。初涉该领域，审视河渠水利，观察和思考中国区域历史地理，成为学习的主线。1984 年暑假，恭三师出于厚爱和鞭策，从中心有限的经费中慷慨解囊，资助我全程参加中国唐史学会组织的唐宋运河考察。从浙江宁波三江口启程，沿着唐宋运河故道水陆兼程，直到河南荥阳汴口，总共 43 天的田野实地踏查唐宋运河旧迹让我受益匪浅。考察结束后，我撰写了两篇论文《唐宋运河在中外交流史上的地位和作用》和《唐宋运河城市城址选择与城市形态的研究》，第二篇已经编入《中国城市的历史空间》，此处仅选前一篇。1975 年 8 月，河南连降大雨，共造成驻马店地区26座水库崩裂垮坝，板桥水库以下沿汝河两岸宽15公里、长55公里的广大地区几乎一扫而空。这场灾害引发人们持续思考广建水库的得失，垮坝究竟是天灾所致，还是因管理者维护不当？基于上述思考，中国青年报记者刘啸约我合写一篇探讨中国古代陂塘水利工程埋废原因的文章，在水利史专家周魁一先生指导下撰就。本书收入两篇与黄河、运河和古代陂塘水利有关的论文，以体现我对水利问题的审视。

具有区域观察的视角和分析能力是地理学者的基本素质，也是从事历史地理学教学与研究时必须时时把握的功力。以往开设的中国历史地理学概论或为专题课程，讲述者往往不太注意对我国宏观大区的区域性讲授，我在讲授"中国历史地理学概论"时，开设了"中国区域历史地理"作为姊妹课程，受到学生们的欢迎。我从现代中国自然地理区划入手，将我国分为8个宏观大区，按区域复原历史自然地理与人文地理景观，以历史地缘政治结构为切入点，阐述8个区域的历史发展过程。现将我的区域性思考收入本书，期待读者的反馈置评。《历史时期欧洲地域的界定》一文的撰写，适值欧洲统一使用"欧元"货币之际，自东欧发生剧变、苏联解体以后，欧洲的分与合一直备受关注。那段时间我刚好应邀在荷兰、英国、法国和意大利做学术调研，走访过欧洲十几个国家，亲身感受到20世纪末欧洲国际局势大演变之后欧洲社会对历史上的分与合以及对现实走向的看法，受此启发写成该文，也可以视为用区域地理学的视角观察历史上的欧洲。

如果迈不开腿，不愿意到田野中去观察地理现象，则很难被认为是真正的历史地理学者。记得1982年，当我第一次向侯仁之先生表达想当他的研究生、学习历史地理学的愿望时，侯先生以为我作为中国古代史专业的毕业生，只熟悉文献史料，不具备野外观察的能力，所以未表露愿意收我入研的热情。后来，侯先生得知我曾经在西藏地质队工作过10年，再见面时就问了一些与我在藏北高原工作地点相关的地质和地貌问题，脸上开始浮现些微笑。我意识到先生一定是对我的回答并非仅仅局限于书本知识，而是讲出了自己对羌塘高原的野外观察感受，表现出野外考察的实践经验，故而比较满意。被侯仁之先生收为入室弟子以后，协助先生编纂《中国国家历史地图集·城市遗址与布局图》，自己的学术志趣渐渐集中在城市历史地理研究和古地图的调查、整理与研究，凡有机会去田野考察，观察点也必然会聚焦于古代城市的选址、形制、功能以及它们与周围交通道路和自然环境的关系。本书选入两篇文章：一篇是我在2002年和2013年先后两次去山西东南部考察后撰写的《滏口、太行二陉考察散记》；另一篇是我在2006年于山西右玉、2008年于山西左云，考察苍头河流域的古城址和明长城之后撰写的《杀虎口在历史上的孔道与平台作用——兼谈山西右玉的地缘政治形势》。两篇文章观察、叙述的角度有所不同。2007 年 8 月 1 日至 18 日，我协助日本中央大学妹尾达彦教授组织中、日、韩三国学者组成的"农牧交错带的城址与环境考察队"，从北京出发，经山西大同、朔州、偏关，陕西神木、榆林、靖边、定边，宁夏盐池、银川、吴忠、固原，甘肃平凉、泾川，陕西彬县，至西安结束，两个多星期之内仔细踏查自汉代以来的十六国、北魏、唐、宋、西夏、元至明清的数十座古城址，三国学者就古城的选址、形制及其周围环境的演变，边观察边讨论。考察结束后我完成了《东亚农牧交错带的城址与环境——基于田野考察之思考》一文。2009 年 7 月 20 日至 8 月 1 日，我邀约北京大学、复旦大学、浙江大学数位教授和友人，从兰州出发，翻越乌鞘岭，经河西走廊武威、永昌、山丹至张掖；而后向南穿行扁都口，翻越祁连山，经门源到达青海西宁。沿途若逢遇古城址、长城、石窟寺，必登临。考察青海湖后休整一日，再启程自西宁南进，逾拉脊山至贵德，沿黄河南岸东行，越坎布拉下至尖扎，经化隆至循化、同仁，考察积石山以西黄河南岸的唐、宋古城址；再转向甘南高原，经夏河、临夏，在积石山东麓乩藏镇找寻北宋神宗熙宁七年（1074）二月知河州景思立与青唐羌鏖战败死的踏白城址，最后考察队回到兰州，实现了跨越甘肃、青海两省探寻古代道路与城址的田野学术考察。在考察的基础上完成的《甘、青地区考察所见古城址初识》一文是全部考察的前一程。回顾以上考察，其中最大的收获是订正了谭其骧先生《中国历史地图集》中的某些城址位置，并发现了一些失载的城址，而且多数城址经过 GPS 定位，位置精准。通过这四篇学术性考察随笔，读者或许能够体会到历史地理野外考察的艰辛与乐趣，以及学术界对古代城市选址、功能、形制和兴衰的思考。现一并收入本书，以飨读者。

李孝聪

2023 年 1 月

# 目录

引言

# 第一辑 区域观察

# 历史地理学对区域的观察与叙述之方法

从区域的角度，以中国区域自然条件与人类活动的互动关系为视角，观察大地域、多民族统一国家在形成发展进程中的历史地缘政治结构；思考在区域地理环境制约下，水陆交通线与城镇聚落的分布、地区开发的模式、人类活动对自然环境的扰动。从区域内族群的文化习俗特征的角度，阐述地方文化的扩散与融合，可能是关于区域、民族与中国历史比较好的叙述方式。区域性研究是进入21世纪以后国际学术界研究的热点，是对以往不能自圆其说的整体性、概括性描述的批评和补充，也是学术研究与现实社会需求相结合的"接口"。

传统地理学就其研究主题——地理本体（geographic substance）——的性质，分为部门地理（topical geography）与区域地理（regional geography），也有学者将其分为"系统的"（systematic）和"区域的"（regional）。

其实，这只是地理学在观察世界的角度、研究和表达方法的差别，不应当将其视为"两分"（或"二元"）。实际上，部门地理与区域地理有着紧密的关联和不同的表述①。美国地理学家 R. 哈特向（Richard Hartshorne）极力主张地理学的焦点是区域差异，即地球表面上各个景观的嵌合。因此，他强调对区域差异的事实作出解释，这种区域差异不仅仅是某些事物在地方与地方之间的差异，而且包括每个地方地理现象的总体组合与其他地方地理现象总体组合之间的差异②。

关于区域历史地理研究，侯仁之先生的思路是通过区域性的专题研究，提供地理学上的透视，与政区沿革地理有机地结合起来，用一系列历史地图来反映不同历史时期区域自然和人文地理的剖面，构建一种完全可能的研究框架结构。谭其骧先生则认为：以中国疆域之辽阔，要想一动手就写好一部完整、全面的中国历史地理著作，大概是不可能的。只有先从区域历史地理入手，一个地区一个地区地先做好具体而细致的研究，才有可能进一步综合概括，

---

① 〔美〕R. 哈特向著，黎樵译：《地理学性质的透视》，商务印书馆，1983 年，第 128—141 页。
② 〔英〕R. J. 约翰斯顿著，唐晓峰等译：《地理学与地理学家》，商务印书馆，1999 年，第 55 页。

从而成为一部有系统有理论的中国历史地理学[①]。谭其骧先生更加明确了中国区域历史地理在整体的中国历史地理学体系中应当是研究的基础。

从事区域历史地理研究，工作的起点应当先确定所要研究区域的界线，然而区域的界定则是最复杂、最困难的。因为区域本身意味着综合性与可比性。区域本来应当是自然形成的，不是人为事先划定的。可是，在人文地理研究中（无论历史的或现代的），"区域"往往是由研究者来划定的。其界线的划分，既有按综合自然区划，也有按现代行政区划，或者按现代经济区划。例如，以现代省区界线来描述古代的农业地理或文化地理，不能说这样的区域界定没有道理，因为现代省区界线的形成有着历史演进的规律性与合理性，与历史上的经济区或文化区有相当密切的关系，无论农业区界线、文化区界线与行政区界线是否吻合，都值得研究。但是，按现代省区来研究专题性部门历史地理问题，容易人为地割裂长期自然形成的区划。或者说不是从事物的本源出发，使读者不易体察在发展与流动中是否逐渐形成了某种区划，是否体现出地理学家强调的区域间的差异。

从现代地理学的理论来看，区域是地理学的基本分析

---

① 参见谭其骧为《东北历史地理》撰写的序文，黑龙江人民出版社，1989年。

范畴。R.哈特向认为："区域是一个具有具体位置的地区，在某种方式上与其他地区有差别，并限于这个差别所延伸的范围之内。"因此区域往往是具体的。本质上讲，区域是地理空间的一种分化，分化出来的区域一般具有结构上的一致性或整体性。这里的结构包括空间结构、城乡结构、资源环境结构乃至于行政结构、文化结构等。区域作为一个实实在在的地理现象，有其本质的而非人为赋予的性质。

区域包含若干景观单元，景观单元在空间相互配合形成一定的结构，这种结构的数学形式通常称为空间格局，区域的结构特性或称为区域的差异性。区域结构特性的一个重要表现是区域的层次性。由于地域分异规律的作用，区域内可以划分为自然带、亚地带、自然大区、自然区，以及不同的水热结构单元或土地类型单元，形成一个层次系列。地域分异中，层次性的存在使我们可以根据不同的原则来划分区域的层次。区域在自然状态或物理结构方面是稳定的，而在人文状态或结构方面是不断演化的。

区域存在中心——腹地结构或核心区与边缘区的划分。中心的意义在于它在经济、政治和社会方面比腹地更占有优势，从而将区域按一定的层次和规模等级关系组织起来。不同的地理类型区，如文化区、经济区，可以具有不同的中心——腹地结构，而政治、文化对经济又有不可忽视的影响，使许多不同性质的中心——腹地结构有重合性，核心区与边缘地带是互动的。

地理属性的一致性，使空间划分为不同等级的区域；依据属性的不同，又可以把空间划分为不同类型的区域，例如：自然区、经济区、行政区、文化区、气候区、农业类型区、地貌区、生态区等。其基础是地域分异性。各类型的区域可能有不同的边界，也可能有相同的边界，依地域分异的性质而定。不同类型的区界一般不重合，但是也有可能相重合。将地球表层划分出若干区划是地理学的一个重要研究手段。

城市是人类文明的标志，也是地球表层人类活动最频繁的地方，"城市是历史上形成的以非农业活动为主体的高度聚集的人口、经济、政治、文化的社会物质系统"（周一星）。古代社会的城市可能并不完全符合现代城市的判识条件，可是至少在某一方面成为一个区域内的核心。城市的自然、生态、经济和文化过程，构成了一个综合的地理环境。城市的综合性不仅表现在城市拥有山丘、河流、阶地、海滨等自然景观，也体现在城市的建筑、园林、服饰、饮食、习俗、语言等人文景观方面。

地理学与科学、社会的关联是从一套独特而综合的视角产生的，地理学家通过这种视角观察他们周围的世界，这种独特而综合的视角也可以应用于观察古代的历史与社会。正像所有的现象都在时间中存在而有其历史一样，它们也在空间中存在而有其地理。因此地理和历史就成为了解世界的核心。地理学的视角包括三个方面：

（一）通过地方、空间和尺度来观察世界；

（二）把人类活动与自然环境、经济、社会和政治系统联系起来综合性地研究世界；

（三）应用图像的、语言的、数学的、数字的和认知的方法从空间来表述世界。

美国国家研究院地学、环境与资源委员会把表述现代空间的技术手段分为以下三类[1]：

**观测** 对现象与事件的观测是地理学精确表述真实世界的中心问题。传统观测方法是地理学家通过野外观测和探查，就对象进行直接的现场接触。野外工作对微尺度和中尺度观测尤其有效。

**遥感** 地理学家在利用航空遥感和卫星遥感所得数据进行地区性和全球性土被（land cover）调查和监测方面起着重要作用。尺度是用遥感法收集资料时会遇到的问题，影响所收集的资料的质量和可用性。

**地图** 地理学与地图学之间传统的紧密联系赋予了本专业对空间和地方的关注。对地理学家来说，地图不只是导向的助手，地理学更看中对地图的使用，强调对地图的

---

[1] 美国国家研究院地学、环境与资源委员会等编，黄润华译：《重新发现地理学——与科学和社会的新关联》，学苑出版社，2002年。

解释。随着地理信息系统（GIS）和全球定位系统（GPS）及其相关技术的飞速发展，区域地理研究将更加注重自动汇编、处理和分析野外观测资料。电子地图与多媒体的结合将比传统印刷版地图更有包容性。

## 如何切入中国文明史当中的"区域""民族"等问题？

可以从中国现代自然地理区划入手，按现代大区域复原历史自然地理与人文地理景观，阐述区域地理的历史变化过程。注意区域自然环境与人类活动的互动关系，把握历史政区与现代政区的划分异同，分析界线不相吻合的缘由，分析阐述历史时期不同区域、各族群人类活动对自然环境的影响。

将现代区域地理学理论与对历史时期的分析描述相结合，指出各区域的特征，重点强调时代差异和地区差异。由差异性出发可将大区域分为地区、地方与地点等不同层次的亚区域。描述和解释地区差异，是区域地理学的重要任务，而划分地理分区的目的，则在于了解自然现象和人文现象的区域组合，认识地区差异，分析区域发展规律。我们可以从位置、空间和时间尺度对某一时代的宏观大区进行研究。行政区划是自然、人文综合条件的产物，其形成以后，特别是形成相对稳定的层级区划后，往往对文化区的空间格局产生巨大的影响力。中国王朝时代在各地设立的"府",往往是区域文化亚区的地域划分标志,在其所统辖的次级政区内,例如厅、州、县,则具有很强的相似性和一致性。

"地缘政治"在20世纪后半叶的中国,曾经因为被片面地理解而受到过不公正的待遇,长期被打入冷宫,因而使该领域的研究在中国大陆显得相对薄弱。"地缘政治结构"指的是受政治制度与政治环境等要素制约而形成的地理空间结构,反之,这种地缘结构又对地区的政治动向有着重要的影响。习惯上"地缘"一词专指全球问题,我们将其引申为区域内部的行政区划结构,表述为"区域的地缘政治结构"。对于古代中国社会来说,地缘政治结构是受地方行政制度与自然环境双重约束下所形成的区域空间结构,影响地缘政治结构最主要的政治因素就是中央集权与地方分权的矛盾。翻开从古至今的中国历史,没有一个时代能够摆脱这个"地缘政治结构"的影子。怎样建立合理的地缘政治结构,化解集权与分权的矛盾?从行政区与监察区的划分、行政区的层级与管辖地域空间的幅员,可以透视历代王朝如何既保证中央对地方的控制,又能给予地方一定的权力。妥善地处理"地缘政治结构"能够保证王朝的繁荣兴盛。

既然区域研究是地理学最基本的视角,每个区域都可以分为"核心"与"边缘"两大部分。那么在古代的农业社会中,最主要的资源为可耕地,因此,区域的核心部分大都位于河谷或低平地带，边缘地带则位于区域周边的高地、沼泽、盐碱滩或绵亘的山区。自然地理条件的差异不同，导致了核心区与边缘地带的差异。任何中国历史时期的区域研究，必然有"核心"与"边缘"之分，可以说这是衡量全国疆域范围的尺度：人们既可以审视从京、都所在的畿辅核心区到地方一级的边缘地带，也可以缩小到某个范围较大的宏观大区（macro-region）进行考察，或者将视角缩至更小的次一级区域。对一个时代文明的认知应当具有区域研究的眼光，从比较中发现真实，看出差异。

从具体的研究角度，由于城市空间布局以及城市经济既能反映一个国家、民族或一个区域的社会经济状况，也可以体现出文化传统和政治思想，所以研究城市空间以及城市经济，对区域研究和历史研究有着同样重要的意义。按照现代地理学的理论，城市是兼有经济、行政和自然性质的一种综合性区域，城市作为地球表面的一种地理现象主要有两方面的特征：一是位置和分布的特征，二是城市内部地域差异的特征。因此，以城市为线索的历史区域地理研究也应当兼顾上述两方面的城市特征。既要把历史上的城市放在一定的区域里，研究城市位置的选择、城市分布及城市之间的相互关系，即城市体系；也要把城市自身当作一个空间（区域），研究城市内部的功能性空间结构。前者所谈的区域可以理解为在相对较广阔的地域（面）中，把诸多城市作为以"点"或以"线"联系的群体来研究；后者是将一座城市的建成区看作一个地域"面"来分析其选址、城址形制、街道布局等城市的形态特征与城市内部的功能结构，揭示城市发展过程中的规模、形态、布局与职能组织配置关系的形成和变化过程。中国城市的地域结构特征是城市文明在中国历史发展过程中，适应中国社会政治、经济和文化的种种需要而在自然地理环境和人文环境双重影响下的塑造。

将区域的描述与部门地理的研究相结合。文化有着很强的地域色彩和地域差异，从文化特征的地域差异分析入手，进而划分出文化区，是区域文化历史地理研究的一个重要方法。需要注意的问题是，对历史时期文化地理的研究，应尽量利用反映当时人的认知的史料，而不是依据今人观察到的一种分区方案。因为关于文化研究的理论、分区模式都是现代感知的产物，未必能够真实地反映过去时代人们感觉中的文化区。另外，文化会随着人的流动而扩散，因此要注意原生地域文化的地缘特色，及其与传播地文化的流变。


## 怎样划分历史区域？


自然地理环境变化的频率比人类社会的演替要缓慢得多，所以尽管今天的地理景观与历史时期的地理环境不能相比，我们也还是可以借助于当代综合自然地理区划的空间分布来分析区域地理的历史情况。为此，我们将中国综合自然地理区划的宏观大区与现代中国的行政区划相结合，同时照顾到历史上一些已经习惯的划区原则。根据导致地域分异性发生、发展的主要因素，把全国分为 8 个宏观大区来研究：

西北内陆地区，含甘肃、青海、宁夏、新疆，不含陕西；

西南盆地与高原地区，含四川、云南、贵州、西藏、重庆，及陕西、甘肃之秦岭以南地区；

中原地区，以黄土堆积为主的地貌，含陕西、山西、河南、山东、河北、北京、天津；

长江中下游地区，含湖北、湖南、江西、安徽、江苏、上海；

东南沿海地区，含浙江、福建、台湾；

岭南地区，含广东、广西、香港、澳门和南海诸岛；

东北地区，含辽宁、吉林、黑龙江；

蒙古草原地区，含历史上长城以北的内蒙古和外蒙古地区。

历史区域的划分是最棘手的问题，因为中国的疆域和政区在历史时期多有变更，很难确定当以哪个时代的疆域政区作为叙述的空间结构。因此，我们基本上是以今天中国的疆域政区作为区域划分的基础，同时照应历史上曾经属于中国而现在处于中华人民共和国管辖范围之外的地区。严格地讲，以现代疆域政区划分区域并不合理，但是最容易为广大读者从地理方位的角度理解，能够对中国各地自然环境、经济与文化历史地理有一个综合性的认识。尽管如此，在叙述中也会对分区作适当的调整。

为什么没有完全按照当代综合自然地理区划划分的标准，即按热量差异、植被、土壤等要素的不同来划分区域？虽然看起来不很合理，但是我们也尽可能地考虑现代自然地理区划的划分原则和要素。8个宏观大区主要参照自然地理的分异，基本上以当前中国地方行政区划的省区为纲，如此则可以用人们熟悉的当代行政区划与过去的历史政区进行对比，发现演变的规律，同时又能够处处结合区域自然地理环境的特色去理解，所以有些地区又打破了现实的省界，如秦岭以南的汉水上游，并没有放在陕西省来讨论。实际上，将中国自然地理区划与当前中国地方行政区划嵌合在一起很困难，也不尽科学，何况又是历史时期的内容叙述，更使人无从下手。以中原为例，我们本想以黄土高原和黄淮海平原两大区域为纲，但是发现自然区划与人文地理不易整合，难以令读者从地理空间上有清晰明确的感知。所以，最终我们还是采用大宏观区域与现代省区结合的做法，而这只是退而求其次的不明智之法。

## 宏观大区的叙述视角

**视角一** 描述区域历史自然地理概况。内容包括地形地貌、气候、河湖水系、自然地理分区，目的是对大区域的自然地理环境有总体的认知。其中的自然地理分区是根据地貌单元将区域内再细分成若干亚区，并与历史上的行政区划整合起来；阐述历史时期自然环境对人类活动的制约，历史时期有重大标志性的环境景观变化（如河流、湖泊、绿洲）；每个区域末尾都点评该区域地理环境特征与历史地缘政治结构。

**视角二** 叙述区域历史交通的变迁。包括历代陆路和水运交通线的分布和走向，重要的关节点（山口、津渡、分岔路口等），环境变迁对交通选线的制约，适当穿插发生在交通道路上的历史人物事迹。

**视角三** 分析区域经济开发与城市的关系。内容涉及区域经济开发与人地关系的相关分析，地区开发与历史政区分合的关系，区域中心城市的产生、选址与发展历程，城市分布的地带性和城市形态特征，导致城市兴盛或衰落的因素分析。

**视角四** 阐述区域历史文化景观的特征。关于历史文化景观形成的地理背景，历史文化区域的划分，文化的扩散与融合，以环境适应和具有地方特色的建筑形式为标志的区域文化景观特征。

必须强调的是每一宏观大区的划分都是建立在追溯历史的基础之上，是四个特定观察视角下一定历史阶段的区域地理形态。由于区域地理本身意味着差异和比较，譬如山地河谷地形，其中有明显的气候与植被的垂直分异，而平原地区则不突出。因此，每个大区观察视角的内容不会统一，也不求平衡一致。

　　总体来讲，我们的主导思想是：地理环境对人类社会的发展有很强的制约性，人类始终在保持生存发展与社会完善中寻找适应自然环境的最佳途径；同时，人类也在适应环境的过程中不断地改变着自然环境和人类自身。每一具体的区域环境使地球上的族群既产生众多差异，也导致许多认同，这应当是关注"区域""民族"与中国历史叙述的方式之一。

# 关于中国区域历史地缘政治结构的思考

## 西北地区历史地缘政治结构

### 对甘肃历史地理环境与地缘政治结构的认识

甘肃全境的地理环境分异非常突出，最有代表性的区域是河西走廊，河西走廊因位于黄河之西，且又夹处在青藏高原北缘的祁连山脉与蒙古高原南缘隆起的走廊北山之间，形成一条长一千余公里、宽百余公里的狭长地带，形似走廊而得名。在自然地理区划上属于我国西北典型的内陆干旱地区，行政区划上为甘肃省张掖、酒泉二地区和武威、金昌、嘉峪关三省辖市属地，并涉及内蒙古自治区阿拉善盟部分地区。

河西走廊由于其特殊的地理位置以及与周围地理环境的特定关系，历史上曾是中原通往西域以至欧洲的必经之路，是闻名于世的丝绸之路最重要的干线路段。河西走廊也是北方草原民族与黄河上游的甘、青、川交界地区民族往来的通道。东西方文明在这里交流荟萃，民族交往十分频繁。河西走廊不仅是屏蔽关陇和中原的门户，也是中原王朝势力强盛之时锐意经营的西进道路上的重要中继站，具有十分重要的战略地位。

河西走廊依赖其南部祁连山脉发源的石羊河、黑河、疏勒河三大河流水系的滋润，发育了连绵的片片绿洲，自然和交通通行条件较之走廊以北的荒漠，无疑要优越得多。河西走廊北部伸入沙漠中的石羊河、黑河下游的民勤绿洲和居延泽（今额济纳旗），是通往宁夏、河套以至蒙古草原的要径，南部穿越祁连山脉诸山口又可通往青藏高原。因之古代河西地区在大一统的汉、唐、明时代，其地位和作用就愈发显得重要。西汉设立武威、张掖、酒泉、敦煌四郡，原本欲"以隔绝胡与羌通之路"，后世却发展成"胡汉交往"繁荣一时的国际性都会城市。另外，在中央弱势的情况下，河西走廊各块绿洲也能够自成割据，南凉、北凉、西凉各自占据武威、张掖、酒泉而立国，就是明证。

对河西走廊影响最大的自然因素是水系的演变。河西走廊是西北干旱区域的一部分，各河流均发源于河西走廊南面的祁连山地。上游是高山冰川融雪，中游为深切的河谷，大多数河流迅速消失在山前堆积的冲积、洪积扇的戈壁滩内，形成潜流。下游在不同时期，常有不同位置和不同范围的一个或数个终端湖，湖泊位置容易游移、变小或消失。河流出山以后，流量并不稳定，多为季节性河流。每条河流在走廊南北的山麓地区，均有大量砾石及沙土的扇形堆积物，河流愈大，洪积、冲积扇也愈大，扇缘时常是古代城池选址所在。各类洪积、冲积扇联结成走廊南北山麓的带状戈壁滩。不少河流在南北山麓造成冲积扇后，由于扇面前缘有隆起的低山阻隔，河道在山前作直角转弯分流，因此人工灌溉渠道一般都在冲积扇面分流。天然河道与灌溉渠道在历史时期的变化很大，因为从第四纪末至人类历史时期，各河道在冲洪积扇面普遍有向东偏转改道的趋势。地球转偏斜、新构造运动、泥石流堆积与洪水冲蚀是引起河流改道的自然原因，人类的生产活动如修筑拦河堰坝也是缘由之一。这种河道的迁移导致绿洲与下游终端湖的位置迁移和水量、水质的变化，历史上的趋势是：各湖泊随着入湖河流水量的减少，水位由高变低，湖面由大变小，湖名与数目由少变多，水质由淡变咸，愈早期的终端湖愈远。湖水在某地存在的时间愈长，湖床遗址的盐分必然愈大，这是我们今天判断古湖位置的主要依据[1]。敦煌地区古代城址的废弃和重建，往往受上述河流改道、绿洲迁移的影响，汉代玉门关恰好位于两条河流的西支故道上。

[1] 冯绳武：《甘肃河西水系的特征和演变》，载《区域地理论文集》，甘肃教育出版社，1992年。

甘肃位居中国中西部，处于不同自然地理区的过渡带，自然环境与民族历史情况特别复杂。兰州有世界上最厚的黄土层，总厚度超过 400 米，陇东的泾、渭河上游河谷是中华文明发祥地与农业起源地之一。古史传说中的伏羲、女娲均诞生于陇东成纪，清水河谷的大地湾是中国最早彩陶文字符号的发现地，也是中国旱作农业的起源地。天水是全国稀有的简牍和战国秦地图的发现地。甘肃保存有各历史时期修建的长城遗址。

陇中、河西为亚欧大陆交通要道。历史时期，泾、渭、洮河及河湟谷地与河西走廊，一直起着东西要道的作用。经过黄河天险的渡口处，很早就发展成为渡口城镇，金城县（今兰州）、会州（今靖远）、鸣沙县（今敦煌西北）皆黄河上的重要津渡口。陇山南段的大震关与恭门关，中段的街泉亭与陇城关，北段的萧关与瓦亭关，都是古代交通线上的重要关隘。

甘肃自古是农牧民族角逐进退的地带。甘肃省从陇南、陇中到河西，气候由东部湿润区、半湿润区向西部半干旱区与干旱区过渡，人口由稠密至稀少，经济生活由农业、半农半牧向畜牧与游牧业转变，居民在历史上由以汉族为主，渐进到汉、胡杂居，以及羌、氐为主的兄弟民族聚集区。因此，汉族农业在几千年来，多次由东部诸河谷平原向半山区、荒漠绿洲发展，从而建置了不少城镇聚落与稳定的农田，形成河谷农业文化景观。来自西北部荒漠草原与高原半山区的少数民族，多次侵入自然条件较优越的河谷平原农业区，遂使部分原有的农业区退耕还牧，不少城郭荒废或迁移。因此，甘肃在历史时期具有农牧区民族角逐进退的下述特征：兄弟民族占据省境的时间长于汉族占据时间，城镇多有迁徙而文献记载不全，甘肃在历史上长期未能形成整合的地域。

## 宁夏整合的历史与地缘政治结构

宁夏地区作为省一级行政单位出现得比较晚，民国十八年（1929）才正式建省。就像任何一个地域单元的形成一样，宁夏各地整合成省，是各种历史因素积淀的结果。如果从这个角度来看，对于宁夏建省的一些主要历史因素的追溯，可以上推到两千年前的秦汉王朝。这里所说的主要因素，就是在自然地理环境制约下的交通线、商业贸易、地方行政与军事体系的划分。通过对宁夏地区整合成省过程中主要因素的分析，能进一步增加对宁夏区域发展历史的认识。

一个地区的人类活动和当地的自然地理因素密切相关，民国建宁夏省时包含了三个地理单元。其一，贺兰山以西的阿拉善厄鲁特旗、额济纳旧土尔扈特旗地。这两个地区属于西北干旱区，多沙漠、石碛，也有一些雪山融水和草地等，生产经营方式以游牧为主。其二，贺兰山以东是银川平原和卫宁（中卫、中宁）河谷平原，属贺兰山冲积扇和黄河洪积扇，土地肥沃，农业发达，简称宁北。其三，山水河（今苦水河）与清水河流域之间地区（未含固原地区），为黄土高原的西北边缘，属半干旱丘陵山地，以半农半牧混合经营为主，简称宁南。在历史上，这三个地区之间的联系就比较紧密，秦朝统属于北地郡。西汉初，西北疆界仅止于故塞，即秦昭襄王长城（今固原城北），故塞以外尽没入匈奴。直到汉武帝北驱匈奴，收河南地，置朔方、五原郡，宁夏地区才又回到中原政权之手。可是因此地与漠北联系便利，故西汉将其分而治之。山水河以西的卫宁平原与清水河流域划归凉州刺史部所管之安定郡，在东汉南匈奴内附之后，才又整合在一起。

宁夏地区对于西北游牧民族非常具有吸引力。入贺兰山障塞，沿黄河、清水河可以直达固原，由固原向南逾六盘山，顺河流谷道而下，可以很方便地直捣关内，或横出河西走廊等地。肥沃的宁北平原和交通枢纽的固原六盘山地联系在一起，进可攻，退可守，于是成为历代中原政权重视的边陲要地，也是南窥中原的北方游牧民族的绝好跳板。魏晋时期，由于中原政权不稳定，北部的银川平原先后被羌、匈奴和鲜卑据为游牧之地，南部固原地区因处于交通要地，发生过多次激烈的争夺。十六国时期，银川平原在大部分时间被匈奴铁弗部占据，铁弗部以北部平原为基地，最终以实力取代了后秦政权，建立夏国。南北朝时期的北魏，在宁南和宁北分别设立高平镇（治今固原）和薄骨律镇（治今灵武南）两个军镇。到了唐朝，宁夏地区统由治所设在灵州（今灵武南）的朔方节度使节制。五代时期，朔方节度使仍治于灵州，但是宁南地区已经被吐蕃、党项等族占据，宁北地区与中原政权的联系通道只能依靠灵（州）盐（池）台地，沿陇东的环江河谷伸向东南关中。北宋时期，西夏政权完全控制了同心以北地区，北宋只占有宁南地区的南部。金人南下灭北宋以后，宁南改属于金朝。宁南地区无论宋、夏边界，还是金、夏边界，这条界线的走向基本没有大变，大致沿着青龙山、大罗山、窑山、云雾山、烟筒山、南华山、西华山等构造山地，实际上反映出宁夏南部半干旱地区农业与畜牧业两种生产经营方式对当地自然环境的适应性。这条边界线以南，气温、降水都较北部略显优越，黄土堆积深厚，风力侵蚀稍弱，故历史上能够维持旱作农业。

元代继续维持这条界线，南部划属陕西行中书省的开成州（治今固原南开成镇）；宁北属于甘肃行中书省，设置"宁夏府路"管理，辖灵州、鸣沙、理应等州，这是"宁夏"作为行政区划地名之始。明代沿着这条界线修筑了长城内边墙，宁南、宁北被长城隔开，北部设有宁夏前、后、左、右、中等卫，属于陕西都指挥使司，南部固原州及同心县属于陕西布政使司。宁夏地区的重要性在明代长城九边重镇的设置中得到充分地体现，不仅有宁夏和固原两个边镇，而且由于固原镇的地理位置特殊，设延绥、甘肃、宁夏三镇指挥所，即"三边总制府"于此。明代鞑靼和瓦剌南下侵扰陕西的路线有东、西两条，西线在中宁、中卫突破边墙，渡过黄河，沿清水河南下，到达固原；东线从花马池（今盐池）突破边墙，经同心县的韦州、下马关、豫旺城到达固原，无论哪一条都是以直捣固原为集结地。后来蒙古以取道东线南下为常，故"三边总制府"移到花马池。从而可以看出，宁南、宁北之间有唇齿相依的关系，也可以自成一方格局，同时又是南北、东西交通的十字路口，由此造就了宁夏地区在历史上具有重要的战略地位。

为什么贺兰山以西的游牧地区在历史上曾经和宁南、宁北整合在一起？该地区的首次整合，是在西夏时期。这不仅仅因为西夏王朝的疆域和民国时的宁夏省有相似之处，更重要的是这一时期发展出将贺兰山以西的草地、戈壁和以东的兴庆府（今银川）、灵州地区连接起来的交通路线。在西夏之前，宁夏地区的交通线主要是南北向为主，至于向西穿过贺兰山，深入西部广阔的戈壁、草地的交通路线还没有正式开通。由于西夏的根据地是银川平原，但是向东由于面临辽和北宋的军事壁垒，发展困难，只能向西开拓。西夏时期，贺兰山以西，河西走廊以北都在其控制之内。为了抵御契丹、吐蕃和回鹘，西夏分别在这些地方设置了黑水镇燕、白马强镇两军司（《嘉靖宁夏新志》），二者的位置大致就是今天的额济纳旗和阿拉善旗。从西夏都城兴庆府（今银川）往这个方向的道路有两条：一是从兴庆向南，经过克夷门（今三门关）翻过贺兰山，经阿拉善左旗到达黑水镇燕军司。二是从兴庆向北，经过定州，沿保罗大陷谷到达白马强镇军司。这两条道路是西夏时期新开发出来，是与贺兰山以西地区联系的主要通道。元朝在今内蒙古额济纳旗黑城设置了亦集乃路总管府。每年从兰州和宁夏府路、灵州地区购置大批粮食，经河西走廊的甘州运到亦集乃路，路途遥远，耗费巨大。从至治二年（1322）开始，改由从宁夏地区出发，向西穿过贺兰山，经阿拉善左旗到达亦集乃路，该路线正是西夏的旧路。明初，沐英率军讨伐屯于和林（今蒙古国哈拉和林）元国公火脱赤，仍然选择穿越贺兰山到达亦集乃路的线路。只是在占有贺兰山以西地区之后很快就放弃了，所以，明代对这条道路没有经营（《宁夏通史》）。

西北游牧民族在历史上经常穿越贺兰山，与宁北地区的定居者进行商业往来。由于很多书志在提到宁夏地区时，常常强调西阻贺兰、东据黄河，容易使人忽视贺兰山东、西地区的相互往来。贺兰山有大小山口通道四十多处（梁份《秦边纪略》卷五"宁夏卫"）。由于宁北平原和西、北两方向游牧地区在交通上的便利性，在和平时期，宁夏地区的商业非常繁荣，游牧民族常常通过这些山口进入宁夏地区，和农耕民族进行商业贸易。这个地区游牧民族和农耕民族的商业往来也不曾受到多少限制，即使是在明朝兴修边墙以后,也定时开放沿贺兰山脉边墙上的一些关卡,只是在入关人数和贸易货物种类方面有所限制。清代,宁北地区居民与周围蒙古族牧民交易的口市有三处:花马池城(今盐池)、横城堡(今灵武北,已被黄河冲圮)城门外各一处,分别位于明代"河东边墙"的东西两端;还有一处在石嘴(今石嘴山)。每月交易三次,喀尔喀、土尔扈特、乌拉特等部都来此互市。此外,还开放贺兰山上的赤木、黄峡、宿嵬三个路口,西边的阿拉善蒙古随时可以进宁夏府城交易。蒙古族同胞主要是以羊只、毛毡、皮革和吉兰泰盐换取汉民的布匹和粮食。

清朝在行政体系上将阿拉善厄鲁特旗、额济纳土尔扈特旗与宁夏地区进一步整合。阿拉善厄鲁特旗是在康熙二十五年(1686)归于清朝的[①],被康熙皇帝封在"宁夏所属玉泉营之西,西宁所属倭波岭塞口及甘州所属镇番塞口以北,西向至厄济纳河,俱以离边六十里为界"[②]。它的西边是额济纳土尔扈特旗,在康熙四十三年(1704)归附[③],即今天的阿拉善盟额济纳旗。此二旗与宁夏地区都

---

① 包文汉、奇朝克图整理:《蒙古回部王公表传》第一辑,表之十一"阿拉善厄鲁特部",内蒙古大学出版社,1998年。
② 林铁钧、史松主编:《清史编年》卷二,人民大学出版社,1988年。
③ 包文汉、陶继波整理:《蒙古回部王公表传》第一辑,表之十三"土尔扈特部"。

在陕甘总督控制范围之内 [①]。清朝被推翻以后，北洋政府的很多机构沿用前清旧有建制。1914年袁世凯改宁夏镇为宁夏护军使，节制阿拉善旗、乌审旗和鄂托克三旗的军务。护军使是北洋政府统治时期在各省重要地区设立的一种专门机构，管辖地区军务，其职权在镇守使之上。清代到民国从制度层面上的套西二旗和宁夏地区之间的关系更为紧密。

宁夏成为回族聚居的地区始于元朝，蒙古平灭西夏以后，大批来自中亚、西亚，信奉伊斯兰教的民族来到宁夏，在灵州、固原一带屯戍，宁夏、甘肃等地成为回族的聚居地。经过明、清两代的繁衍，"宁夏至平凉千里，尽系回庄"，回族的势力强大，在民族认同与风俗习惯上自然形成了一个整合单元，并为以后的宁夏建省埋下伏笔。

民国时期，社会激烈动荡，在民族、宗教、军事、政治等各种历史因素的作用下，促成宁夏完成了整合建省过程的质变。清末由举人发家的宁夏回族首领马福祥，投靠北洋政府，成了甘肃省宁夏镇的总兵，拥有一支集民族、宗教、血缘关系于一体的部队"马家军"。马福祥由于政治地位的上升，本人又善于四面经营，势力一步步膨胀，

① 乾隆十八年（1753），置额济纳旧土尔扈特特别旗，直隶理藩院，受陕甘总督节制。参见《额济纳旗志》，方志出版社，1998年。

虽然只是宁夏镇总兵，但实质上军、政、财权揽于一身，使他控制的宁夏地区在军事、政治、财政、宗教、民族上都具备了成为一个独立行政单元的条件。由于反蒙古分裂有功，1914年马福祥被袁世凯任命为宁夏护军使，节制三旗军备，脱离甘肃省，直属中央。这个特殊的建制，名义上虽然仍是军事体系的，但是已经使宁夏正式上升为一个省级单位，具备了建省的基础。此后的几年里，马家的地盘进一步巩固。1924年"北京政变"后，冯玉祥着力经营西北，笼络西北诸马，马福祥家族也乘机扩大自身力量。1928年，由于蒋、冯、阎、桂讨伐奉系成功，南京国民政府成立，冯玉祥基于自身利益的考虑，提出把青海、宁夏从甘肃省分出来独立成省的议案，获得批准。民国的宁夏省包括甘肃省朔方道（即宁夏道）的八个县（宁夏、宁朔、中卫、平罗、灵武、盐池、金积、平远），宁夏护军使辖地的阿拉善、额济纳两旗，以及磴口县。宁夏和青海独立成省，是冯玉祥设法取代当地马家势力的迂回措施，也是蒋、冯之间争取势力均衡的结果，当然其中也有马福祥家族的小算盘。宁夏建省后不久，1929年中原大战爆发，冯玉祥力量撤出宁夏，此后直至解放，宁夏地区基本上都属于马家的势力范围。

　　1949年9月23日宁夏解放，中央人民政府一度撤销宁夏省，将宁夏划归甘肃省，使宁夏在第一个"五年计划"期间错失发展机遇。1959年基于民族政策的考虑，中央人民政府将阿拉善、额济纳二旗划归内蒙古自治区，将北部平原地区和南部山区结合，成立了宁夏回族自治区。"文化大革命"时又曾一度将阿拉善左旗并入宁夏，宁夏曾经有近 10 年与蒙古国接壤的历史。1978 年以后，恢复自治区原建制。

综上所述，宁夏整合成省不是在民国时期一蹴而就的，而是由各种因素长期积淀造成的，只是在民国这个社会结构动荡的大变革时期得到了最终的完成。

### 对青海历史地理环境与地缘政治结构的认识

青海省境内有四大地缘政治单元：河湟地区，河曲地区，海西与海北地区以及玉树、果洛地区。

**河湟地区**　河湟地区又称湟中，范围大致在日月山以东，黄河龙羊峡—松巴峡—积石峡干流以北的湟水流域和大通河中下游地区，位于青海省的东北部，生产方式以农业为主，兼有少数牧业。其地横跨黄河、湟水、大通河三流域，沿着这些河谷从河湟地区的南部、中部和北部都可以向东到达兰州。北面虽然有祁连山脉作屏障与河西走廊隔开，但是山谷中有很多间道相通。例如：汉代先零借道小月氏通匈奴，明代后期河套蒙古出黄城滩侵扰青海，光绪乙未年（1895）湟中回变的残余势力由野马川、滔赖河出逃玉门，都是走祁连山的间道。河湟地区和兰州相比，地势高，水流速快，湟水流域的诸多溪流都具备引渠溉田的条件。谷地土壤有较多松软的沙质成分，但是并不渗漏。所以，河湟地区利于发展灌溉农业，没有旱涝之灾。美中不足的是当地气候寒冷，每岁只收一季，如果没有人口压力，也足够一年的口粮，甚至还有剩余。因此，历史上的商贩经常将河湟地区的粮食通过水路运到兰州，以解决那里的粮食供应问题。河湟地区的燃料用石炭、煤末两种，都出自大通，食盐则依靠海西地区，反映青海东西部地区的不可分离性。

河湟地区在先秦是羌人所居地，秦朝的势力没有越过黄河。西汉开河西四郡后，分置金城郡，作为河西的战略依托，在今青海省境有破羌、安夷、临羌等县，从空间上看，湟水谷地与金城郡治（今兰州）所在的黄河河谷是整合在一起的。魏晋置西平郡，从此以后河湟与金城郡开始分离。五胡十六国时期，西平郡相继被前凉、后凉、西秦、南凉、北凉、吐谷浑占据。北魏统一北方后在此设置鄯善镇（今乐都），地属凉州；隋朝恢复西平郡。唐前期河湟属陇右道鄯州，并为陇右节度使治所所在地，成为唐朝节制西北的前哨。宝应之后，河湟陷于吐蕃之手数百年。其间虽经唐宣宗、宋神宗一度克复，但是多数时间都被西部民族政权控制。元朝在河湟地区设置西宁州，隶属甘肃行省，明时为陕西都司西宁卫，军事控守的色彩很浓厚。清朝设西宁府，辖西宁、碾伯、大通、循化四县和贵德、巴彦戎、丹噶尔三厅，实际上设三县四厅，循化为厅，巴彦戎又称巴燕戎格。仍隶属甘肃省，以日月山为界将河湟地区与青海分离。民国废府改为西宁道，辖区如旧，将贵德厅和巴彦戎厅（今青海化隆回族自治县）升为县，改丹噶尔厅为湟源县（周希武《宁海纪行》）。1929年西宁道七县和宁海镇守使合并，正式设立了青海省（林鹏侠《西北行·青海》）。

河曲地区　黄河自上源东流，绕积石山转向西北，而后折向北流，再转而东流至永靖与湟水相会。这一段黄河干流呈S形，分别有胡鲁乌苏结博河、巴克戈尔什河、呼呼乌苏河、硕尔郭尔河、查卜恰河、乌兰河等河流注入，两岸水草甘美，宜耕宜牧，北有西海鱼盐之饶，这块地方即唐朝所称的"河西九曲"。金城公主下嫁吐蕃时，曾以此地作为沐汤邑。河曲地区位于青藏高原东部边缘，往东不远，越过甘肃境内的洮河就是黄土高原。在历史时期上是一个多民族往来汇聚的地方，羌族、藏族、蒙古族、撒拉族、回族、土族、东乡族都曾在此驻足。

河曲地区出产良马，看起来似乎是牧区，但是当地留下很多古代垦田的遗迹，说明历史上这里并不总是游牧民族占主导。隋唐时期，曾在河曲广置烽戍，开屯田以防不虞。元代属宣政院管辖的吐蕃等处宣慰司地，明代以莽剌川（今芒拉河）为界，将河曲地区一分为二，东北部分划归陕西行省，以农业经营为主，西南部分划归朵甘思宣慰司，以安置蒙古游牧各部。清代仍沿袭这样的划分，反映河曲地区农、牧经营的混合与分划，正是这种宜耕宜牧的自然环境使河曲地区在中国历史上一直被农耕政权及以畜牧为主的势力共同看中。

**海西与海北地区**　位于青海湖以西、以北的广大地区，人烟稀少，历史上长期是游牧民族驰骋的地区。习惯上祁连山以南、青海湖以北的大通河上游是海北地区，居民以藏族为主，今设有海北藏族自治州。海北地区之外的青海广大西部地区都可以称为海西地区。其实在历史上并没有这样的称谓和分离，只是在明朝曾经将海西、海北地区划归嘉峪关之外的哈密等卫，来管理生活在这一地区的蒙古族、藏族游牧诸部，才给现代地方政区的划分留下这个滞后影响。20世纪初，苏维埃俄国的工农革命导致很多原沙俄政权的人逃入中国，其中有些人流落到海西地区，以放牧为生计，成为今日海西哈萨克族的组成部分。

**玉树、果洛地区**　青海湖以南、鄂拉山以东至河曲的地区称海南藏族自治州，昆仑山、阿尼玛卿山脉以南为玉树、果洛地区，基本上以黄河上源的巴颜喀拉山为界，果洛藏族自治州在东部，玉树藏族自治州在西部。

自然地理区划上的青藏高原命名，就是因为这块高原北连青海、南际西藏，在历史上长期是藏族与中原联系的通道。著名的"唐蕃古道"就是从东部的河湟地区出发，穿过海南、果洛、玉树等地区。今天进藏的青藏公路并不经过果洛，而是先横穿柴达木盆地，到达海西的格尔木，然后再向南越过玉树地区的昆仑山、唐古拉山，但是这条道路的开辟比较晚。

### 对新疆历史地理环境与地缘政治结构的认识

天山将全疆划分为南北，历史上的南疆以绿洲农业为主，北疆除绿洲农业，兼营游牧。南疆的居民比较单一，以维吾尔族居多；北疆的民族比较复杂，因为历史上天山以北就是游牧民族经常出入的地区，除维吾尔族还有许多其他民族，特别是和周边政权或国家主体民族一致的民族。

天山山脉南北，在历史上都存在过许多重要的东西交通干线，特别是丝绸之路在不同历史时期的南北线；天山山脉本身的若干山谷隘口，曾经是南疆与北疆交往的通道。因此，历史上重要的地区政治、军事中心，如唐代安西四镇，都选择在天山脚下。

中国古代的前中期，即汉、晋、隋、唐时代，统辖西域的最高行政机构总是设在天山南路的中部，如西域都护府和安西都护府。元朝和清朝时期，为了有效地控制天山以北的广大地区，才将统辖西域的最高行政机构转移到北疆，如阿里麻里行中书省、伊犁将军府，直到新疆省的省城迪化（今乌鲁木齐）。

十九世纪末叶以前，历代中国的西部疆界都越过天山西段而到达费尔干纳山脉，天山以北则到达巴尔喀什湖。

历史上，葱岭以西，锡尔河与阿姆河之间的河中地区，曾经是大宛（塞种）、月氏、昭武九姓人的居住地①。这些部族都曾经与历代中国有过长期的友好往来，或者说都世居在中国的西北地区，后来因为匈奴的压迫而相继西迁。从地域上分析，葱岭以西的费尔干纳盆地、天山以西的热海（伊塞克湖）地区，与中国古代的西域有着一致的人群，类似的地理环境，相似的习俗，应当说该地区在历史上是整合在一起的。

在中国历史中，无论古代的西域，还是近代的新疆，当地人都长期与中原有亲和力；中原政权也从来都对当地实行与内地相区别的管理办法。简单地说，就是中央政府直接派流官管理与由当地人治理兼而有之，民政与军政兼而有之。民政有时由河西地区最高长官代理，如敦煌郡守、甘肃省布政使；军事方面由西域都护、西域长使或伊犁将军统领。历史时期新疆地区的汉族移民，很多从事半军事化的屯垦，今天的新疆生产建设兵团，仍然是"屯垦戍边"指导思想的产物。新疆地区是中国的西部边陲和防御的缓冲地，民族众多，适宜采用羁縻或部分自治的管理政策，对其控制过严或失控，都会影响国家的大局。

① 昭武九姓，中原对粟特人的泛称，西迁至中亚的有康、安、曹、石、米、史、何、穆等九姓，皆氏昭武。

# 西南地区历史地缘政治结构

## 对四川历史自然环境与地缘政治结构的认识

四川（含重庆）是西南诸省区中最早被纳入中央王朝的版图、最先习染中原文化的地区。对中央政权而言，四川一直都具有双重身份，它既是富庶的腹里和核心，又是重要的前线和边缘。早在先秦时期，四川已发育出自己的政权和文化——巴和蜀，但在地理位置上，它处在秦和楚两大势力的夹击之中，而且距离秦的本土核心——关中——更近。秦国为了攻击楚国完成统一六国大业，吞并巴蜀成为一种必然的选择。由于四川本身优越的农作条件，在人类不断地开发之下，经济发达了，交通畅通了，城市繁荣了，四川成了秦国重要的经济区。在农业社会结构下，川西成都平原的自然条件明显要优于川东的山地峡谷，所以，川西在发展上也步步领先。不仅如此，它甚至在全国范围内都是一个发达的地区，到晚唐时期，它甚至博得了"扬一益二"的美名。唐宋之际，四川的发展重心逐渐转向以重庆为中心的川东地区。明清以后，随着长江航运水平的提高，重庆因位于四川盆地的出口，拥有更便利的对外联系和更广阔的经济的腹地，逐渐超越成都，成为四川的首要城市。

四川之所以成为前线，是因为它所相邻的区域是历代中央王朝难以认识和控制的土地：青藏高原和云贵高原。

长期以来，四川都是中央王朝征伐或羁縻西南夷、吐蕃和南诏的前出基地。四川地理位置之重要还在于它地处长江上游，顺流而下，则江汉、江南皆危矣，是故欲取江南者，必先取巴蜀也。

多样化的地理单元容易造成多元化的地方政治格局，使得历史上的四川总是在和平与动乱中摇摆不定，成都武侯祠的一副对联为历代治蜀官员们道出了玄机："能攻心则反侧自消，从古知兵非好战；不审势即宽严皆误，后来治蜀要深思。"

**对贵州历史自然环境与地缘政治结构的认识**

贵州在中国历史上的作用和地位则要简单明了得多，由于它本身之地理条件极不适宜于农耕，所以它对中央王朝的诱惑力集中体现在交通区位上。元朝以前，中央对西南边陲（主要指云南）的控制根本不需要借道贵州，都是由四川西南直接通往云南，充其量也只是擦过贵州的西北角。所以，中央势力和汉文化只是通过乌江水道（以涪陵为集结点）和赤水水道浅浅地浸润了贵州的北部和东北部。但是从元朝开始，进出云南的主要通道变成了从湖广横贯贵州至云南，于是贵州在地理位置上的重要性就凸显出来了，最终明朝置省，贵州成为中央王朝第一级地方行政建制内的一员。

贵州省位于我国地势第二级阶梯的东南边缘，其西部是第一级阶梯的云贵高原，东部为湘西丘陵，逐渐向第三级阶梯的长江中下游平原过渡。正因为处在这样一个从高原向丘陵过渡的地区，决定了贵州省境内"地无三里平"，并且由于受到临境地理单元地形的影响而表现出相对的独立属性：其西部的金沙—黔西—关岭一线以西，高原地形比较明显，从属于云贵高原；北部的大娄山，西北坡陡急，可视为四川盆地的南缘；南部的苗岭山地作为长江和珠江流域的分水岭，岭谷起伏；而中部山地高原间的小型盆地和河流宽谷（坝子）则是人烟稠密的农业地带，贵阳、安顺、遵义等重要的贵州省城市均分布于此。

从历史上看，由于贵州距离历代的统治中心比较遥远，且山川阻隔交通不便，在相当长的历史时期中都游离于中央的有效统治范围之外，是王朝控制区的末端。

贵州地区在中国历史的前期，因秦代在省境东部设过黔中郡，唐代设置过黔中道，而简称黔。北宋初年，当地土著首领普贵以所控制的矩州（今贵阳及其邻近地区）内附，当地土语将"矩"讹读作"贵"，宋朝因其发音而命普贵为贵州羁縻州长。宋太祖《赐普贵敕》书云："惟尔贵州，远在要荒。"贵州之名由此正式见于文献。

这种缺乏中央政府直接控制力的状况，决定了处在多个地理单元接合部的贵州地区，不能自行整合成今天贵州省的样子，而长期从属于周边的四川、云南、荆湖等地，分成若干个建置单位；同时，地形的不便也为贵州地方势力的割据造成极便利的条件，因此在贵州的历史上曾经出现了夜郎国、播州杨氏、水西安氏等众多少数民族势力。在中央王朝式微之际，贵州的割据势力阳奉阴违，称雄一方；而一旦中央政权强盛，致力于统一全国，无论是从四川还是从湖广到云南，贵州地区都是必经之途，地方势力的割据必然成为障碍，从而激化中央与地方势力之间的矛盾，往往兵戎相见。例如，播州土司杨应龙是今遵义地区土著强族，万历十八年（1590·）起兵反明。二十八年（1600），明朝结束播州杨氏的统治，改土官为流官，分杨氏辖地为二，置遵义、平越二府，平越府隶黔，遵义府隶四川，至清雍正年间，方将遵义府划归贵州。对水西安氏土司，从明朝的柔抚册封，到清朝镇压安坤、安重圣的叛乱，都反映了中央与地方势力极欲控制贵州的态度。在行政体制上则体现为中央政权从推行土司制度到"改土归流"的变化。

自明代起，贵州省的名称固定下来。从明代地图《广舆图·贵州图》上我们可以清晰地看到镇远—贵阳—安顺一线是整个省境内城镇分布最为密集的地带。这种现象反映出贵州地区长期作为西南边陲的门户，在全国的统一布局下长期充当自内地到四川、云南、广西等地的交通通道。对贵州而言，交通线到达什么地区，就会给什么地区带来发展的动力，改善交通条件是改变当地状况的重要方式。正是服务于中央对西南控制的需要，贵州境内的交通路线呈现出东西方向较为发达、南北方向相对集中的特色，最主要的道路是东西向的镇远—贵阳—安顺（通云南），南北向的贵阳—息烽—遵义—桐梓（通四川），以及贵定—独山（至广西）等线路。无论是古代的驿路官道，还是近现代的公路铁路，贵州破碎的地理条件决定了这些道路一经形成，一定会作为沟通省境内外的最主要的通道，并带来沿途的经济发展。

### 对云南历史自然环境与地缘政治结构的认识

从地理特点上看，历史上云南地区维持与内地交流的孔道主要在滇东。一条是从四川成都向西南，经过邛崃、清溪、越嶲、泸津诸关的川滇西道，集结在云南中部的姚安、祥云；另一条是从成都南下犍为、戎州（今四川宜宾），经石门关（位于今云南盐津境内）、昭通的川滇东道，集结于滇池盆地。两线的终点都是在滇东地区。

滇西洱海地区，坝子平阔，有适宜农业耕种的土地、气候与降水。地近青藏高原，北上可入藏区，向南通过保山、腾冲可达缅甸，具有独自完善所需物资对外交流的条件，是一个相对封闭和独立的地缘政治单元。因此，当中央政权对云南行使上下统属的政区关系时，云南的行政中心地设在滇东，譬如两汉的益州郡（治所在滇池县，今昆明晋宁）、西晋的宁州（治所同上）及元、明、清的云南省会（今昆明）都选择在滇东地区；反之，当云南地区游离于中央王朝，自成一个独立的民族政权时，云南的政治中心区域自然回落到滇西地区。而且也只有远离中原王朝控制的交通线，滇西地区才可能发展出一个能与中原政权叫板的南诏和大理国。就区域优越性而言，滇西胜于滇东；就与中原王朝保持统一性而言，滇东胜过滇西。

云南与内陆、西藏和东南亚地区的经济文化联系。政治倾向会决定一个地区的经济依赖对象，而经济因素也会在一定程度上左右区域或全国中心城市的位置，尤其是在南诏、大理国时期。南诏政权对吐蕃有一定的依赖关系，当中原王朝过分限制南诏的发展时，迫使云南地方政权只能寻求在东南亚地区或西藏地区之间维持物资交流。所以，当中央衰落之时，云南的政治重心倾向于滇西北是必然的。

从客观条件来看，昆明在地理位置、交通与农业生产方面也具有很强的优越性。其一，昆明位于联系滇东、滇西和滇南的中心位置，处于云南内外交通的枢纽地带。云南三迤的交通往来与物资交流，最便利的地点就是昆明 ①。滇池地区是从云南东入内地、西去缅甸或南下交趾的交会点。其二，昆明城所在的滇池盆地是云南境内面积

---

① 三迤，清代云南省设置迤东、迤西和迤南三道的合称。迤东道驻寻甸县，迤西道驻大理县，迤南道驻普洱县。

大而且最具综合地理优势的坝子，在此建城，能够获得广袤的发展空间。昆明处于富饶的滇中湖盆群的中心地带，一般来说，在云南境内，湖盆周围多是人口集中、农业发达、经济繁荣、文化昌明的地区。广阔的滇池水域承担着昆明与周边的水运联系，是促进昆明城市发展的又一地理因素。正因为如此，云南政治中心在元朝时便从滇西的大理迁回滇池地区的昆明。

明末顾祖禹在《读史方舆纪要》中对云南地区有一段相当高明的认识：

云南，古蛮瘴之乡，去中原最远。有事天下者，势不能先及于此，然而云南之于天下，非无与于利害之数者也。其地旷远，可耕可牧，鱼盐之饶，甲于南服，石桑之弓，黑水之矢，猡、獠、爨、僰之人，率之以争衡天下，无不可为也。然累世而不一见者，何哉？或曰，云南东出思、黔已数十驿，山川间阻，仓卒不能以自达故也。吾以为，云南所以可为者，不在黔而在蜀，亦不在蜀之东南，而在蜀之西北。

顾氏这段评论是鉴于蒙古忽必烈平南宋时，派军队从甘肃沿四川西部"藏彝孔道"南下、直取大理的突袭事例，从而指出云南与四川、陕甘的关系要比贵州、湖南方面重要得多。

云南虽然僻处西南，但对中央而言，它自有特殊的分量。云南之所以最先被着意经营，是因为汉武帝看中了由西蜀通往身毒的"间道"，在"丝绸之路"被阻塞的时候，这条通道将是一个不错的选择。因此汉朝在云南设立郡县的地点深入最西南的今保山和腾冲一带，那里是当时从西南去往缅甸再往印度的最直接道路。汉朝在云南的郡县设置，非常明显地反映出它在寻找通道的目的。中央王朝去往云南多是由成都出发，进入滇东或滇中，再转往西部，后来更是直接从青藏高原的边缘南下，直接抵达滇西。这种交通布局促使云南的发展重心一度西移。到唐朝时，由于南诏的兴起，云南的重心完全偏到西部的洱海地区，而不再是最初楚人庄蹻入滇的滇池。尽管此后昆明也有所发展，但这一重心的回归却是元朝时候的事了。这次改变同样与交通布局有关，元朝时，经济重心与政治重心都已东移，云南的主要联系地点已不再是成都，而变成了大都，因此与内陆最便捷的联系也转移为经曲靖、普安、镇远去往湖广的道路了，这样云南的集结点就又移回东部的昆明。

## 对西藏历史自然环境与地缘政治结构的认识

西藏是青藏高原的主体，平均海拔在4000米以上，向有"世界屋脊"之称。西藏境内的喜马拉雅山、冈底斯山、念青唐古拉山、昆仑山、唐古拉山以及横断山脉等山脉，将该地划分为四个地貌单元：藏北高原（藏语称"羌塘"，意为北方广阔的平原）、藏南谷地、喜马拉雅山地和藏东横断山地。这四块地理单元与藏族地区政教合一的区划——康、卫、藏、阿里，在历史上也有一个逐渐整合的过程。

唐、宋时期的中原政权曾经长期将直接统辖的地方行政建制限制在邛崃山、大渡河以东，今天四川省西部以藏、羌诸族为主的康区一直处在吐蕃诸部的控制之下。元朝，在中央宣政院的直接管理下，在藏区设立了三个宣慰司：吐蕃等处宣慰使司都元帅府，管辖青海、甘南；吐蕃等路宣慰使司都元帅府，管辖川西（即康区）；乌斯藏、纳速里古鲁孙等三路宣慰使司都元帅府，管辖卫、藏、阿里。这样使西藏的政教区划与自然地理单元之间的整合与划分逐渐明朗。明代将藏区简化为朵甘和乌斯藏两都司，对藏区实施松弛优给的自治政策，使西藏边陲和睦安康。清代，随着清王朝势力的深入和"治藏先安康（区）"的开发边疆政策，在川西康区开始设置府、厅、州、县，大渡河以西逐渐获得有效地控制，西藏地区形成卫、藏、阿里三区的稳定格局。

青藏高原的外围有明确的地理界限：山岭、江流。但是，这些地理界限不应成为经济文化的阻隔，只有越过山岭，控制边缘地带，才能保持西藏的稳定与发展。

最后，应该说明的是，自古以来西南地区对于中原文化始终抱有认同感，尤其是在封建王朝中后期经济重心转移到长江中下游地区之后，西南地区经济向东倾斜的特点愈益突出。这不仅与长江水道的利用密切相关，更为重要的是来自东边的处于强势地位的经济、政治控制力逐渐渗透到西南地区，最先受到影响的必定是东部地区。也许这样的认识并不过分：西南地区是这样的一个接合部，它将早期自然形成的中国西部高原文化和后期来自东部的平原文化整合在一块大的地域范围之中，呈现在历史进程中的就是西部的起源和向东部转移的过程。

### 西南地区自然环境与人文景观的整合

中国的西南地区，主要包括今天的川、滇、黔、藏四个省区。无论是从地理地貌上，还是从历史文化或发展程度上，西南都不是一个整合的区域，它仅是当今的一个地理方位和大区域的划分。在历史进程中，西南地区的整合经历了一个十分复杂的过程。一方面，由于中央王朝的活动长期集中于黄河流域和长江中下游地区，远离这些地区的所谓"边地"往往容易成为王朝控制体系的末端，不仅在开发程度上远远逊色于中原内地，而且在较长的时段里一直作为少数民族的势力范围，与中央王朝保持一种非行政式的统辖关系。在地形上的相对封闭性也让西南地区更有可能成为一个相对独立的地理单元。另一方面，正是在远离中央政权的前提下，西南地区充当着不同地域之间经济生活、宗教信仰等方面的彼此交流、融合、共生共存的舞台。有一种观点认为，西南地区实际上是处于多方交融之中的巨大三角地。此三角地的一边与东亚中部的黄河中下游流域相接触，一边与东亚南部的长江中下游流域连接，还有一边则同东南亚半岛及印度次大陆地区毗连，三角地的每一边都存在着不同类型的文化，并分别同西南三角地发生着"双边交融"，于是对于一个相对整体的西南地区来说，就形成了具备多个通道的多边关系。

就地形地势而言，西南地区基本处于中国三级阶梯中的第二级，即从第一级的青藏高原区向第三级的平原地带过渡。这种从平均海拔超过4000米的高原向平均海拔不足200米的东部沿海下降的地势，决定了这一地区的地形必定是复杂多样的。我们可以看到，在西南地区既有喀斯特地貌充分发育的云贵高原，也有号称"天府之国"的四川盆地；既有在奔腾不息的长江、澜沧江、怒江等水系下切作用下形成的高山深谷，也有因为河流的冲击而形成的适于农业耕作的平原坝子。

由于西南地区并不整齐划一，该地区的经济生活、生产方式、交通路线、城市分布都不可能像东部平原地区那样，按照规整的方式进行，而是呈现出特殊选择的特点。在这里暂将其归纳为"大分散中的小集中"。以从关中到达四川盆地的道路选择为例，翻越秦岭需要借助秦岭南北两侧的河流谷地，于是在"缩短绝水地带"这个前提条件下，人们选择了褒斜道、傥骆道、子午道等多条道路，却殊途同归，顺水流集中于汉中；从汉中盆地到达四川盆地需要翻越米仓山、大巴山，四川盆地西侧的昭化、剑阁一线，由于天然隘道的存在而在很早的时候即成为重要孔道。但同时自昭化到阆中再通向川东的道路也一直存在。正是地域的特性限制了人们的活动空间，使得西南地区无论何种民族，在相近的需求下往往取得一致的选择。这样，历史时期西南地区相对集中的路网结构和城市分布便不难理解了。同样，在山脚河谷下是汉人的田屋、山腰是羌人的碉楼、山顶是藏人的毡帐的景观，也可以被解释为不同民族在有限的可居住地中进行选择的结果。

# 怎样认识我国的中原地区

## 对陕西历史地理环境与地缘政治结构的认识

中国黄土分布的地带从西向东，主要是昆仑山、秦岭和大别山以北的地区，刚好覆盖了中国大地域的"三个台阶"：西部甘、青、新地区的内陆盆地、山麓洪积坡与河谷阶地；中部陕、甘、宁、晋等省区的黄土高原和东部的松辽、华北平原及辽西、山东河谷阶地。黄土堆积受气候、下伏地层结构及运行模式的影响，会生成不同形态的黄土地貌，因此，中国的"黄土地带"实际上应包含以上三大地段。

黄土高原是中国文明的发祥地和集中发展的地域，曾经在中国历史进程中表现出极强的凝聚力和创造力，为周边地区人类社会的进步奠定了可以效仿的模式、谱写出和弦的谐音；黄土高原也以自身容颜之改警示了人类文明社会在发展过程中得失的经验和教训，使当今社会无时无刻不能忽视它的存在。

中国的黄土高原集中在陕北。整个高原地势西北高东南低，被泾河、洛河、延河、无定河等切割成破碎的沟、塈、梁、峁等地貌类型，仅有董志塬、洛川塬比较完整。秦汉以来虽然有上郡、西河与三辅之别，但是"陕北"概念不清；唐玄宗开元二十一年（733）关内道南部置京畿道，邠州划归京畿道，才在一级大区层面上开始出现与地貌分界线趋于吻合的划分。陕北地区主要是延安府、榆林府、绥德州与鄜州；董志塬所在的庆阳、平凉二府，清朝初划归甘肃省。

陕北黄土高原的山川形势限制了古代交通道路的开辟，赋予其历史军事地理上的意义。

横山山脉横亘在陕北黄土高原的北部，东西绵延两百多公里，古代利用其有利地形在山脊修筑长城，成为历代中原王朝防御北方游牧民族南下的屏障。横山一名出现于宋代，北宋与西夏曾反复争夺横山山脉的控制权。因横山山脉受无定河、延河、清涧河、西芦河、红柳河、大理河等河流切割，形成七条可利用河谷穿过横山山脉的军事通道。北方游牧民族向南进攻，曾经分别利用过这七条通道，而这些通道大多是以延安为起点，因此，延安成为陕北的交通枢纽和军事重镇。

子午岭山脉是陕西、甘肃两省的界山，也是陕北的西部屏障。子午岭山脉以西是泾河上游的马莲河河谷，东边是洛水上游河谷，由于子午岭的屏障作用，北方游牧民族向南进攻往往沿萧关道（今固原、平凉）和马莲河河谷（今庆阳）通道，两路直趋关中。因此，子午岭山脉具有军事上的控制作用。子午岭东西两侧不对称，西坡陡峭，没有大的支脉，东坡迂缓绵长，适于防御来自西北的入侵。

陕北黄土高原在历史军事交通地理上的制约，以宋、夏对峙时期最为明显，形成了以控制通道而划分的军事区划和边防重镇：鄜延路，控制子午岭以东至黄河西岸，穿越横山、白于山的各条通道，形成以延安府、鄜州（今富县）、绥德为集结中心（宋初包括夏州城，后失守）；环庆路，控制子午岭以西的马莲河河谷，防范从盐州、灵州南下的通道，形成以环州（今环县）、庆州（今庆阳）、宁州（今宁县）、邠州（今彬州）为集结中心；泾原路，控制大陇山以东葫芦川（今宁夏清水河）、泾水谷地，穿越萧关的通道，形成以泾州（今泾川）、渭州（今平凉）、原州（今镇原）和镇戎军（今固原）为集结中心的防御体系。

关中具有的地缘政治优势在于"西有羌中之利，北有戎翟之畜，畜牧为天下饶"。关中平原社会经济的发展与长达千年的建都史和关中地区曾经持续不断建设的水利工程有着密切的关系，关中水利开发以郑国渠及在此基础上修建的水利系统为代表。从秦始皇开郑国渠为始，汉白渠、六辅渠、唐三白渠、宋丰利渠、元王御史渠、明广惠渠、民国泾惠渠等相继开通，历代都在渭河北岸开凿过灌溉渠道，但是这些灌渠与郑国渠的关系如何，尽管自宋朝就有人著书立说予以研究，可是迄今为止似乎总是未能讲清楚。

关中地区在秦朝为内史，汉立三辅（京兆尹、左冯翊、右扶风）；唐开元二十一年（733）分关内道南部置京畿道，宋置永兴军路与秦凤路，渐有东西两块地域的趋向；元朝割潼关以东入河南省，明代西安府、凤翔府分领东西；清朝陕西单独设省，东分出同州府，致使关中分为东、中、西三部分，所谓"三秦"，对关中文化的地域分异产生影响。

陕南地区从自然地理来考虑，应当与四川同属一个单元。但是元朝灭南宋以后，担心南方再依秦岭之险为据，分庭抗礼，而人为地将汉水谷地划归陕西。宋代兴元府和金州分属利州路和京西南路，并未与陕西地区整合；元代将两地并为兴元路，划归陕西；明清两朝一直继承，并分为汉中府、兴安州（安康）两个府一级的行政区划，东、西分治汉水的上、下流域。而秦岭山区丹水流域之商州（商、雒地区）和嘉陵江上游的凤州、略阳，是两个与陕西若即若离的地区，历史上归属不定。

## 对山西历史地理环境与地缘政治结构的认识

明清之际的顾祖禹在《读史方舆纪要》中曾对山西的形势做过如下分析：

> 山西之形势最为完固。关中而外，吾必首及夫山西。盖语其东则太行为之屏障；其西则大河为之襟带；于北则大漠、阴山为之外蔽，而勾注、雁门为之内险；于南则首阳、底柱、析城、王屋诸山滨河而错峙，又南则孟津、潼关，皆吾门户也。汾、浍萦流于右，漳、沁包络于左，则原隰可以灌注，漕粟可以转输矣。且夫越临晋，溯龙门，则泾、渭之间可折棰而下也。出天井，下壶关，邯郸、井陉而东，不可以惟吾所向乎？是故天下之形势必有取于山西也。

顾氏之语将山西内外之险，山西与周边陕西、河南、河北相邻诸省的依存关系勾勒得再清晰不过了。山西以山、河为界，作为一级行政区划的轮廓界线，大致在秦朝统一六国、实行郡县制的时期就基本确定了。两汉魏晋时期，并州刺史部掩有河东、河西，西河郡跨黄河而置，是政治形势的需要，也表明燕北和晋中地区与河西和河套的关系非常密切。其实，这种地缘态势从春秋三家分晋后，赵国势力控制山西北部与阴山以南的时候就奠定了。在中国王朝史上，霍山、灵石峡以南的晋南地区，常常被以长安、洛阳为都的中原政权整合到首都所在的畿辅区域内，例如两汉的司隶部、曹魏、西晋和拓跋魏的司州，都包含临汾盆地和运城盆地，而与晋中、雁北分离，反映中原政权对晋南地区的倚重。隋唐以后，三晋整合为一体，惟北宋时永兴军路又一度将河中府与解州囊括，以供宋夏边军之用。由此推测，当时人所看中的应是晋西南富庶的物产和解盐，唐代都畿道由中条山以南地区往北扩展，统辖运城盆地东部，与河中府分享盐池之利，可以说分割了原河中府和绛州一部分比较富裕的腹心地带，是中央与地方利益争夺的表现。而偏处晋东南的上党盆地，则更多的是与太行山东面平原地区的联系，以至于唐代邢、洺、磁三州一度自河北道来属泽潞。

　　山西在中国地理位置上好似一支臂膀，从北方草原直插中原的腹心地带。山西本身又兼具山地、高原、丘陵、河谷盆地等多种地貌类型，既能够发展耕作农业，也适合于游猎和放牧；尤其是山西北境与北方草原地区之间没有大的山川阻隔，草原民族势力可以凭借山西河谷从北方长驱直入，迅速地插入长安、洛阳；山西的地势很便于向东、南、西三面扩散，如不能得手又可以迅速退回北方草原。因此，古代山西境内一直是农牧混合经营的地区，特别是在中国历史的早期，如商、周、春秋、战国时代，山西有很多非农耕经营方式的部族在山原地带休养生息：商周时期的方国如土方（今大同、朔州北），𫗦方（今吕梁地区、晋中西部），唐方（今翼城），箕方（今太谷东），缶方（今永济），黎方（今芮城），虞方（今平陆），基方（今隰县、蒲县），亘方（今垣曲），黎方（今长治），都能够依托某个盆地经营农耕；同时燕京戎、鬼戎、余无戎、翟等少数族部落，也分布在晋中、吕梁的山地从事放牧。更多的时候，北方游牧民族会坐大而选择以山西为跳板南下。匈奴、乌桓、羯、杂胡、鲜卑、柔然、契丹、蒙古等民族都是以山西为突破口，进退自如。山西就好像是人体的软肋，所以，明朝一定要在山西增筑内长城，以防不测。

也正是由于山西在自然地理上具有的优势，山西在中国历史上扮演了中原、江南与北方草原地区物资交往的通道和平台，同时有很多域外兄弟民族也落户山西，因此山西不仅保存了很多传统中华文化的精粹，而且又融入了外来文化的特质。

**对豫西历史地理环境与地缘政治结构的认识**

豫西地区是升起中华文明曙光的地方，从新石器时代到夏、商、周三代的早期文明，都是以豫西北部河谷平原的黄土台地为舞台，留下宝贵的文化遗存。伊洛盆地曾经九次被中国古代王朝选中为建造都城之地，洛阳城也经常被历代官绅文士选作躲避政坛之争或致仕之后的颐养天年之所。

伏牛山脉以南的南阳盆地与南边汉水岸侧的襄阳，在中国历史上有极其密切的联系。两地之间，经常被当作战场或缓冲之地。早在春秋时期，楚人就以方城山为固，尤其是南北对立时，两地常互有易手，或划作边界地带。人们很难理解南阳、襄阳之间既无高山大川之险阻，何以能够划界？例如南宋与金朝之间的边界就在南阳、邓州与襄阳之间。如果到当地考察，会发现襄、邓之间，丘陵起伏，沟谷曲折，正好适合南北双方在对抗中隐蔽用兵。这样的地形条件，使邓州城很少有长期被一方占领控制的时候。

豫西虽然多山，却是联系长江与黄河中游地区的交通必经之路。唐河、白河、湍河、淅川等河流都有水运之利，但是受地形所限，从汉江来的船只沿着上述河流只能上溯到南阳盆地，就必须卸货转旱路运输。因此，历代走南阳的商旅多在水陆转搬地建立同乡会馆或行业会馆。赊旗店（今社旗）就是最能说明问题的一例，赊旗店位于南阳盆地内唐河的上游，由于再向北，唐河水量不堪承载，上下行的商旅货物都只好在这里装卸，改换运输工具。小小的一个店镇，在明清时期竟然集中了百余家的会馆，有的会馆更是建造得气派辉煌。南阳府"南蔽荆襄，北控汝洛"，守战行商，两不废也。

### 对黄淮海平原历史地理环境的认识

黄淮海平原历史自然地理环境演变最突出的特征是河、湖地貌经历了沧桑巨变。先秦时代，黄淮海平原湖沼广布，多数河流单独入海。见于史料记载的古湖泊有：黄泽（今河南内黄西），鸡泽（今河北永年东），大陆泽（今河北任泽、巨鹿一带），泜泽（今河北宁晋东南），海泽（今河北曲周北），皋泽（今河北宁晋东南），黄池（今河南封丘南），修泽（今河南原阳西），澶渊（今河南濮阳西），荥泽（今河南荥阳东北），圃田泽（今河南中牟西南），浊泽（今河南长葛西南），大野泽（今山东巨野北），孟渚泽（今河南商丘北）。这些湖沼平浅、水草茂盛，适于喜湿动物繁殖，为早期人类的渔猎经营方式和西周各国诸侯田猎、盟会提供了良好的场所，其事屡见《左传》记载。古代的"河"即为黄河专称，独流入海的古河称"某水"，如济水、洹水、漳水。现代华北平原被称为"某河"的数十条水道可能都是各历史时期被黄河截夺、改道之后才改称为某某河。黄淮海平原先秦湖沼分布大致集中在三个地貌单元之内：其一，位于今郑州、许昌一线的黄河古冲积扇顶部；其二，位于今濮阳、菏泽、商丘一线以东地区；其三，位于河北邯郸、宁晋之间的太行山东麓冲积扇前缘。先秦存在的湖泊基本属于古地理时期形成的天然湖泊，其分布有明显的地带性规律。先秦时期，平原上大大小小诸侯国的分布也受到这些古河、湖泊位置的制约。

东汉以后黄河河道的相对固定，减少了泛滥，使先秦湖沼多数保存到唐朝；曹魏在华北开凿的运河使黄河以北诸水联系成一个网络，导致海河水系脱离黄河而形成，在黄淮海平原出现黄河流域、淮河流域和海河流域三个有差异的区域。同时，汉唐社会为促进农业经济的发展，重视人工水利灌溉系统的修建，黄淮海平原出现大量人工围筑的陂塘，或者在天然湖泊的基础上修筑围堰，扩大蓄水。根据《水经注》的记载，黄淮海平原的湖沼有 190 多个。其中以湖、泽、薮、淀、渚、渊为地名后缀的应当属于天然湖泊；另一类以陂、塘、池、潭、堰为地名后缀的可能属于人工湖泊，当然也不是绝对，可能有些天然湖泊被人工围堤以后而称"陂"。这一百多个湖泊陂塘在黄淮海平原三个流域的分布存在明显的地域差异。淮河流域湖泊最多，占总数的一半以上，分布稠密区在淮河北岸，其中80% 属于人工陂塘，著名的有：鸿郄陂（今河南息县北）、芍陂（今安徽寿县南）、郑陂（今安徽萧县南），反映汉魏时期在淮河流域的农田水利开发程度。海河流域地区，天然湖泊占半数以上，而且水体面积比较大，如：督亢陂、大陆泽、雍奴薮（今天津武清南）。河北湖泊多是在太行山、燕山山麓冲积扇的扇间洼地及潜伏断裂构造综合影响下发育而成。

五代北宋以后黄河下游频繁发生决口、泛滥和改道，加之流出太行山、燕山的其他诸河流的泛滥，淤没了大量的湖沼。河北平原被淤平的湖泊数目最多，著名的督亢陂、雍奴薮、夏谦泽（今河北夏垫）相继堙塞而消失；大陆泽一部分被淤平，另一部分泄入泜泽而形成宁晋泊。还有一次因人类行为导致的地貌演变，是北宋为了阻挡契丹骑兵南下，人为地将滹沱河、胡卢河、漳河之水引入高阳、雄县、文安境内构造凹陷地带所谓"九十九淀"分散的湖泊，筑堤蓄水，在西起保州（今河北保定）东至海岸，形成几十里宽的湖泊带。"绵亘七州军，屈曲九百里，深不可以舟行，浅不可以徒涉"，《宋史·河渠志》称"塘泺"。河北平原中部的地貌变化持续到明清之际，畿辅水利政策的提出和垦田的实施，使河北塘泺的水面时盈时缩，分成东、西二淀；到二十世纪初，东淀湖群大半淤塞成文安洼，西淀湖群缩小成今天的白洋淀。

黄淮平原在 1128 年黄河改道南流以后，淮河上中游北岸的湖泊陂塘多数被黄河淹没无存，但是在鲁西南构造凹陷地带壅出了南四湖，在淮河下游涨出了洪泽湖。造成这些新地貌景观的缘由，除了原有构造凹陷地形的基础、黄河夹带的泥沙沉积，大运河的修建及山东水柜工程的实现也是重要缘由之一。

历史时期黄淮海平原湖沼群的消亡与新湖泊带的产生，是黄淮海平原自然环境变化的重要标志，是自然因素与人类行为双重作用的结果。

### 对中国运河的历史反思

我国运河第一阶段的基本情况是：早期运河缺乏统一规划，开凿多为沟通局部地区为目的，故多地方性运河；

运河多为政治目的而开，经济作用不明显，事后无定期疏浚，极易淤废；先秦秦汉运河为隋、唐、宋时代全国规模的水运系统奠定了基础。

中原、江南、淮南、浙东运河都是分裂时期的历史产物；始凿和连通皆在分裂时期，不同河段对不同时期区域政权的政治、经济影响是巨大的。

中国古代历史上有这样一种现象：辉煌的文治武功、灿然可现的典章制度，尽管多出现于国家统一时期，但地区经济文化发展却往往在分裂时期更为显著。因为统一时期只有王都及少数重镇才有优先发展的机会。各地区发展不平衡的现象往往在交替出现的分裂时期逐渐得到弥补，而分裂时期地区经济发展又给以后出现的统一局面提供更高的经济文化基础。这是一个周期性的发展过程。

分裂时期修凿的这些运河，主要是为了发展与外界的交往，而不是为了造成一个闭锁的地方系统，巩固分裂割据。首先是利用运河使其所沟通的基本区域更加巩固。其次，要借助运河对外交往而求得发展。从屏蔽到开放，与外界更紧密地联成一体的趋势，表达了不安于局促一隅的思想。运河的出现是南北一统的象征，是促进统一的因素。所以，运河的作用更多地表现在政治方面。

把分裂时期凿成的这些运河改造为发挥全国效益的大运河系统，没有统一的国家力量是不可能实现的。秦始皇、隋炀帝、元世祖在运河三个发展阶段上的功绩都应该被肯定。大运河发挥效益的程度直接影响了唐、宋、明、清统一王朝政权的兴衰。大运河的作用也不限于封建帝国内部，它们作为东方世界国际交通路线中稳定的一环而起的沟通作用，也只有在中国统一时代才能实现。

运河与地理环境有着相互影响和互动。中国东部平原的季风气候，造成该地区全年雨量不均匀；自然河流大大小小的冲积扇镶嵌交叠，地貌的起伏，给运河保持载船的水量带来困难。例如，黄河冲积扇与发源于鲁西、鲁中南山脉的河流冲积扇相互叠压，形成高地。太湖是个沉降区，吴江城南的方塔之顶与海宁长安坝的水面相平。这就使运河一定要建设众多的闸门，许多河段若无牵挽是无法通行的。历代统治者必须投入大量人力物力，不时疏浚，因此漕运给社会带来极大的浪费。运河与农田水利灌溉相互争水，尤其到了明清时期，运河沿线诸水源不得用于灌溉，引发社会问题。

运河大堤阻碍了运西地区排水，使运西地区常遭受洪涝之灾，土壤逐渐盐渍化。在咸丰五年（1855）黄河最后一次改道之前，黄淮海平原受运河堤影响，只有两个出海口，却需要放几十条河流出去，北边是天津、南边是淮阴，这两处又都曾受到黄河侵夺，泥沙淤塞，河道狭窄，宣泄不畅，因此，天津和淮阴一带几百年来洪涝与盐碱灾害不断发生。这正如恩格斯所说的那样："我们不要过分陶醉于我们对自然界的胜利。对于每一次这样的胜利，自然界都报复了我们。每一次胜利，在第一步都确实取得了我们预期的结果，但是在第二步和第三步却有了完全不同的、出乎预料的影响，常常把第一个结果又取消了。"因此，我们应该全面地考察评估我国运河的作用和影响。运河在当代将主要用于"南水北调"工程。

运河带来了人口流动，运河沿岸是不同地区文化交流的地带。运河沿线人民的社会层次，心理积淀和文化心态，价值取向、民间宗教、风俗习惯，同其他地区都有一定的差异，而且对现代化社会也有一定的滞后影响，加强运河文化的研究是值得深入探讨的课题。


**对黄淮海平原交通与城市历史的思考**

今天建设黄淮海平原的交通和城市，必须充分认识历史格局留下的合理因素与不足之处。

第一，在充分发挥西线（京广线）中心城市现有辐射作用的同时，加速建设中线（京九线）的二级中心城市：任丘、濮阳、聊城、菏泽、商丘、阜阳。短线建设应以加强东线（津浦线）的天津、济南、徐州等现有中心城市效益为重点，特别是沧州、德州、泊头、曲阜、宿州应提到二级地方中心城市的地位。

第二，填补城镇分布较稀疏的平原中部地带，促进霸州、河间、衡水、冀州、馆陶、亳州的发展，尽早成为第三级地方中心城市，以扩大三条纵列带之间的横向联系。

利用保（定）—沧（州）线、邯（郸）—聊（城）—济（南）线、漯（河）—阜阳—淮南铁路，把安国、河间、辛集、临清、临邑、东平、周口、项城、界首建成为第三级地方中心城市。这些城镇在历史上有过繁荣的时期，因此旧城建设有一定的基础，如果发展起来，也能够适应当地人民的传统心态，容易集聚人口。

第三，西线城市建设，在今后应注意有计划地保护和利用旧城传统格局与古建筑文化风貌。工业区应向老城和京广线以东拓展，铁路以西发展文教区；疏浚横贯城区的河道，引入山泉为明渠；西线城市发展不应建立过多排污较重的重化工企业，而应以电子、高科技为主，充分利用依山带水、文物古迹荟萃的旅游资源。

中线城市的开发从一开始就要充分认识中部沉降地带的环境特点，注意发挥农业经济腹地、区域集散中心、石油化工开发带和交通枢纽的优势。侧重农林牧副渔"大农业"综合加工以及石化轻纺，以策应两翼。市区建设应有意识地保存古代平原城市以岗丘为建址中心、四面临水的老城独特风貌，尽量在外围开辟新工业区与住宅区。

东线城市考虑到京杭运河将被用于南水北调，必须保护运河的环境。城内建设，运河以东可以发展那些会带来污染的企业，运河以西为文教区；应有计划地保存部分与昔日运河有关的街区，以体现北方运河城镇的传统风貌。

目前黄淮海平原交通与城市存在的问题：

东西两条纵列交通过于拥挤，城镇过密，吸引力太强，造成平原中间地带的中线城市持续不振，无法发挥分流和带动地方经济的效益；缺乏东西横向联系，横向流通的减弱进一步加重南北纵列的负担，受纵列吸引亦使城市分布不均。

一、二级中心城市绝大部分都在东、西线城市带上，并有继续扩大之势。问题在于受西临太行山地形的影响，次级中心和经济腹地都是单向的，例如邯郸、邢台、安阳三市距离过近，腹地重叠，缺乏次级中心，优势被抵消。从华北平原自然环境、产业比重、原料基础、水资源、排污能力和铁路运力来看，如果不发展中线、开拓腹地、造成反磁吸引，上述不合理布局的前景是不妙的。

东、西两列城市带市区规模扩大，普遍面临一个如何解决南北交通干线两侧城区横向联系的问题。京广、津浦铁路阻碍，给城市内部交通、职能街区的规划带来困难。

总之，任何区域的交通和城市体系都有其产生、发展的历史，只有立足于过去，充分认识其历史基础，才能在现实经济、文化建设中正确地加以利用和改造。也只有在对整个区域的历史演进认识清楚以后，才能更科学地对城市进行全面的建设。


**秦晋豫文化景观的透视**

尽管秦岭南北风俗各异，可是行政区划对于地域文化的影响还是不可忽视。自元代以来，陕西政区包括秦岭以南汉水流域的建制比较稳定，陕北、关中、陕南由于长期处于同一个高层政区，文化现象有很大程度的整合，到了清代已具有一定相似性，而和周边的巴蜀、陇东、山西等处的文化有明显差异。以方言为例，陕北方言本来靠近山西晋语，陕南方言本来和四川属于同一系统，元代以后西安的中原官话借助政治优势不断扩展，冲击了陕南和陕北地区。陕北地区语言的晋语特征大为减弱，不占主导地位。陕南地区在清代川、楚移民进入之前，方言基本上已经转为中原官话。

对于同一个环境系统来说，外来民对新环境具有相对独立性，导致移民有一种把家乡文化移植到入迁地的心理基础。这种心理基础主要取决于两种文化形态之间相互隔离的强度以及移民的需要程度。回民在关中、晋南和豫西占很大成分，有"回七汉三"之说。他们有专门的居住区，有清真寺、回民学校、专门的商店，有标志性的街道名称、招牌幌子，组成一个具有共同经济生活、共同文化生活、共同心理素质的民族文化生长点，共同的民族信仰是中原回民"大分散小集中"式地理分布的纽带。近百年来，关中也有很多来自河南的移民，被称作"河南担"。尤其是铁路沿线的河南移民，人口比重占关中人口的四分之一。河南移民主要来自豫西，豫西北部与关中有类似的黄土堆积，生活习性和建筑形式很相近，所以，"河南担"

在中原文化与关中文化的交锋中更趋向于被同化和融合。

## 对长江中下游地区的历史思考

### 对两湖历史自然环境与地缘政治结构的认识

两湖地区北有秦岭余脉伏牛山、桐柏山、大别山与中原相隔，南以五岭为限，西有大巴山、巫山、雪峰山，形成与巴、蜀、黔中的天然边界，东有罗霄山、幕阜山以及鄂东丘陵与赣、皖分野，是一个相对独立的自然地理区域。中间的两湖平原（又称云梦平原）实际上是一块完整的平原，只是由于长江和洞庭湖水的阻断，才被分为江汉平原和洞庭湖平原。

江汉平原和洞庭湖平原以长江干流（荆江）为界。江汉平原主要由长江与汉水冲积而成。公元 1300 年前后，荆江北大堤完工，长江分流北入江汉平原的穴口全被堵塞以后，汉水带来的泥沙对江汉平原的沉积起着主要作用，汉江三角洲成为平原的重要组成部分。三角洲自西北向东南伸展，江汉平原的地势亦由西北向东南倾斜，成群的湖沼洼地多集中在三角洲的东南前缘。洞庭湖平原主要由从太平、藕池、松滋、调弦四口来的上游泥沙和湘、资、沅、澧四水带来的淤泥冲积而成。所以陆地的发展也是由北向南推进，加上新构造运动，地壳沉积中心南移，故平原地势亦表现为北高南低，主要湖沼洼地也多在南缘。近百年来，洞庭湖由于泥沙淤积和围湖造田，不仅面积大大缩小，位置不断南缩，而且整个湖面已被新涨陆地分隔成东洞庭、西洞庭、南洞庭和大通湖等几个部分，对长江洪水的调蓄作用大大减弱。

上古时代，属于《尚书·禹贡》九州分野的荆州之域，大体仍处于"蛮夷"所居的"荒服"之列。西周春秋之际，活跃于荆山（今湖北南漳县境）一带群蛮之一的楚人，吞并诸群蛮部落而立国。其疆域北抵汉水以北，南不过洞庭，建都江汉平原，故当地又称"荆楚"。楚都几经迁移，最终形成以郢都（今荆州市北纪南城）为中心，掩有江汉的楚国。随后，楚国的触角伸向长江以南的洞庭，但当时楚人整个目光都盯住中原，未在长江以南建立行之有效的管理。战国时，楚国完成了对湘、资、沅、澧四水流域的征服，为加强统治和管理，设立黔中郡以辖之，郡治在今常德市。楚国前期的疆域，覆盖了长江与汉水中游的广大地区，将襄汉、荆湘整合为一体。秦昭襄王二十七年（前280），派司马错发兵伐楚，攻占楚黔中郡地。二十九年（前278），秦将白起拔郢，以为南郡，楚国被迫东迁淮河流域。三十年（前277），秦国重设黔中郡，郡治在今沅陵县，辖地已大于楚之黔中郡地，囊括今湖南省大部，远达川东、鄂西、黔东部分地区，中心在沅水的中下游。秦统一六国之后，于秦始皇二十五年（前222）在湘水流域置长沙郡，湘、沅二水流域有不同属之倾向。汉武帝时分置十三州刺史部，置荆州刺史部，刺察南阳、南郡、江夏、武陵、长沙、零陵、桂阳七郡国，我们所说的荆楚地区，除今鄂西北郧县、房县、竹山、竹溪一带属于益州汉中郡，都属于荆州刺史部。东汉沿用不改，只是到东汉末年刘表为荆州牧时分南阳置章陵郡（治章陵，在今湖北枣阳），故史称刘表统率八郡。后汉、孙吴时荆州为一级行政建制，两湖地域在表面上整合。以后在东晋、南朝、隋、唐、宋、元历代，洞庭湖南北长期都没有成为一个整合的行政地域，只有元朝平南宋以后的至元年间以及明朝设置湖广行省，它才一度成为完整的行政地域。"湖广"，虽与后世的湖北、湖南两省并不完全重合，却大致相当。

在两湖地域发展史中，曾经有过几个区域中心。先是江陵（今荆州）一枝独秀，"西通巫、巴，东有云梦之饶"；继之襄阳、鄂州（今武昌）崛起，出现荆南、山南东、鄂岳三镇的局面。此地缘政治结构的形成，基于长江中游究竟以荆州渡江为便，还是以武昌渡江为便。湖湘则出现潭州（今长沙）、鼎州（今常德）分镇东西的局面，此形势的出现也是由长江中游不同的津渡点及其所联系的交通方向而决定。这一分划不但影响了地缘政治结构，而且导致湖南省的方言有了湘语与北方官话之别。两湖地区，"东界鄂渚，西接溪洞，南抵五岭，北连襄汉"，既处于中国地理大势的接合部，也必然成为连通两翼宏观大区的通道。

顾祖禹以区域放眼天下，纵论湖广形势，说得再透彻不过：

> 湖广之形胜，在武昌乎？在襄阳乎？抑在荆州乎？曰：以天下言之，则重在襄阳；以东南言之，则重在武昌；以湖广言之，则重在荆州。何言乎重在荆州也？夫荆州者，全楚之中也，北有襄阳之蔽，西有夷陵之防，东有武昌之援，楚人都郢而强，及鄢、郢亡而国无以立矣。……何言乎重在武昌也？夫武昌者，东南得之而存，失之而亡者也。……何言乎重在襄阳也？夫襄阳者，天下之腰膂也。中原有之可以并东南，东南得之亦可以图西北者也。

## 对江淮、江南历史自然环境与地缘政治结构的认识

长江下游以南流域，古代以来有三种称谓——江南、江东和江左。每个称谓在不同的历史条件下，因有具体所指，所以往往又有所区别。

**江东** 因长江在今芜湖至南京江段是西南—东北流向，而秦汉到隋唐时期，这段长江又是两岸来往的主要渡口。从中原来的人视渡江为向东，而不是向南，故称芜湖以下的长江南岸地区为江东。如《史记·项羽本纪》召平谓项梁曰："江东已定，急引兵西击秦。"又东汉末年，孙氏割据江东建立吴国，因此江东又常用以指吴国，《三国

志·蜀志·诸葛亮传》："孙权据有江东，已历三世。"

**江左** 古人又称江东为江左，称江西为江右，大抵因帝王的座位坐北朝南，左为东，右为西。《三国志·吴志·赵达传》裴注："江左虽有兵革，不能如中国之甚也。"又可专指东晋一朝，《宋书·州郡志》："朐令，汉旧名。晋江左侨立。宋孝武世，分郯西界为土。"

使用"江东"与"江左"，多是国都在长安、洛阳时期，两地名曾专指与之对立的政权，譬如江东指代孙吴、江左指代东晋。至于六朝时统辖的地域范围不止江东，而是整个江南。如《宋书·州郡志》："成帝初，苏峻、祖约为乱于江淮，胡寇又大至，民南度江者转多，乃于江南侨立淮南郡及诸县。"不过六朝国都皆在建康，乃国之重心。由中原去建康，以走江淮下游渡江为常，故以江东称之。

**江南** 历史上的含义也有所不同，先秦、秦汉一般指长江中游的两湖地区；唐宋泛指长江以南地区；明清以来，江南专指今镇江以东的苏南及浙北地区，即苏、松、杭、嘉、湖五府的行政范围。更加狭义的范围，则仅指太湖流域。

古代长江、淮河之间的地域称作淮甸或曰淮南。唐代曾设置淮南道，东临海，西抵汉，南据江，北距淮，大致点明了它的地域范围。江淮之间在中国历史上往往是南北分治时争夺的战场。所谓：论形势控扼之道，守江南者，必须先固淮甸，弃淮则江南不可保。也就是说江淮地带对于江南政权来说尤为重要。当北方势力南下，强弩之末不能跨江而平南时，多愿划江而分治，作为谈判的筹码，而不会以淮河为界。可是，江南政权一般不会答应，即使无力北伐，也必定要再聚集力量，争取小胜之后而以淮河为界。因为，南方政权深知弃淮南则江南亦不可保。

正是由于江淮之间在地缘政治结构中的导向，元、明、清三朝一反前代按山川形势走向划分的规律，改变江淮之间单独设置一个行政区划的惯例，而采取跨长江建省级地方行政区划的策略。

明初，建都于南京，畿辅之制必须在首都附近划出一个相当大的区域作为直隶京师的一级行政区，于是将经济依赖区——苏、松、常、镇诸府，祖坟故乡凤阳府，以及大江南北的淮安、扬州、庐州、安庆、太平、池州、宁国、徽州诸府——全部划在一个南直隶大行政区内，在首都南京四周形成屏蔽。又割长江以北，大别山、桐柏山以南的淮河上游地区入湖广行省，这样长江不再成为行政区划的界限。由于太湖以北的苏州、常州等府，南京以南的宁国、徽州等府已划归南直隶，于是太湖以南剩余的府单独组成了浙江省，福建也与浙江脱离，独立为省。

十九世纪中叶，太平天国革命运动蜂起，定都南京，划江而守，与清朝分庭抗礼。太平天国被镇压以后，御史陈廷经曾条陈变通疆域，拟把江苏的江南、苏北划为两省。曾国藩奉旨复陈，力持不可。他说："查苏皖未分之时，跨江淮而为省……唐之十道，宋之十五路，其于江南江北，皆截然分而为二……然唐自中兴以后，声教不行于河北，宋自中兴以后，号令并不行于江北……画疆太明，未必果能久安，论形势控扼之道，守江南者，必须先固淮甸，弃淮则江南不可保……此等大事，似不必轻改成宪。"

因此，魏源在《圣武记》书中说："合河南、河北为一，而黄河之险失；合江南、江北为一，而长江之险失；合湖南、湖北为一，而洞庭之险失；合浙东、浙西为一，而钱唐之险失；淮东、淮西，汉南、汉北，州县错隶，而淮、汉之险失。"这种在专制王朝晚期人为地划分政区，使地形交错、互相牵连、便于控制的用意一直影响到今天。

## 长江中下游江段古代渡口的演变

南宋袁褧《枫窗小牍》记载绍兴年间左司谏吴表臣上疏云："古来都建康者以大江为要会。大江之南，上自荆、鄂，下至常、润，不过十郡，十郡之间，其要不过七渡。上流最紧者三：荆南之公安、石首，岳之北津。中流最紧者二：鄂之武昌，太平之采石。下流最紧者二：建康之宣化，镇江之瓜洲。""北津"，顾祖禹指其位置在岳州"府西北三十里之三江口"，湖南岳阳一带长江和洞庭湖口古今变迁甚大，准确位置已不易考定。"宣化"，明朝六合县有宣化镇，"在县南六十里，六合山东滨宣化江，有宣化渡，亦曰五马渡，晋元帝与诸王渡江处也。南岸对建康之靖安镇"。六合山，亦名六峰山，"今五峰在（六合）县境，惟狮子峰入江浦界中，山多泉石岩壑之胜"。今江苏省南京市浦口区有狮子岭六峰，应即六合山，由于此处长江河道已有变化，出现江心洲和滩地，所以，宣化镇和宣化渡的位置只能说是在今浦口附近。公安、石首两渡口，皆由荆州渡江，由于长江河道的改变，明代时这里有六十里水程，很不便利。武昌、采石、瓜洲迄今仍是长江上的重要渡口。其余还有数十处津渡，但不是因道路迂曲，水陆不便，就是由于非大军往来径捷之处，所以都称不上紧要。

## 对东南沿海历史地缘政治结构的思考

### 浙江历史自然环境的变化

浙江历史自然环境的变化与人类社会之间有几个突出的互动联系。

第一，海侵打断了原始居民的生活。

第四纪之初（250万年前），原始人类开始在宁（波）绍（兴）平原出现，是后来被称为于越人的原始祖先。但是，随着距今约7000年的第四纪最后一次海侵，地下水位抬高，平原土地缩小，宁绍平原沦为浅海沼泽。恶化的自然环境迫使原始居民迁移离散，留下了今天人们可以看到的河姆渡文化遗址。原始居民的一支退入南面的会稽、四明山区丘陵，一部分迁往沿海岛屿，成为于越文化的代表；另一支迁往浙西、苏南的丘陵，创造了马家浜文化和良渚文化（距今6000年至4300年），后来发展成句吴文化的主体。《吕氏春秋》记载"吴之与越也，接土邻境壤，交通属，习俗同，语言通"。所以，于越与句吴"同气共俗"，具有共同的部族渊源。

于越人的山居生活持续了四千年之久，大约在公元前五世纪的春秋时期，才回到山北的宁绍平原，开始了以绍兴为中心的越王开发时代。

第二，钱塘江河口海岸的变迁引起高层统治集团的关注。

钱塘江河床宽浅，沙坎横亘，主槽摆动，变化无常，河口滩涂涨塌不定；河床纵向变形剧烈，稳定性差，成为钱塘江口最突出的特点。钱塘江河口，历史上有三个出口：北大亹、小中亹、南大亹。亹，指两岸对峙如门的地方。

钱塘江北岸，在第四纪末海侵退后，从今上海市的柘林至嘉兴市澉浦之间，向东南延伸，与进杭州湾的王盘山相连，造成海盐、乍浦、金山卫以东成陆。当地发现大量汉晋到两宋的城址和建筑构件[1]。十四世纪以后，因钱塘江河口改从北大亹入海，北岸不断崩塌，因此明清以来，

---

[1] 中国科学院《中国自然地理》编辑委员会编：《中国自然地理·历史自然地理》，科学出版社，1982年，第238—240页。

屡筑海塘。

钱塘江南岸，变化主要在余姚县以北。北宋以前，海岸在临山、慈溪、观海卫一线，以后海岸一度外涨；元代海水再度内侵，不得不加修海塘。明朝以后，随着河口北移，南岸外涨，海塘修筑了九道，形成三北平原。

钱塘江河口，春秋至南宋，江道走南大亹，元、明至清初时期在小中亹与南大亹间变换，康熙以后，江水尽归北岸，即稳定在北大亹。南面两口淤塞成沙地。

钱塘江河口海岸的变迁引起中国王朝后期朝廷的关注，曾经屡次修筑海塘。清朝皇帝多次南巡，除了游逸之兴致，视察浙江海塘的修建也是每次必然安排的内容。

在中国历史上，系统的修建海塘工程，始见于公元七世纪，历代相继。海塘工程一方面控制了某些侵蚀岸段，另一方面，由于改变了海岸的自然坡度，又会促进某些岸段的淤积。

第三，杭嘉湖平原与宁绍平原的环境变化。

浙江的山地丘陵在地形上占主体，河道改变不大，历史时期河流的变迁多发生在平原地区的河流尾闾部分，主要是影响杭嘉湖平原和宁绍平原的环境。

杭嘉湖平原，在公元前三世纪秦统一以前，太湖与钱塘江之间是一片西北高、东南低的沼泽平原。《越绝书》卷二《越绝外传记吴地传第三》记载："秦始皇造道陵南，可通陵道，到由拳塞，同起马塘，湛以为陂，治陵水道到钱唐，越地，通浙江。秦始皇发会稽谪戍卒，治通陵高以南陵道，县相属。"即秦朝派遣因罪罚以守边的会稽戍卒在这个地区整治河流，开凿沟渠，兴建陂塘，连通水道，从而改变了沼泽地貌，设县以治。以后经过隋朝江南运河的开凿，相对固定了水运交通干道，在杭嘉湖平原上逐渐形成以"塘河"为后缀，行船、溉田、排涝兼顾的河流网。

杭嘉湖平原因海水的涨退，在历史上有许多潟湖，至今留下以"湖""浦"为后缀的地貌型地名。杭州西湖就是由于沙坝的封塞从海湾变成潟湖。唐代李泌沿湖凿井，白居易修筑湖堤，使西湖与杭州城的发展结为一体，而多数潟湖在人工围垦下逐渐消失。

宁绍平原，东部为甬江干支流组成的冲、洪积宁镇平原，西部为以绍兴为中心一块由南向北缓缓倾斜的山会平原。山会平原最初也是南部冲积平原，分布着向北流淌的众多溪流，间有一些岗阜、孤丘和湖泊，北部沼泽连片。公元前五世纪越王勾践时期，在越国都大城（今绍兴）向东西开凿人工水道，将平原内南北向的天然河道贯通，成为浙东运河的前身。东晋时，贺循进一步整治这条"山阴故水道"，形成了沟通钱塘江、甬江的浙东运河。从会稽山各山麓冲积扇北流的河流，受地形坡度影响和运堤的阻挡，在山阴水道南侧壅出一系列湖塘，在后汉会稽郡守马臻主持下修建成一个面积很大的水利工程——鉴湖。鉴湖工程主要是由围堤、斗门、闸堰和沟渠组成，不但解除了洪水的威胁，而且使周围的田地得到充分的灌溉。汉唐期间逐渐完成了山阴、会稽北面海塘的修建，起到蓄淡抗咸的作用，绍兴以北的滨海地带被改造成阡陌良田。南宋时鉴湖因淤浅、围垦而堙废，浙东运河以南的大面积湖泊消失，转变成稻田葑塘相错的景观，运河以北变成湖塘密布的水乡泽国。明嘉靖十六年（1537）绍兴知府汤绍恩主持修建三江闸，形成了统一的三江水系，绍兴平原成为浙东富庶的鱼米之乡。

**福建历史自然环境与地缘政治结构**

福建山峦重叠，河流纵横，缺少大面积的平原。与海岸平行的几列东北—西南走向的山脉：仙霞岭、武夷山、玳瑁山、戴云山，以及众多支脉交织纵横。山地周围是海拔较低、起伏相对和缓的丘陵，使福建形成八块相对独立的地区。历史上的福建别称"八闽"，就是因为宋元时期分福建为福（今福州）、建（今建瓯）、泉（今泉州）、兴化（今莆田）、漳（今漳州）、汀（今长汀）、邵武（今邵武）、延平（今南平）八个自成地理单元的州府。

正是由于福建省内地形的破碎，对外交通十分不便，自成封闭的体系，所以，福建成为一个完整的行政区，并且古今地域能够整合的历史，比其他省区要早。三国吴永安三年（260）分会稽郡南部置建安郡，治所建安县在今建瓯市南，当时的建安郡辖境已经与今天的福建省差不多。西晋时稍有缩小，五代十国时期，王潮、王审知兄弟建立闽政权而割据东南一方，北宋平南后设置福建路，辖境基本固定下来。在东晋南朝的历史上，建安郡曾经隶属于江州（治今九江），由此可以看出福建与浙江、福建与江西地区的联系是紧密的。

另一方面，福建在历史上极易造成割据政权。唐朝末年，王潮发动兵变，控制福、建、汀、漳、泉等五州之地，受唐朝封号为福建观察使、威武军节度使。王潮卒，王审知继任，受封琅琊王，后梁封其为闽王，都长乐府（今福州）。王氏采取保境息民的立国方针，勤修政事，发展经济，历七主，立国五十三年。其间，943年王延政以建州节度使据建州称帝，国号殷；945年攻占福州后，复国号闽，仍都建州（今建瓯）。王氏政权被南唐击败后，留从效、陈洪进又盘踞泉州、南州（今漳州），以清源节度使名义割据三十余年。直到南明福王小朝廷，也曾经以福建一隅之地苟延残喘。可是，福建没有独立的经济实力，脱离大陆腹地是不可能长期独立存在的。

**从历史图籍上的称谓看台湾**

在中文史料图籍中，不同历史时期对台湾的称呼都不一样，表明中国人对台湾的认识是随着海峡两岸的交往而逐渐清晰。古文献和图籍中对台湾的称谓略具如下：

东鳀：距今二千年前，《汉书·地理志》中的记载，"会稽海外有东鳀人，分为二十余国，以岁时来献见"。此后一部分中、日学者推测东鳀即指台湾。

夷洲：三国吴丹阳太守沈莹撰《临海水土异物志》载："夷洲在临海东南，去郡二千里，土地无霜雪，草木不死。四面是山谿。"①《三国志》载吴黄龙二年（230）"遣将军卫温、诸葛直将甲士万人浮海求夷洲及亶洲"。

流求：根据《隋书》，隋炀帝大业三年（607）三月"癸丑，遣羽骑尉朱宽使于流求国"。六年（610）"二月乙巳，虎贲郎将陈稜、朝请大夫张镇州（周）击流求，破之，献俘万七千口，颁赐百官"。在北宋税安礼《历代地理指掌图》、日本京都栗棘庵藏宋刻《舆地图》内均用图形框加文字注记明确在我国东南海域标出"流求"岛。"流求"专指中国台湾，而非今日冲绳，中国古舆图对台湾空间位置的描绘比文献表述更具说服力。

琉求（瑠求）：元汪大渊《岛夷志略》："琉求……自彭湖望之甚近。"《元史·瑠求传》："瑠求在南海之东，漳、泉、兴、福四州界内彭湖诸岛，与瑠求相对。"由此可见，国人对台湾、澎湖与大陆的位置关系已经很明确，而且可以证实以前文献中提到的"流求"，就是指台湾。

① 沈莹撰，张崇根辑校：《临海水土异物志辑校》，农业出版社，1981年。

琉球：现存于日本、韩国、中国的元代和明朝前期的舆图，如《混一疆里历代国都之图》、《大明混一图》、杨子器跋《舆地图》等舆图继续用"流球"指称台湾，而且台湾与澎湖列岛开始区分。明洪武初，琉球中山王察度受明册封，为了与前朝称台湾为琉求相区别，遂称中山王地为大琉球，而以台湾为小琉球。从而，明朝中期以后的文献中，琉球有"大流球"和"小流球"之区别。舆图上的台湾标为小琉球，大琉球专指琉球群岛（今冲绳）。

大员：明陈第撰《东番记》以"大员"指称台湾，《东西洋考》作"大圆"。"大员"系台湾南部平埔族番社名（Tayovan），明后期福建人因其发音演变成台湾。

台湾：作为地名首见于明代何乔远《镜山全集》以及崇祯年间官文书，是从"大员"而改写，并指称全岛。荷兰人占领台湾期间曾用葡萄牙语"福尔摩沙"（译义：美丽的岛）之名，郑成功收复台湾后，用"东番""东宁"称台湾。清朝统一后，用"台湾"来称谓该地区遂逐渐流行。隶属福建省的台湾府及其属县的设置，标志着整个台湾地区被纳入中国的版图。

从上述台湾及其周围岛屿名称的演变和空间位置逐渐清晰化，不难看出中国大陆对东南海域的认识是逐步深化，台湾与中国大陆之从来不可分离。

### 对东南沿海历史交通地理的认识

由中原腹地通向东南、岭南沿海的古代交通道路，概而言之，有如下特点和影响：

（一）以水路为主，水陆兼程。南方河流水量充沛，通航期长，我国自然地理第三级阶梯上的山脉又多东西向或东北—西南向分布，山体两侧都发育较多的河流，古代交通正是选择两条方向相反、上游离得较近且又有孔道穿越的地方来开辟交通线。因此，长沙马王堆汉墓出土的汉初地图早就突出水系和陂塘，至于山脉则不显著，正是表明古代交通对水路的重视。《汉书·严助传》记古人语南人"处溪谷之间，篁竹之中，习于水斗，便于用舟。……舆轿而逾岭，拖舟而入水"，十分形象。

（二）东南丘陵受自然地形制约较大，一般总是在旧道上扩筑，很少再开新道。因此，在山口处多设有关卡。枫岭关、分水关、岑阳关、焦岭关、谷口关、杉关，这些关口都是古代的战略要地，也是平时设税关的地方、交通路线的确定，也左右了古代政区地理的划分。

（三）东南沿海的这些交通线路的开辟，使中原地区先进的经济文化传入岭南，促进了边远沿海地区的发展。从汉代看，岭南岭北设县最密集的地区是道路沿线，说明交通沿线最先被开发，人口增殖较快。从考古文物来看，越是交通道路附近出土的墓葬，其葬式、器物的地方特色越逐渐减少，中原文化成分越来越多。交通道路附近地区反映着先进地区与后发展地区间政治、经济、文化差距的缩短，古代交通是地区开发的杠杆，是传播文化的经络。今天的交通，也是对外开放与对内搞活之间联系的桥梁。

（四）古代通东南交通道路的开辟，打破了中央政府鞭长莫及，地方势力划岭而守、割据称王的地理条件，使岭南、福建难以长期维持一个割据势力，也使台湾、海南等沿海岛屿最终统一于一个大家庭。

浙江、福建在中国古代海外交往史上占有非常重要的地位，特别是在人员的往来和文化交流传播方面。宋代活字版印刷术发明以后，浙江、福建的刻书业与刻图业异常活跃，浙江、福建的书籍和舆图在海内外享有盛誉，其中不乏浙闽地区曾是外洋航海到发地的因素。

## 对岭南历史地缘政治结构的思考

### 广东历史自然地理与地缘政治结构

秦以前，岭南虽与中原商、周及长江流域的吴、越、楚等国初通交往，但是由于山川阻隔，发展很缓慢。秦灭六国以后，派军队 50 万南下，于公元前 214 年在岭南设置了桂林郡、象郡和南海郡。今广东省大部分地区属于南海郡，治所在番禺（今广州）下辖番禺、四会、龙川、博罗四县。秦末，赵佗趁中原无首，自立南越国。西汉初，汉高祖曾派陆贾到番禺，说服赵佗名义上臣服于汉朝，可是不久赵佗即反目。汉武帝元鼎六年（前111），兵分五路，一举平定岭南，将岭南划分为九郡，即南海、苍梧、郁林、合浦、交趾、九真、日南、儋耳、珠崖。西汉末，儋耳、珠崖并入合浦郡，从此，岭南的郡县制度与地缘政治格局确立下来。西汉设立"十三部刺史"时，岭南九郡统归交趾刺史巡察。

东汉末，改交趾部为交州，仍为一整合体。三国孙吴时期，将合浦以北南海、苍梧、郁林、合浦等郡划归广州，合浦以南交趾、九真、日南等郡归交州。岭南始被一分为二，广州之名始现。唐朝贞观年间，将全国按山川形胜之便划分为十道，岭南地区为岭南道，置经略使以式遏四夷，又整合而一。唐懿宗咸通三年（862），岭南再被划分为岭南东道和岭南西道，东道治广州，西道治邕州（今南宁）。岭南再次分治，但州县分布不均衡，东部只有潮、循二州，西部则有十五州。宋代在岭南先设置广南路，太宗末，仍然分广南路为广南东路和广南西路，这是广东、广西名称之来历。广南东路治所在广州，有十四州；广南西路治所在桂林，有七州。广南东西之划分，以西江流域的封州—梧州为界，贺江、云开大山以东属于广东、以西属于广西，从此基本奠定今日两广的分界线。

元朝，岭南地区没有单独设置一级行政区划，而是将原广南东路辖区归江西行省管辖；原广南西路划归湖广行省管辖，今海南省和广东省雷州半岛，都归湖广行省统辖。

这种局面的出现，源于元代通岭南的主要交通线是沿赣水和湘水分东西两路而下的。自赣水逾大庾岭，则进入北江流域，连接的地区多在广南东路范围内；沿湘水上溯，经全州、灵渠、桂州（今桂林），进入西江的支流漓水，便于联系的地区是原广南西路的范围。所以才会有广南东、西两路分别统属于江西、湖广的怪现象。

明朝朱元璋开国之际，先平定长江中游之陈友谅，下游之张士诚，以控制五岭山脉以北的江西和湖广的部分地盘，未暇遽问两广。时隔三年之后，才陆续分兵平定广西、广东。直到此时，明朝才又将岭南两广与江西、湖广分开。而这个时期，由于广西壮、黎、瑶三个民族反明起义猛烈，朱元璋采用分而治之的办法，把黎族聚居的海南岛，广西的门户钦、廉地区和雷州半岛一并划归广东，以便加强控制。这个地缘政治的格局直到近代都没有改变，直到二十世纪后半叶，钦、廉地区才回归广西，海南独立建省。这种因交通线和军事用兵引起的地缘政治格局，对广东民系、方言、习俗的影响，至今仍然能够有所感觉。

## 广西历史自然地理与地缘政治结构

由于湘江发源于广西境内，与漓江间的分水岭不算高峻，因此，在广西东北部形成与湖广联系的天然孔道。导致广西地区的发展总是与长江中游的历史联系在一起，并通过湖广、江汉地区，而受到中原文化的渲染和教化。

春秋战国时期，广西属于百越，后为楚的领地。秦始皇三十三年（前214），秦朝出兵统一岭南地区，大军由湘江、灵渠而入，设立南海郡、桂林和象郡。今广西分属各郡，广西简称"桂"，盖因秦置桂林郡而得名。秦末，南海尉赵佗占据岭南，并桂林、象郡，而立南越国。汉武帝元鼎五年（前112），出兵平南越，在今广西境内设立了苍梧、郁林、合浦三郡。

广西的地形地势对历代广西建制的影响，主要表现在云开大山、六万大山和十万大山此列弧形山脉以内的诸郡无论怎样分合，常隶属于广州；而此弧形山脉以外的合浦郡多分隶属于统辖交趾半岛的交州；广西东北部的郡县，有时划归湘江流域的高一级行政建制。

隋唐时期在今广西境内划分的州县建制，基本上奠定了今天广西的行政格局。唐懿宗咸通三年（862），分岭南道为岭南东道和岭南西道，岭南西道不仅囊括今广西大部分地区，还统管今广东的雷州半岛和海南岛。从地域交通形势来看，雷州半岛与海南岛可以通过钦、廉地区向北，与中原的联系并不费力。雷州半岛与海南岛究竟听命于中原政权，还是受制于广东，要看哪方的势力更强。五代十国期间，广西地方先属于盘踞湖南的楚国，后隶于南汉，就是一例。

宋朝分广南东、西二路，为"广西"名称之始，路治设在桂州（今桂林），所置州县地域范围与唐代基本相同。

北宋侬智高起兵失败后，宋朝在广西南部民族地区设立土州、县、峒五十余处。

元代，设立广西两江道宣慰使司和岭南广西道肃政廉访司，隶属于湖广行省，又是从长江中游控制广西地区的例证。至正二十三年（1363），设置广西等处行中书省，为广西设省的开始。

明代，将原属于湖广行省的全州划给广西布政使司，将原属广西的廉州、钦州、雷州半岛与海南岛皆划归广东管辖。清代的广西维持明朝的格局未变，省治在桂林，下辖桂林、柳州等十一府，郁林一直隶州及上思、百色两直隶厅。在少数民族聚居的南宁、庆远、思恩、太平、镇安、泗州境设土州二十七、土县五、土司十、长官司三。

直到1952年，钦州、廉州地区才又划归广西，但是1954—1965年，又一度划归广东省，由此可见，被云开大山、六万大山和十万大山此列弧形山脉隔在外围的钦州地区，即原合浦郡的隶属问题，一直是广西地方政区划分的一个变数。"广西盆地"本身是封闭的，只有南面钦州地区临海，才使广西能够具备一个对外联系的出口。因此，从广西的发展来看，绝不应当将其划分出去。

广西地区地缘政治结构中另一个值得注意的问题是广西的区域中心城市放在哪里？历史上，桂林长期作为广西地区的首府，南宁的兴起只是最近百年间的事情。如果以桂林为首府，位置偏北，有利于与北方内地的联系，适于进退，但是不便于对桂南的经略。南宁位置居中，选作首府，更有利于对广西全境的管理。

### 岭南文化的区域特征

封闭而又开放的地理位置。五岭极大地限制了古代岭南与中原的沟通，岭南人很少越五岭而入中原，反倒是北人频频南下。广东面临大海，海岸线长达 8400 公里，海洋给广东带来了无限的开放环境，生活在被称为岭外、岭表、岭南边陲的人们，靠着这种优势，从多方面接受先进的文化熏陶，在本土文化的积淀上融入了海外文化。正是由于特殊的地理环境，让岭南文化成为一个复杂的物质财富和精神财富的混合体。

有长达百年以上的南越国文化，为岭南文化奠定了地域基石，历代中原汉族的文化，给岭南源源不断地灌入新鲜的血液和强身的元素，对于岭南人民文化素质的提高有着明显的效果。岭南文化兴于宋而盛于明清，是以中原文化为核心，融合了楚文化、吴越文化和海外多种民族文化的地域文化。岭南文化具有反传统和超前意识，因为岭南文化既有古越族的遗风，而且受儒家文化的影响要少，所以更容易接受西洋的经济方式与文化氛围。

岭南文化可以从以下几个方面来探索其文化景观类型和空间分布：

（一）土地利用方式所形成的文化景观；

（二）聚落形式与文化景观；

（三）方言的地理分布及其文化景观；

（四）民族群落和风俗文化景观；

（五）民间信仰与宗教文化景观；

（六）戏剧艺术形式与分布；

（七）岭南人才及其地域分布。

以上几个方面并非岭南文化所独有，中国其他区域未尝不可用此视角来观察，但是，恐怕都不会有岭南文化景观那样明显的地域性。移民对文化的传播和岭南文化的塑造起着决定性的作用，然而，在我国广袤的疆土内，在各个历史时期，哪块地区会没有移民呢？特别是汉民族几乎分布在全国的每个角落，为什么单单在岭南地区能够形成"民系"，而其他地区很难用"民系"来划分呢？同样是在岭南地区，为什么广东的民系文化那样凸显而广西却不明显呢？

## 对东北地区历史地缘政治结构的思考

### 历史视野下的东北地缘政治结构

虽然东北地区的低温严寒对农业生产是最大的限制因素，但是环境考古证实，在地质时代第四纪末次冰期后的全新世时期，全球性的气候回暖曾使东北大地为人类足迹的踏入创造了合适的条件。当时辽东半岛地区是以栎、桤木为主的阔叶林，其温度较今天高出 3—5℃，近似山东半岛的气温。孢粉分析表明，三江平原宝清县雁窝岛，在 7000—2500 年前为以阔叶林为主的林地草原景观，这样的温湿气候带向北延伸到黑龙江省的呼玛县一带。这种气候环境，使处于传统中国地域观念边缘的东北地区纳入中华民族大家庭的历史并不像通常想象中的那样晚。早在先秦时期，众多东北古代先民世世代代生息繁衍在这片黑色的土地上，并且与中原地区开始往来。东北地区特殊的自然环境，使其受到来自中原农耕文明、西部草原游牧文明与东部滨海渔猎文明的三方面影响，古代的东北地区逐渐形成农耕、游牧、渔猎相混合的区域经济形态。就区域内部而言，东北地区最早得到开发的是南部辽河流域。那里的气候不那么苦寒，又与中原比较靠近，没有艰险和不利于人类生存的自然因素，辽河上游孕育出以红山文化为代表的早期人类文明。考古发掘表明以大型祭祀建筑和女神崇拜为特征的红山文化，反映出东北早期文明的智慧，红山文化向南浸润之后，在山西中部一带与中原的仰韶文化融合，对中国第一个朝代——夏朝的文化风貌有着深远而直接的影响。

辽东半岛犹如东北地区伸向渤海的手臂，中部是隆起的千山，东西两边狭长的滨海平原，海岸曲折，海蚀阶地、滩涂与港湾相间。辽东半岛和山东半岛南北呼应，环护着渤海湾的大门，尤其在中国封建王朝晚期定都北京之后，两个半岛对于海运和把守京师的海上大门都有着重要的战略意义。因此，明代的辽东半岛曾经长期与山东半岛整合在一个行政区的统辖之下。辽西山地是内蒙古高原向辽河平原的过渡地带，又与河北北部的燕山山脉连为一体，长城蜿蜒在辽西的山岭上，说明自北向南穿过山间走廊一定存在着通道。不同历史时期东北民族的南下都必然要穿过冀辽（辽西）走廊，冀辽走廊负山临海，地狭而险，犹如咽喉。在中国历史上，无论东北的地方势力还是中原政权，只要控制了冀辽走廊，就能够使东北地区与中原同呼吸共命运。

总而言之，地貌、气候、土壤和动植物资源，都为历史上东北地区人类农业、牧业和渔猎生产的发展，提供了有利的自然条件，从而形成了农、牧业比重都比较高的经营方式。另一方面，我们也应当看到，受到气候和地形的影响，公元十世纪以前东北的农业开发主要局限在南部的辽东半岛。松、嫩流域以北由于气候过于寒冷，除沿江河谷，广大地区的农业经营和城镇聚落一直比较稀少。直到十九世纪，在来自日、俄两国南北夹击的侵略下，特别是贯通东北地区的中东铁路建成之后，东北地区才真正迈进近代化社会的门槛。

**东北三省形成的历史过程**

东北地区各民族自古以来就与中原历代王朝在政治、经济、文化上有着密切的联系，从秦汉开始，中央王朝就在东北地区设立行政建置，实行统一的管理，东北地区比较早地纳入了中华民族的地理范围之中，因此，东北是中国版图不可分割的一部分。现今辽宁、吉林、黑龙江三省的划分形成于清朝初年的盛京、宁古塔（吉林）和黑龙江三将军辖地，清光绪三十三年（1907）改为奉天、吉林和黑龙江三省。但是，清代东北三将军的地域划分与今天的东北三省区有很大差别。

公元前四世纪，根据《史记》的记载，燕国"破走东胡……筑长城，自造阳至襄平，置上谷、渔阳、右北平、辽西、辽东郡以拒胡"。造阳即今河北怀来，襄平在今辽宁辽阳，辽西、辽东二郡是东北地区设立建置之始，秦、汉因之，正式纳入中央集权体制下的地方行政体系。因东北部族众多，中央王朝还曾设立属国安置内迁的少数民族，如东汉置辽东属国都尉于昌黎（今辽宁义县），专门负责安置管理辽河下游以西至锦州一带内附的乌桓、鲜卑人。汉晋之际，高句丽部族强盛起来，控制了松花江以南、辽河以东的广大地区，广建山城，实行区域性军事城邑管理制度。隋朝统一以后，由于高句丽部族政权仍然控制辽东半岛，隋朝在东北施行的州（郡）县制仅局限于辽河以西。唐朝，经过伐辽东、平高句丽，疆域一度扩展至朝鲜半岛北部。高宗总章三年（670）"列辽东地为州县"，置安东都护府以统之。唐中央王朝在东北地区建立都督府、州、县地方行政体制的同时设置羁縻府州，任命当地部族首领为都督、刺史管辖各部。公元八世纪至十二世纪，经历粟末靺鞨族建立的渤海国、契丹族建立的辽朝与女真族建立的金朝，与内地一致的府州县体制逐渐被推广到松花江流域。元朝在东北设置辽阳行省，辖境扩展到黑龙江以北和乌苏里江以东地区。明朝因朱元璋视东北地区"其地早寒，土旷人稀，不欲建置劳民"，而将辽东半岛置于山东布政使司管辖；辽东边墙以外，"但立卫所，以兵戍之"。明成祖永乐七年（1409）在松花江和黑龙江下游设奴儿干都指挥使司，治特林，其下分置卫、所，选各部族首领分掌其事，至万历时，从115卫增至384卫24所。北境远至外兴安岭，南以徒门河（图们江）与朝鲜为界，东濒大海，包括苦兀（今库页岛）。在嫩江流域、黑龙江上游和大兴安岭的蒙古族兀良哈部活动地区，明朝设朵颜卫、福余卫、泰宁卫，由各部首领充任指挥使司官，自领其众，又称兀良哈三卫（或朵颜三卫）。这样，元、明时期都是在辽河流域实行与内地类似的路、府、州、县地方行政建置，而在松花江、黑龙江流域实行军事化的驿站制和都司、卫所制。这种地域的划分顺应了东北地区不同民族、部族的分布、生产经营方式以及自然环境的制约，从而使辽河流域、松花江与黑龙江下游流域、黑龙江上游和嫩江流域分别形成东北的三大区域，为清朝按这三大区域设立三将军的管理体制奠定了空间格局。

满洲女真贵族建立清朝以后，将东北满洲地区视为龙兴发祥重地，保持原有的八旗驻防军事编制，实行与长城内的直隶行省不同的管理体制。设奉天（盛京）将军、宁古塔（吉林）将军、黑龙江将军，分掌驻防旗营和地方的军民事务，所辖地区皆属盛京统部[①]。三将军的辖区基本上参照元、明时代东北三大区域的划分。

**盛京将军**　清康熙元年（1662）设镇守奉天等处将军，驻盛京城（奉天府城，即今沈阳），辖境基本上是"柳条边"以内的辽东半岛和辽西走廊[②]。其北界在开原以北昌图厅，东界在今宽甸、新宾一线，西界包括山海关以北、大凌河以南的冀辽（辽西）走廊以及今彰武附近的辽河以西的牧场。由奉天府、锦州府分管辽东和辽西。从整体上讲，清朝盛京将军辖地比明代辽东都司辖地有所扩大，而小于今天的辽宁省。

**吉林将军**　清初在松花江以东，乌苏里江流域设昂邦

---

① 清初为镇守奉天等处将军，因驻盛京城内，故改称盛京将军。康熙十五年（1676）宁古塔将军移驻吉林乌拉，乾隆二十四年（1759）改称吉林将军。
② "柳条边"，又名盛京边墙，是清朝顺治年间开始在盛京境内修筑的一条柳条篱笆界线，禁止边内一般居民越界打猎、放牧、采参。

章京，康熙元年（1662）改驻宁古塔（今黑龙江省宁安县）的昂邦章京为镇守宁古塔将军，十五年（1676）移驻吉林，遂改称吉林将军。辖境在"柳条边"以外，嘉庆《大清一统志》卷六七称其形势："东滨大海，西接边墙，南峙白山，北逾黑水。"吉林将军辖区在黑龙江中游以南基本上以松花江为界，黑龙江北岸以杨山（今俄罗斯布列亚山）、斗色山（今俄罗斯亚马林山）分水岭为界，西为黑龙江将军辖地；吉林将军的辖境东到库页岛。辖境内分成吉林副都统、伯都讷副都统、阿勒楚喀副都统、宁古塔副都统和三姓副都统等五个副都统辖区，光绪七年（1881）增置珲春副都统。

**黑龙江将军**　康熙二十二年（1683）始设于黑龙江东岸瑷珲城（今俄罗斯布拉戈维申斯克［海兰泡］南面的维肖伊洛村），黑龙江将军之设，使黑龙江上游流域自成一个行政区。二十四年（1685）因处江东地僻不便，移驻西岸的瑷珲新城（今黑龙江省黑河市爱辉区）；二十九年（1690）又移驻墨尔根（今黑龙江省嫩江市），康熙三十八年（1699）再移驻于齐齐哈尔城。黑龙江将军的辖境，东以亚马林山、布列亚山等山脉与吉林将军分界，西以额尔古纳河为界，与乌里雅苏台（今蒙古）和俄罗斯相邻。将军辖境内分成齐齐哈尔、墨尔根、黑龙江三个副都统辖区和呼伦贝尔、布特哈两个副都统衔总管区。

由于东北地区民族众多，特别是关内汉族民户的不断移入，清朝东北三将军辖区内的管理，采取了旗、民分治的制度。凡满洲、蒙古、汉军八旗事务，则统之于奉天、吉林、黑龙江三将军，由副都统分管；凡民人事务，则统之于府、州、厅、县，即"旗人"与"民人"被分置于两个不同的官署衙门管理之下。内蒙古东部地区，清代实行盟旗制，分别由奉天将军、吉林将军、黑龙江将军、热河都统监督各盟旗的事务；对于此地区的汉族民户，则由八沟（后改为建昌县）、塔子沟理事同知厅（后改为朝阳县）进行管理。清朝在东北地区实行的旗、民分治管理制度，造成管理机构的重叠设置。可是其管理区域的划分，却为清光绪三十三年（1907）东北裁将军改设行省制，废除旗、民二重制，实行统一的地方行政体制，划分三省内府、厅、州、县的地域，奠定了基础。

康熙二十八年（1689）中俄签订《尼布楚条约》，规定以外兴安岭为中俄边界。咸丰八年（1858）沙俄通过《中俄瑷珲条约》侵占黑龙江以北、外兴安岭以南的六十多万平方公里的中国领土；1860 年，沙俄又通过中俄《北京条约》侵占乌苏里江以东（包括库页岛）约四十万平方公里的中国领土。以上领土曾经是鄂伦春族、费雅喀族、恰克拉族等民族的游猎地。中国不仅丧失了大片领土，而且失去了黑龙江出海口，形成了今天中俄两国间在东北地区的边界走向。然而截至清朝末年，图们江河道仍然归中国政府所有。

1911 年，爆发的辛亥革命推翻了清王朝的统治。1912 年中华民国建立后，东北地区基本因袭清末奉天、吉林、黑龙江三省的地域划分，仅在松、嫩平原的郭尔罗斯前旗和扶余稍有调整，划给吉林省一部分土地，但是与今天的东北三省在辖境上还是有很大差别。1928 年，张学良改旗易帜，服从中央，奉天省改名为辽宁省。

日本侵占东北时期，东北的分省与辖境曾经有过调整。伪满政府将东北划分为二十个省级政区，其名称及省会如下：新京特别市、奉天省（奉天市）、吉林省（吉林市）、龙江省（齐齐哈尔市）、热河省（承德街）、滨江省（哈尔滨市）、锦州省（锦州市）、安东省（安东市）、间岛省（延吉街）、三江省（佳木斯市）、通化省（通化街）、牡丹江省（牡丹江市）、东安省（东安街）、四平省（四平市）、黑河省（黑河街）、兴安东省（扎兰屯）、兴安南省（王爷庙街）、兴安西省（开鲁街）、兴安北省（海拉尔市）、北安省（北安市）。这种划分基本上是将东北全境按照自然地理单元进一步细分，反映日本侵占东北时，为便于经济掠夺而采用缩小区域的管理方式。

东北光复以后，东北地区分为四个省区：黑龙江省、吉林省、辽宁省和热河省[①]。但是蒋介石为了控制东北地

---

① 民国三十四年（1945）版《东北四省地图》。

区，很快将东北分割成九个省：黑龙江省（北安）、兴安省（海拉尔）、嫩江省（龙江）、合江省（佳木斯）、松江省（哈尔滨）、吉林省（吉林）、辽北省（四平）、安东省（安东）、辽宁省（沈阳）①。九省中的黑龙江省、嫩江省、合江省、松江省均以东北地区主要河流的流域作为一个地理单元，整合成一个行政区；兴安省将大兴安岭两侧的地区合并在一起，辽北、安东、辽宁三省分别相当于今天辽宁省的西部、东部和中部，仍然是按照自然地理单元进行的划分。

中华人民共和国成立之初，东北地区划分为六省：辽东省（安东）、辽西省（锦州）、热河省（承德）、吉林省（吉林）、松江省（哈尔滨）、黑龙江省（齐齐哈尔）。另有沈阳、鞍山、抚顺、本溪、旅大五个直辖市②。1954年辽东、辽西省合并为辽宁省，松江省并入黑龙江省。1956年热河省分别并入河北省、辽宁省和内蒙古自治区。东北自此又恢复了三省的建制。但此时东北三省的辖区与清代东北三将军管辖的地理空间已经截然不同，尤以吉、黑两省为甚。

东北三省的建制变化和省级分合主要集中在二十世纪

---

① 民国三十五年（1946）版《新民中华地图》，省会一度有改变。分九省的缘由参见《沈醉回忆录》。

② 1950年版《中华人民共和国新地图》。

前半叶，东北地区省级建制经历了一个由简入繁，再由繁入简的过程。通过地域整合，一改清代吉、黑纵向划分的方式，而成为东西横向划分的东北三省格局。其辖域变化主要体现以下几点：

（一）辽宁省经过了辽东山地、辽河平原和辽西走廊的整合过程。在辽宁省包含的地域范围中，最稳定的是以沈阳为中心的辽河平原地区。辽东山地的安东与通化主要以边境城市丹东为中心进行整合。而辽西重镇锦州扼守蓟辽走廊要道，自然成为辽西的中心城市。辽宁省的出现，先由辽河平原与辽东山地整合为辽东省，再将辽东和辽西合并成今天的辽宁省，其中将北部的四平地区划归吉林省。热河地区从历史沿革、地貌、交通、民族习俗等方面与燕山山地以南更具备整合的条件，所以其主体后来并入河北省。

（二）吉林省的形成是一个以东带西的过程。吉林省的变化主要是将老爷岭、张广才岭以北的松花江下游地区划归松江省（后并入黑龙江省），吉林省辖境沿着松嫩平原向西扩展到大兴安岭东麓。从地形上看，松嫩平原西南部由于受到嫩江及其支流东南流向的影响，形成了大片的水泡地，因此，历史上吉林省西部的农业开发滞后于东部。加之对松花江航运的利用，从清代吉林将军起，吉林城周边地区就是吉林省的重心。处在长白山以东的延吉盆地曾经设置过珲春副都统辖区，伪满时期设置间岛省，有道路可通吉林城，因此，原吉林省和间岛省合并，形成了今天吉林省的主体。吉林省西部以松花江、嫩江为界，将松嫩平原南部，原属内蒙古哲里木盟的科尔沁草原，及东辽河流域的四平地区并入吉林。从整体上讲，吉林省的变化完成了从东向西的发展过程，并将省会从吉林向西转移到中东铁路线上的长春。

（三）黑龙江省是四条河流流域的整合。以民国三十五年（1946）的九省制时最为典型：北部黑龙江以南、小兴安岭南北以北安为中心形成黑龙江省，东部三江平原以佳木斯为中心形成合江省，南部松花江中游以哈尔滨为中心形成松江省，西部大兴安岭东侧嫩江中上游以齐齐哈尔为中心形成嫩江省。总体来看，嫩江、松花江、黑龙江、乌苏里江的四个流域最终整合为一个省。

（四）大兴安岭以西的呼伦贝尔高原经历了一个脱离东北的过程。呼伦贝尔高原被划入大兴安岭以东的政区始于明代。明朝利用蒙古兀良哈部来牵制蒙古瓦剌和鞑靼部，在呼伦贝尔高原设哈剌孩卫，清朝的黑龙江将军就势也囊括了大兴安岭以西地区。东清铁路修通之后，交通的便利，足以使大兴安岭以西的地区与东部整合起来。但是，呼伦贝尔高原大部分为丰茂的草原覆盖，更适合于蒙古民族以放牧为生。草原的游牧经济、大兴安岭的林猎经营，以及以蒙古、鄂伦春、鄂温克等族为主的民族聚集区，使得大兴安岭与呼伦贝尔高原在中华人民共和国成立之后划归内蒙古自治区。

## 从驿路到铁路——东北的交通城市体系

东北与中原交通路线的开拓和发展历程，不仅受自然条件的影响，而且是伴随着东北地区不同阶段区域政治中心的变位、东北地区内部的开发程度和空间范围而逐渐变化的。反之，中原与东北交通往来的畅通与否，又直接影响着两大区域间的联系或区域内部政治、经济、文化和军事上的消长。

古代东北地区的交通主要靠水陆联运来实现，这是东北得天独厚的地理环境的恩赐，长期以来东北水路驿路的线路也没有太多的改变，形成了一个稳定的古代道路网络。

中东铁路的出现是在东北古代交通道路系统向近代化发展的一种全新形式。它继承了部分古代东北地区交通道路的选线，又显示出新式交通工具的优越性能，从而促成了东北地区的近代经济开发。随着铁路的修建和日俄占领时期的开发，东北地区兴起了一批近代化城市。这些城市大多分布在重要矿产地周围、重要的工业集中地或者主要铁路线近旁。这与早期东北地区居民点大多集中在军事性的边墙关口的情况形成极大的反差。可以这样说，东北地区城市体系的变化是基于交通状况的变化，而交通状况的变化又随着近代工业化的历史进程逐渐得以改善。伴随着东北近代化进程，由蓟辽走廊通向东北地区的交通网络一步步地扩展，人们的活动空间从辽河流域逐步拓展到整个黑龙江流域，并且经过东北这片苦寒的土地沟通了东北亚的朝鲜半岛、日本列岛和远东北方地区。

二十世纪中叶以前的中国城市很难说得上存在现代城市地理学概念中的"区域城市体系"，唯独东北地区是个例外。从十九世纪末开始，东北地区逐渐在交通网络的拉动下形成了不同功能的城市层级布局。东北城市体系的形成曾经历了两个过程。

第一个过程是营口的开埠和辽河航运曾经拉动了东北地区新的城市增长点，因开通马蓬沟、辽河与营口河运而兴盛的铁岭，作为辽河上游的水陆转运点的通江子（今辽宁昌图西南），下辽河西岸豆麦转运中心的新民和辽河中游粮食集散地三面船（今辽宁法库南）。这些因水运而新兴的城镇主要分布在辽河流域，一俟辽河河运阻滞，营口衰落，它们也相继不振。所以，二十世纪辽北、辽西县级以上城市的位置都不再趋近辽河。

第二个过程是中东铁路的建成大大改变了东北原有的驿路交通格局，其中变化最大的地区是吉林、黑龙江两省。铁路在这两省没有遵循旧驿路的主干系统，而是选择了更为适宜筑路的地段。由于铁路避开了吉林城，吉林城作为省级驿路中心的地位被长春所取代；从满洲里横贯北满至绥汾河（今绥芬河）的铁路，代替了原来以齐齐哈尔为中心的道路系统，齐齐哈尔偏处铁路线边缘，黑龙江省的交通中心选择了哈尔滨。另外，从大石桥至沟帮子的铁路连通了京奉铁路，使辽西与辽东的交通更加便利；日本人为掠夺东北增修了许多铁路支线，最终改变了东北地区旧的驿路城市交通格局，给新、旧城市的发展和变位带来巨大影响，营造出今天东北地区的城市体系。

十九世纪与二十世纪之交东北城市体系的变迁主要表现在：

（一）就城市分布而言。清朝后期大量理民厅建制城市的设置，使东北城市数量大量增加，分布更为广泛。例如长白山地区，本是人烟稀少、土地荒疏的地方，清初仅在边缘地带设置了兴京厅（今新宾）一城，而此时则增设通化、临江、集安等一批城市，原有的城镇分布格局被打破。再如黑龙江省北部地区，原来仅有瑷珲、墨尔根等副都统驻防城市，以及驿路沿线的驿站，聚落规模不大，在广大区域内体现不出城市的辐射作用。而此时则增加了满洲里、昂昂溪、漠河等一批铁路交通沿线的城市，新城市与原有的城镇一起带动了区域城镇的总体发展。

（二）就城市等级而言。第一级省会城市，从盛京、吉林、齐齐哈尔三城让位于沈阳、长春和哈尔滨。变动最大的是第二级府、州、厅的治所城市，中东铁路开通带动的新城市，多数跨入了这一等级，如长春、大连、哈尔滨，而原有的部分府、州二级城市如辽阳、宁古塔、墨尔根、瑷珲、阿勒楚喀等则下降为第三级的县级城市。第三级城市的数量大大增加，清廷改制前后增设了许多县城，这些城市的出现不仅弥合了原有城市分布不均的现象，而且使城市体系更加合理；铁路沿线的车站地带，因交通区位优势而兴起一些颇有发展潜力的镇市，如：沟帮子、四平街、牡丹江、敦化、抚顺等，这些市镇在以后的历史中得到了进一步的发展，城市地位上升为二级或三级城市。

（三）就城市功能联系而言。此期东北城市功能呈现多种职能并存的趋势，不仅有延续下来的政治军事职能城市，而且具有其他功能的城市开始成长起来，如：作为铁路交通枢纽的长春、哈尔滨，港口城市大连、安东，还有初具工矿职能的抚顺、漠河。各级城市内的经济职能同样有所增加，甚至具有很大的发展潜力和活力，城市之间的联系更加紧密，带动了整个城市体系的蓬勃发展。

总之，东北城市体系的变迁，无论是在城市分布，还是在城市等级和城市功能方面，都是剧烈的，而且这种变迁是同十九、二十世纪之交东北地区政治、经济、军事、交通的变化相一致的，尤其与东北地区铁路交通网络的建立有密不可分的关系。东北铁路网络的密度在全国居于首位，是东北区域城市体系建立的基础，其影响是深远的，在以后的历史发展中也验证了东北城市体系的活力与生命力。

## 历史进程中东北的流动性

由于气候环境的差别和自然条件的限制，历史上东北与中原之间经济地理特征的差异一向显著，同时也造成了两大区域间在民族、政权、生产经营方式、生活习俗上的差别，但是始终未能影响两大地区之间政治、经济、文化的联系。东北地区，东边是大海，西边有大兴安岭林区和蒙古草原，自然条件相当优越，但是东北文化与关内中原相比，起步相对为晚。东北地区是我国历史上如肃慎、夫余、鲜卑、高句丽、乌桓、契丹、女真等民族的龙兴之地。

综观中国历史，我们发现无论哪个民族在东北占据优势，他们都要和中原的民族或政权发生联系，或军事冲突，或和平交往，反映他们不安于一隅、不希望被排斥于华夏文化之外的心绪。无论哪一个民族或入主中原，或远播西迁，也不管其是否被中原华夏文明同化了，一定会有另一个民族来填补东北地区的政治"真空"，继续前一个民族政权采取的与中原交往的一贯形式，这个现象是理解东北地区古代历史的一条线索。

东北的自然环境和广袤的土地造成东北历史上纷繁的人员流动和兼容并包的区域文化特征，而且这种流动延续至今，使东北区域文化始终体现着开放的特征。东北的地理位置和便利的交通道路正是区域之间联系的纽带，也是使东北地区永远不会是一个封闭地带的重要因素。我们应该站在全球人类文化的角度认识地区之间的交往，认识东北地区人民的性格特征和多种文化掺糅的面貌。

# 用历史地理视角看北方草原地区

## 蒙古草原的地缘政治格局

蒙古草原在历史上长期处于封建牧奴制占统治地位的单一的畜牧业经济体制，没有耕植农业。当人类社会尚处于石器时代或铜石并用的时期，蒙古草原与中原地区并没有凸显区域间的地缘政治关系。随着农业社会在东亚地区逐渐成熟，蒙古草原游牧社会与中原农业社会之间的区域分异愈加明显，在中国历史上北方草原部族与中原农业政权的交往也从此史不绝书。

由于蒙古草原游牧社会与中原农业社会之间的显著差异和对各自产品的相互需求，长期以来蒙古草原一直与中原保持着互相依存的关系，这种关系有时表现为和亲与共荣，有时又转变为反目和争斗。处在两种社会生产方式接合部的内蒙古南部地区，在历史上长期是两种生产经营方式的政治实体与不同文化势力争夺的对象，使内蒙古地区呈现出农牧经营交错、移民众多与民族杂居、流官与王公土司相杂、汉语方音趋近于相邻各省等有区域特色的人文地理现象。历史上长期的军事活动与农、牧业经营方式的变换，也导致许多与环境、人口、政治相关的问题出现。

按照传统的历史观，中国早期文明的开端表现为分散的原始氏族部落经过长期交融，形成三个以地域划分的部落联盟。一是活动于黄河中游的夏人，一是活动于黄河下游的夷人，还有一个是流动于长江流域的苗蛮集团。蒙古草原不在其列，说明没有形成稳定的地域集团，这是符合草原游牧社会特征的。不会有一个稳定的地域集团长期统治这块地区，历史上的蒙古草原，从来就是为部族集团的流动或民族融合提供平台。先秦时期，最先出现在文献中的北方民族是北狄，其足迹遍于蒙古草原中部。战国时，一些狄人部落融合于华夏族，另一些则以匈奴之名，相继同秦、汉政权展开反复的争斗。另有一个北方古代民族是东胡，活跃于蒙古草原东南部，为匈奴所败，分化为乌桓和鲜卑。西汉王朝北击匈奴，迫使其退至漠北，公元一世纪末，一部分匈奴人西迁，剩下的入塞融合于汉人，或融入从兴安岭南下占据匈奴旧地的鲜卑人。留在草原上的势力主要是东胡的后裔柔然，他们逐步控制了漠南、漠北的广大地区。公元六世纪中叶，原游牧于阿尔泰山以南的突厥人向东进入蒙古草原，大破柔然，建立突厥汗国，充当了与中原隋、唐农业政权频繁交往的草原新角色。公元八世纪，帮助唐朝平定突厥的回鹘人，迁徙于今色楞格、土拉、鄂尔浑河流域，创建了漠北回鹘汗国，成为草原上的新主人。直到九世纪四十年代，因受天灾的影响，汗国解体，部众西迁或内附。适时，生活在俱伦泊（今呼伦池）周围地区的室韦部落趁机南下，迁入今蒙古草原，史称"蒙兀室韦"。经历若干代的繁衍，形成许多部落。公元十二世纪末，成吉思汗统一蒙古诸部，以"蒙古"为族称，从此以后，在北方草原上才形成稳定的民族共同体。

蒙古草原地缘政治的一个特点是：从战国以来，凡能够控制蒙古草原的势力，总是以强大的军事部落联盟（汗国）的形式出现。这些草原汗国由于生产水平的局限和自身发展的需要，就与草原以外的农业政权结成亲密关系，甚至用"和亲"的婚姻形式来维系，尽管有时会反目成仇。在草原汗国的内部，虽然经常以"大漠"分隔为南北两大地域，但是，实际上根据区域地形的特点、部族的差异和政治形势，历史上还曾经细分为若干地区，形成各自独立的政权或军事部落联盟。譬如漠北、漠南匈奴王庭、十六国时期匈奴、鲜卑、氐各部族沿农牧交错带建立的诸政权、东突厥与西突厥、契丹人设立的统军司或招讨司、女真人设立的各部、元朝岭北行省和宁路与各王统部的划分等，这些民族部落盘踞的地域为清朝蒙古王公诸盟旗的划分奠定了基础。

蒙古草原地缘政治的另一个特点是：内蒙古地区处在亚洲东部综合自然区划的接合部，气候、降水、植被、土壤等条件使其对于人类社会的畜牧、渔猎或农耕经营方式兼具适应性，因而在历史上造成各个部族的频繁进出和农业、牧业生产方式的反复变动。从政治空间来看，处于蒙古草原东部的呼伦贝尔盟、哲里木盟、卓索图盟和昭乌达盟地区，除呼伦贝尔草原历史上基本维持畜牧与渔猎经营方式不变，其他三个地区农业、畜牧业的比重和人群的变化都非常大，尤其是近 1000 年来的辽金和明清时期。因此，中央政府对东蒙古地区的统辖管理也采用了不同的分而治之的民政机构。清朝呼伦贝尔盟由黑龙江将军统辖，置呼伦贝尔城副都统，光绪三十四年（1908）裁置呼伦厅（今海拉尔）和胪宾府（今满洲里）；哲里木盟的科尔沁右翼诸旗在光绪年间放垦以后，设洮南府，划归奉天省属；卓索图盟原归热河都统管辖，康熙以后直隶、山东省的汉族农民不断涌入，开垦土地，促使当地蒙古人改营农业，并陆续设立府、厅、州、县以适应移入的汉民管理和办理蒙汉交涉事务，清末统属于热河省；昭乌达盟地处西辽河上游，乾隆年间移民放垦渐剧，商民云集，亦设立赤峰、开鲁、林西等州县与蒙旗杂错，清末归属热河省。

阴山、大青山以南地区的农业化和设置郡县制度，从秦汉时期与匈奴争战时就开始了，历代政权对漠北势力的防范都是在黄河河套一带，实行移民屯垦戍边以加强对统治中心的保护。该地区保持较富足的农产品品种和产量，可以不时接济受天灾影响的漠北牧区，从而促进北方草原局势的稳定，这是军事、农业互动的一种表现。清朝从乾隆年间开始在河套地区陆续设立了 14 个厅，清末统归绥远省管辖。锡林郭勒盟南面的察哈尔，原属漠南蒙古诸部，清朝按满洲八旗建制分旗，由驻张家口的察哈尔都统总领，其牧场专为清廷提供军马、军驼。乾隆中叶，随着平定准噶尔战争的结束和全国局面的稳定，军马、军驼的需要量减少，牧厂渐荒，放民招垦，清末改为理事厅制，民国设省。

河套以西的内蒙古阿拉善厄鲁特旗，额济纳、土尔扈特旗二旗，宁夏地区俱在清陕甘总督控制范围之内，之后这些地区与宁夏地区进一步整合。

由此来看，位于内蒙古高原的农牧交错带上的东三盟与套西二旗地位比较特殊，二十世纪的六七十年代一度从自治区分离而分别划归邻省区管辖，除去"文化大革命"的政治因素，也不是没有历史地理的背景。

内外蒙古在地域上是整合的高原，单一的游牧、畜牧经济的产品无法完全通过自身来消化，这种情况使得该地区在历史上与南方的农业区结成不解之缘，从而在地缘政治空间上趋向整合。中国多民族统一国家的形成始于公元前的秦、汉王朝，在以后的两千多年历史发展中，受自然环境制约的农牧区划格局相对稳定，因此，内外蒙古与中原始终融为一体。

### 长城留给人类的思考

其一，长城总是修建在气候环境与自然地理分界带上，因此，它不是国界，而是农业耕植与畜牧、游牧业两种不同生产方式的分界线。游牧地区由于产品的单一性和不稳定性，内部缺少对自身经济产品转化的机制；同时也由于维系自身生命的某些产品必须从农业地区获得。所以，自古至今，草原游牧地区对农耕地区有着很强的依赖性。经常性的对外产品的交换，是游牧地区人民繁衍发展的必然。这种产品交换可能是有序的，即定期定点贸易；也可能是无序的，演化为抢掠和军事对抗。

修建长城的作用就是要把无序变成有序。长城既可以看作军事对抗与防御的产物和手段，同时也起到确定边贸口岸、予以控制约束的一种有效的管理方式。开原、赤峰、山海关、宣化、张家口、大同、榆林、固原、银川、兰州、武威、张掖、酒泉、嘉峪关、敦煌这些历代长城沿线城市的起源，都依赖于长城的修建，其成长与繁荣都离不开长城线上的关市茶马贸易。倘若没有长城的限制，人们任意随处交换，在生产力尚不发达的古代，其混乱程度是可以想象的。因此尽管清朝不修长城，它也要建起一条"柳条边"，来限制农、牧两大地区的物资交换和人员往来。

其二，长城坐落在农、牧两种在经济与文化方面有很大差异地区的自然交会带上，有形的墙体不仅将两种地区的经济与文化隔开，又无形地将两种地区的经济与文化联结、融合在一起。如果没有长城的联结作用，中国就不可能形成一个地域辽阔、民族众多的统一体；如果没有长城的联结与融合功效，中华民族也许不可能如此博大地敞开自己的胸怀，容万方文化于一身。公元前后古罗马人称霸欧洲的时期，也曾在帝国北部边界陆续修建了近千公里的边防长城，这是人类社会发展到一定历史阶段共同智慧的产物。但是，海洋性的气候环境导致欧洲大陆没有截然分明的草原区与农业区的地域分界，所以，西方的长城工程没有延续下来。由于几千年来中国的自然环境始终存在北方草原与中原耕植区之间明显的地域划分，历史上的中国社会始终保持着农耕和游牧两种不能割断的生产方式。所以，地球上唯有古代中国，把长城这一军事工程的修建传承了近两千年。甚至可以说，中华文化的多元一体格局离不开长城的修建，草原地区与中原地区的团结也有赖于长城作为纽带的维系。

其三，长城在冷兵器时代具备一定的军事效应，是不言而喻的。不过，修长城并非只意味着无能的防守和怯弱。纵观历史，中国长城的修建不都是中原政权国势衰微之际的退守之策。相反，许多时候反而是武功建树的举措。例如：汉武帝驱匈奴，隋文帝破突厥，明太祖、明成祖进击松辽漠北。所以，长城的功效更多是为了保障自身有一个安定的社会环境，意味着向外的开拓与搏击。长城并非只是统一大帝国的产物，也并非只是中原汉民族的作为，即便在政权分立割据时期，即使在北方草原民族入主中原以后，也都曾有过兴筑长城之举。长城是中华文明的体现。

其四，中国的长城究竟象征了什么？在苍鹰高飞、猿猴难攀、人迹罕至的峭壁悬崖上修建长城，那里不可能是入侵军队翻越的途径。那么，为什么一定要把长城修上去呢？只有一种解释，那就是当时的人们把长城当作强盛与威严的象征，而不是临时的防御工事。复杂的长城工程体现了中国古代建筑工艺的高超成就，是劳动人民血汗与智慧的结晶。所以，长城代表着中华民族的坚毅、智慧与力量。

长城上的每一块砖石，用处很有限，只有当它们被砌成长长的城墙之时，才真正发挥出砖石的功用；中国人正像这些长城上的砖石，零散的个人，力量毕竟有限，唯有当他们团聚在一起的时候，才真正显示出民族整体力量的伟大。长城正是代表了中华民族整体的凝聚力，所以，长城也是中华民族的象征，长城是中华民族传统文化留给全人类的一份丰厚的历史遗产。

# 历史时期欧洲地域的界定

今天，地球上稍稍学过一点地理知识的人，都知道地球表面的陆地分为几个完整的大块，地理学名词叫作"大陆"或"洲"（continent），其名称分别是欧罗巴、亚细亚、阿非利加、北阿美利加、南阿美利加、澳大利亚（通常称大洋洲）和南极。其中，欧洲和亚洲实际上是一个大陆，尽管欧洲和亚洲的分界，现在已经习惯地被认为：北起乌拉尔山、乌拉尔河，南经里海、高加索山、黑海至博斯普鲁斯与达达尼尔海峡。可是，历史上的欧、亚分界的标志是不是从来就是这样的呢？假如是，是从什么时候开始的？如果不是，又是如何变化的呢？当我们讨论欧洲历史的时候，首先不能不对欧洲所代表的地域给予界定。

1954年，英国地理学者E. D. 拉博德博士撰写二战后的西欧地理时，曾在前言里指出"决定西欧的大陆分界线是件困难的事"。因为，划分比较大的地理区域，一种方法是沿着自然地区来划分，以一些自然地貌（山脉、河流、湖泊、海洋等）为界线，另一种是按照政治疆界来划分。后一种方法虽然简便易行，但是在人类历史发展的长期进程中，地区或国家的政治力量是不断变化着的，疆域也时有消长，因此，给地理界线的划分带来了困难。其实，岂止是西欧，即便是整个欧亚大陆的分界，也从来不是今天人们已经共识的标志。如果查阅19世纪中叶以前欧洲人编制的世界地图、欧洲地图或亚洲地图，我们会发现历史上欧洲和亚洲的分界从黑海向北历来就不固定。它是随着欧洲人对这块大陆的地理视野逐步深入，随着欧洲人的政治势力逐步扩大，而使欧洲人对欧、亚洲分界的标志逐渐变化。现行欧洲与亚洲的分界线只是近一个世纪以来才约定俗成的。

探讨地名不能脱离地名的地理因素、历史因素和语言因素。某一地域地名的起源往往和该地区早期活动的人类语言有关，也多与当地人类对日常生活中的自然现象或景观的观察有联系。

"欧罗巴（Europe）和亚细亚（Asia）这两个名词，作为大陆的名称在古希腊人的荷马时代还未出现。但是后来，欧罗巴一词是指向着日落的爱琴海海岸，而亚细亚一词则指向着日出的海岸。"[1] 这两个地名的语源，一般认为欧罗巴一词最早来自古埃及语，后传入腓尼基语，词根为ereb，原义为日落。腓尼基人生活在东地中海与黎巴嫩山脉之间狭窄的走廊地带，每天望见太阳下落的余晖洒在海面上。黎巴嫩山脉的背后是亚述人的天地，公元前9世纪腓尼基并入亚述帝国后，亚述人的语言里也开始使用这个词，并承袭腓尼基人在地中海东部的方位观，把爱琴海以西的地中海称为ereb，即日落之地。亚细亚一词来自亚述语的亚苏asu，意思是太阳升起的地方。代表亚述王国的起源，由闪人（塞姆人）建立的亚述尔城（Assur）正是位于亚述人每天能最早看到太阳升起的底格里斯河（Tigris River）河岸。以后的希腊、罗马人亦沿用了这个词的地域含义，将所有地中海以东的地区都称作asu，并将其读成Asia（参见《外国地名语源词典》）。东地中海应当被视为欧洲和亚洲两大地域分界的最早标志。腓尼基人的船从东地中海向着日落的方向航行，发现了亚平宁半岛的南部海角，称之为阿布里亚和卡拉布里亚；接着他们在西西里岛和撒丁岛上岸，并在那里建立了腓尼基人的城市。然后，腓尼基人经过马耳他岛，到达大海的另一岸，建立了迦太基城（今突尼斯城）。从迦太基再向着日落的方向

---

[1] 〔美〕普雷斯顿·詹姆斯著，李旭旦译：《地理学思想史》，商务印书馆，1982年，第20页。

继续航行，腓尼基人又发现了比利牛斯半岛和南部狭窄的海峡，他们把海峡巨大的石壁形象地称作"大力神石柱"，分别建立了马拉加城（Malaca，腓尼基语意为食盐）和加德斯城（Gadez，腓尼基语意为有围墙之地）。从目前所知的考古发现和地名语源上看，腓尼基人的航船沿欧洲西海岸北上留下的最远足迹是里斯本（Lisboa，一说城由腓尼基人所建，腓尼基语 hippo 为小城堡；一说源自腓尼基语 Alis ubbo，意为快乐的海湾）。因而我们可以想象当时腓尼基人地理视野中的欧罗巴（Europe）所涵盖的地域只不过是今天地中海北部沿岸地区，并不包括整个今日欧洲。

人类早期对地球大陆认识的逐步深化是靠不断的地理考察。地理考察可分为几种类型，一种是商业性的航海与陆路长途贸易带来的发现，一种是伴随武力远征与军事殖民获得的知识，再有一种是纯粹为了认识神秘的地球而进行的探险。不过，无论哪种类型的地理考察，都会开拓人类的地理视野，对欧洲和亚洲分界标志的认知也是在地理考察的推动下深化的。

当古代希腊人主宰地中海世界的时候，各城邦组织过向海外的大规模殖民。希腊人向海外的移民主要借助海船，向北航行的殖民船穿过今日的达达尼尔海峡和博斯普鲁斯海峡进入黑海沿岸，公元前七世纪前后他们在海峡口建立了拜占庭城（Byzantium，今伊斯坦布尔），在流入黑海的多瑙河河口建造了伊斯特洛斯（Istros），在第聂伯河河口建造了蒂拉斯（Tyras），在布格河河口建造了奥尔比亚、奥德苏斯（Ordyssos，即今敖德萨）、朋提卡潘等城市聚落。在黑海东岸的库班河口、高加索山南的里奥尼河口也都建立了古希腊的殖民地，这一带许多地名的语源均来自古希腊语。古希腊人的海外殖民改变了腓尼基人对欧罗巴和亚细亚大陆狭隘的理解。

公元前 5 世纪希腊文学家赫卡泰（Hecataeus，前550—前 475?）在他的著名散文之一《地球的描述》（*Periodos ges*）中，把地球分为南北两部分来讲述，"一部讲欧洲，另一部讲欧洲以外的世界，即亚洲和利比亚。他采用了当时显然已经习用的把欧洲和亚洲沿着赫勒斯滂（Hellespont）、黑海（Euxine）、高加索山脉和里海分开的办法"[①]。赫勒斯滂是古希腊人对今土耳其达达尼尔海峡的称呼，利比亚代表非洲。显然赫卡泰对欧、亚两大地域的划分已不局限于亚述人和腓尼基人对他们所活动的底格里斯河、幼发拉底河（Euphrates R.）的两河流域与地中海沿岸地区的认识和理解。黑海开始作为欧、亚大陆分界的一个标志。一百年后，希腊史学家希罗多德通过从地中海经黑海沿岸，向东向南穿越波斯帝国，进行多年的亲身

---

① 〔美〕普雷斯顿·詹姆斯著，李旭旦译：《地理学思想史》，第 23 页。

观察，在他的名著《历史》一书中对这块已然被扩大了范围的欧洲和亚洲的自然与人文地理作了更详细的描述。希罗多德不相信人所居住的大陆被内海和外面的环海包围，而他对黑海、里海以北究竟是陆地还是海洋，也不清楚，因此他"认为欧洲和亚洲是以一种不明确的方式向北和向东延伸的"。希罗多德"坚持认为南面存在一个连续不断的海洋……反对将地球划为南北两半部，他是第一个将亚洲和非洲界线从尼罗河改为苏伊士地峡的人"[①]。

接下来发生在公元前四世纪的两次划时代的探险远征，更广阔地打开了古希腊人的地理视野。

公元前 334 年马其顿国王亚历山大率领大军远征，首先穿过今日的小亚细亚半岛和波斯帝国的西部，沿地中海东岸向南进入埃及，在靠近尼罗河三角洲的地方建造了著名的亚历山大城。然后挥师东进，横越古巴比伦地区与波斯帝国的土地，向东直推进至印度河流域，其兵锋已抵达今日中亚细亚的撒马尔罕。亚历山大的远征把古希腊人地理眼界中的亚洲大陆，从古代亚述人和波斯人活动的地域向东方扩展了许多，他们从波斯人的语言里知道被当地人称作信都（Sindhu）的地方更靠近太阳升起的东方，所以也算亚细亚的范围，但是希腊人的名词里将其写作 Indus。

---

① 〔法〕保罗·佩迪什著，蔡宗夏译：《古代希腊人的地理学》，商务印书馆，1983 年，第 45 页。

亚历山大甚至想探索里海的海岸，解决里海是否与想象中的外海相连的问题，那是长久以来古希腊人在向北方殖民过程中始终未能明了的地域之谜，但是由于他的去世，此举未能成功。

在公元前330年—前300年间，另一位希腊探险家毕西亚斯（Pytheas）驾船从今天的伊比利亚半岛的东海岸沿着海岸向地中海以西的外海驶去，他当时可能是为了探查被腓尼基人控制的锡的秘密产地。毕西亚斯的船从马赛利亚（Massalia，今马赛）出发，偷偷驶出大力神石柱（今直布罗陀海峡），绕过腓尼基人控制的加德斯城（今加的斯）所在的海湾，沿着伊比利亚西海岸北行。经过今日的法国西海岸，沿着不列颠岛的海岸绕了一个圈。当他的航船离开不列颠岛，又向东越过海峡，光顾了今日的易北河口一带。毕西亚斯并没有给我们留下完整的旅行记，关于毕西亚斯的海上旅行路线是根据后来的古代希腊、罗马史学家引证到他的报道时推测出来的。起初人们也不相信毕西亚斯报道中那些完全不同于希腊人经历的事物，以为他说的全是想象。可是后来研究地理学史的学者们渐渐发现毕西亚斯对不列颠岛居民风俗习惯的详尽描写，对南北农业性质改变的观察，对北海沿岸地区浮冰、大雾和白昼现象的介绍，都与北纬60度以北的地理气候相符，而不会是一个仅仅生活在北纬40度左右地中海地区的希腊人的凭空想象。所以，毕西亚斯的航海探险与报道，反映公元前四世纪古希腊人的地理视野已经到达了今日的西欧。

亚历山大的远征在经度上延展了亚洲的范围，毕西亚斯的航海探险则从纬度上扩展了欧洲的幅员。

地图对于研究复杂的位置因素是最适用的，也是最理想的，用当时人绘制的地图来验证过去时代人类的地理视野，以及他们对欧、亚大陆的划分也许更有说服力。被称为"地理学之父"的希腊人埃拉托色尼（Eratosthenes，约前273—前192）在公元前三世纪绘制了一幅世界地图，他仍然是用古希腊爱奥尼亚人传统的划分方法，将地中海、黑海、高加索山脉和里海作为标志来表示欧洲和亚洲的分界。但是不列颠岛已经出现在欧洲的西北，India 已被标志在亚洲的东部。不过，在他的想象中里海与外环的海洋仍然相连，除了地中海、黑海和阿拉伯半岛的海岸线画得比较准确外，其他地方都极其粗略不实。地图上的这种认识应受当时人们航海和陆上足迹之所限。而更远一点的欧洲北方大陆还是混沌一片，连最主要的山脉、河流都没有表现出来，更谈不上划出欧洲和亚洲的分界了[①]。这种认识持续几个世纪，譬如另一位有名的古代地理学者斯特拉波（Strabo，前64—20）在他的《地理》一书中"还把可居住的地球北限，放在黑海海岸以北仅643公里的地方，

---

① 〔美〕普雷斯顿·詹姆斯著，李旭旦译：《地理学思想史》，第24页附图。

这里的限制因素是寒冷。他认为在阿尔卑斯山以北，欧洲是不可能有真正的文明的，因为那里的人只有围炉取暖才能生活下去"[1]。

对西欧和中欧本土真正的发现是由罗马人完成的。在公元前二世纪和公元一世纪期间，罗马人的军队进入了西班牙、高卢（今法国）、比利时、不列颠和日耳曼等地区。公元一世纪初罗马帝国的势力越过了阿尔卑斯山，在对北日耳曼部落的追击过程中，罗马人来到易北河口，转而向北发现了日德兰半岛（今丹麦）。在罗马地理学家的笔下，"阿尔普河（易北河）河口以外是宽阔的科丹海湾，海湾中有大大小小的岛屿，岛屿之间相距不远，所以这里的海不像是个海，海水把岛屿分开并使它们远离大陆，这里的海水呈现类似狭窄的渠道分支的网状。然后海岸线蜿蜒而去，形成了一个椭圆形的海湾"[2]。这里描写的景色应当是丹麦和瑞典之间破碎的海岸。罗马人借用当地条顿人的语言称这一带冬天日光短促、"异常潮湿和冰冻的地域"为斯堪的纳维亚（Scandinavia），尽管后来罗马军团向南撤退，罗马帝国选择了易于防守的莱茵河、多瑙河作为它

---

① 〔美〕普雷斯顿·詹姆斯著，李旭旦译：《地理学思想史》，第45页。

② 〔苏〕约·彼·马吉多维奇著，屈瑞、云海译：《世界探险史》，世界知识出版社，1988年，第37页。

的北部边界，而今日欧洲的中西部和北部基本上已经在当时人们的地理视野中了。在东方，罗马军团的远征扫荡了黑海以北斯基泰人的草原、高加索山南部的亚美尼亚，并与极东盛产丝绸的汉王朝接触。所有这些陆上的行动，导致当时人类对欧洲和亚洲大陆认识的深入，但是罗马人还是没有弄清里海周围的情况。

罗马人对北部欧洲大陆的地理发现孕育了托勒密（Ptolemaeus，90—168）的世界地图。托勒密比较准确地画出了欧洲大陆的轮廓，特别是西北海岸线，在欧洲大陆内部画出了莱茵河、易北河与多瑙河，只是没有表现斯堪的纳维亚半岛。托勒密在黑海北部画出了顿河，在东部标出了高加索山。里海虽然已经被画成封闭的内陆湖，甚至还有一些流入的河流，不过研究地理学史的学者认为有关里海及其河流的位置可能是托勒密随意所致，不能代表当时人的正确认识。南方印度洋的海岸线，也较之过去前进了一步。对我们来说更为重要的信息是：托勒密在他的地图上，将欧洲的名称Europa横写在整个欧洲大陆上，东界是黑海、亚速海和顿河。托勒密的世界地图代表了古代欧洲人地理视野的顶峰，他死后很多世纪都没有人再画出与之相当的地图，所以托勒密的世界地图也代表了中世纪以前欧洲人对欧洲与亚洲两块大陆划分的界定。

中世纪的欧洲被基督教神学思想笼罩，地理视野重新闭塞起来。在基督教经院哲学统治时期的欧洲，使用一种反映幻想中的居住世界的三分体地图，图上没有被希腊人已认知的地中海海岸线，而是用一个四周环绕着海洋的圆来表示陆地，在陆地的中间安排一个 T 形水体。T 字横线的一端代表爱琴海和黑海（北方），另一端代表尼罗河与红海（南方）。T 字垂直的竖线代表地中海。T 字形水体分隔的三部分代表当时欧洲人眼界中的欧洲、亚洲和非洲三块大陆。这种类型的地图叫作 T—O 形地图。亚洲位于图的上方，也就是东方，它与欧洲的分界是爱琴海和黑海，与非洲的分界是尼罗河与红海。欧洲在图的左下方，地中海是它与非洲的分界。T—O 形地图在制图学技术上明显倒退了，它在欧洲流行的时期大约是十二至十五世纪。我们不能用这种地图来说明那个时代对欧洲与亚洲分界的真正认识，实际上许多往来于中亚内陆的商旅和他们的行记已经填补了那个时期人类对亚洲腹地认识上的空白，只不过还没有在地图上有所表现或者流传下来。

再一次从地图上明确地表示欧洲与亚洲的划分，是随着十六世纪以来欧洲人制图技术的进步、新式地图的面世而实现的。让我们看看近五百年来欧洲人在地图上是如何划分欧洲和亚洲的：

1482 年版施尼策的《世界图》（Claudius Ptolemy, *The World*, Engraved by Johannes Schnitzer in Ulm in 1482）。这幅由日耳曼人在乌尔姆刻印的世界地图是在公元二世纪托勒密地图的基础上重新编绘，它沿用了以黑海、亚速海和顿河作为欧、亚分界的观点。

1570年版奥特吕斯《世界地图》（Abraham Ortelius, *THEATRUM ORBIS TERRARIUM*）。在十五世纪欧洲人的航海地理大发现的基础上，荷兰人墨卡托（Gerardus Mercator, 1512—1594）设计出一种适合于航海的投影地图，比利时地图学者奥特吕斯在1570年编制出这种新式投影用经纬网控制的双半球世界地图。在他的新图中仍以亚速海和顿河来划分欧洲与亚洲。后来利玛窦（Matteo Ricci，1552—1610）把奥特吕斯的世界地图带到中国，编绘出自己的中文《坤舆万国全图》，利氏也沿用了上述划分法，欧罗巴的"欧"字没有越过顿河。

1618年版威廉·布劳《亚洲》地图（Willem Blaeu, *ASIA*）。著名的荷兰制图家威廉·布劳于1618年前后在阿姆斯特丹编绘印制了一幅画有经纬网的亚洲投影地图，较详细地表现从小亚细亚半岛东至菲律宾、日本的亚洲各地区的全貌。在这幅地图上，欧、亚大陆的南部分界还是以黑海、亚速海和顿河来划分，顿河（Tanais flu., 以下地名均用图上的原文）源头以北分界线穿过一片空白，到白海（Album Mare）的西海岸为止。俄罗斯被标在亚洲范围内。

1623—1630年版洪迪尤斯–詹森的《新欧洲地图》（Jodocus Hondius–Jan Jansson, *NOVA EUROPAE DESCRIPTIO*）。另一位著名的荷兰制图家洪迪尤斯和他

的伙伴詹森一起与威廉·布劳家族竞争，于大致相当的年代，也在阿姆斯特丹用类似的编绘手法，出版了一幅画有经纬网的新欧洲投影地图。在这幅十七世纪前期最形象、迷人的欧洲地图上，用红绿两种颜色标出了欧洲和亚洲的范围。其分界线，南部仍然以爱琴海、黑海、亚速海和顿河来划分，北方则以白海为界。顿河以北的内陆用奥卡河（Ocka flu.）与德维纳河（Dwina flu.）来界分，而且详细地标写出德维纳河沿途的地名。这是第一次明确地用伏尔加河的西侧支流奥卡河与流入白海的北德维纳河作为欧洲和亚洲大陆的分界线。俄罗斯的西文拼写"Russia"被横写在欧洲与亚洲的分界线两侧。

以上几幅地图给我们这样一个启示：十七世纪以前欧洲人对黑海以北的欧、亚内陆的划分一直以顿河为标志，从十七世纪开始，欧洲人可能获得了活跃在芬兰湾南部的诺夫哥罗德人，以及从白海沿德维纳河逆流而上的瓦兰几亚人带去的新地理信息，逐渐认识了欧洲北方的内陆。这个信息的传递大概经历了很长的时间。但是，在欧洲人最初的观念中，并不把被东斯拉夫人称之为"罗斯"（Russia）的国家划入欧洲的领域，而是将其与东方的鞑靼人（Tartaria）一起算作亚洲的部分，至多接受"罗斯"的位置是横跨欧洲和亚洲的分界线。

1652 年版维斯切尔《新地球全图》（Nicholas Visscher, *NOVA TOTIUS TERRARIUM ORBIS*）。这幅还是

在荷兰阿姆斯特丹印制的世界地图，图上红绿两色的欧洲与亚洲之间的划分线，在亚速海以上先是沿着顿河指向东北，然后越过顿河与伏尔加河之间狭窄的高地，利用一段流入里海的伏尔加河作为分界。再近乎垂直地伸向北方内陆，沿着向北流的"伯朝拉河"（Pitzorke flu.），直至今巴伦支海的伯朝拉湾。再北一点的新地岛（Nova Zemla）被划作亚洲部分。在地图上将欧、亚大陆分界线从北德维纳河东移至伯朝拉河，是西欧人同俄罗斯人信息交流的结果。十五世纪俄罗斯人征服了诺夫哥罗德，前往北海沿岸渔场的俄罗斯人最初在北德维纳河下游的霍尔莫戈雷村建立据点。十六世纪初，俄罗斯人沿着诺夫哥罗德人已经开辟的通往东北边陲的道路，来到伯朝拉河流域，并踏上了北部的石山。"石山"是早期俄罗斯人对乌拉尔山脉的称呼。在接下来的近一个世纪里，西欧的荷兰和英国的航海者追随英勇的荷兰威廉·巴伦支船长（Willem Barents, 1550—1597），从北方寻找通往中国和印度的"东方航线"时，经常遇到这些出没于伯朝拉湾的俄罗斯水手，关于乌拉尔山脉与伯朝拉河之间地区的新地理信息就这样传回欧洲。在这里有一点需要说明，无论是欧洲人自己对未知地区的新发现，还是通过传递的新地理信息，标示在地图上时都伴随某些时间上的滞后。

从十七世纪下半叶开始，在荷兰制图师编印的双半球投影世界地图上，亚洲的西部界线再次向东退缩。例

如：1668 年德·维特在阿姆斯特丹印制的《新地球全图》
（ Frederick de Wit, *NOVA TOTIUS TERRARIUM ORBIS* ），
1696 年阿拉德在阿姆斯特丹印制的《平面球形地球图》
（ Carel Allard, *PLANISPHAERIUM TERRESTRE* )，都将欧
洲与亚洲在大陆北部的分界线从伯朝拉河东移至乌拉尔山
东面的鄂毕河（Obis flu.），南方仍然以伏尔加河与顿河
作为分界。荷兰布劳制图家族的第二代传人小布劳（John
Blaeu）在 1665 年版的世界地图上也作了相应的改动。但
是，亚洲的西侧并不标志欧洲，而是俄罗斯或莫斯科（公
国），地图上欧洲的字样只写到俄罗斯的西界为止。还有
一些欧洲人绘制的世界地图干脆不标"欧洲"字样，而是
用不同颜色表现当时各个国家的疆界而已。也就是说，虽
然在欧洲人的观念里已经将俄罗斯人从亚洲的范畴中区别
出来，可是还不承认他们是完全意义上的欧洲的一部分。

上述划分法大约持续了一个世纪，至十八世纪后半
叶，又出现了变动。

一幅 1777 年印制的《亚洲新图》（*A New and
Accurate Map of Asia Drawn from the Most Approved Modern
Maps and Charts by T. Bowen* ），亚洲的西界开始用乌拉尔
山作标志，但是南部仍然用伏尔加河与顿河作分界，还没
有以乌拉尔河和里海作标志。

1812 年在伦敦由菲利普出版的《亚洲地图》（*ASIA*,
Published by R. Phillips in London, 1812）北部以乌拉尔山

作两大洲的划分标志。从伯朝拉河的源头，两大洲的分界线离开了乌拉尔山，转向西南以卡马河（Kama R.）为分界，顺卡马河南下。当卡马河汇入伏尔加河之后，从萨马拉（Samara，一度改称"古比雪夫"，图上的定位标志）以南用伏尔加河作为分界。至察里津（Tsaritsin，今伏尔加格勒，图上的定位标志），再向西转，以顿河作为分界，入亚速海和黑海。

　　偶尔还有采用旧的划分法的地图，譬如 1841 年由威廉·伊顿出版的《东半球图》（*EASTERN HEMISPHERE*，Published by E. P. Williams Eton in London, 1841），欧、亚两洲的划分标志从北至南，依次是伯朝拉河、卡马河、伏尔加河与顿河。或许以宽度不太大的河流作为分界标志，比纵深太大的乌拉尔山脉更具有明显的标志性。我们从后来出版的英国《不列颠百科全书》中使用"库马河"而不是高加索山作为界线，得到了印证。

　　大约在十九世纪中叶，欧洲人编制的地图采用了与今天基本一致的欧、亚两大洲划分标志。如：1851 年英国制图师塔利斯的《东半球图》（John Tallis, *THE EASTERN HEMISPHERE*）将英文"欧洲"的最后一个字母标在乌拉尔山西侧，英文"亚洲"的第一个字母标在咸海（Aral Sea）的东侧。在 1855 年拉普金的《亚洲图》（J. Rapkin, *ASIA*）上欧洲和亚洲的分界与今天习惯的划分标志完全一样了，乌拉尔山脉南段采用沿乌拉尔河，经过奥伦堡

（Orenburg，乌拉尔河岸的城市，图上的定位标志）的走向为两大洲划分标志。

从以上列举的一些欧洲人绘制的地图来看，近三个世纪内欧洲和亚洲的划分是在不断地变动，或者说亚欧分界逐渐向东移动。这些变动一方面反映俄罗斯在亚洲的扩张，另一方面因为俄国对欧洲相邻地区的领土要求反而使它异常孤立。十七世纪中叶，莫斯科公国从波兰手中取得了基辅和第聂伯河中部的土地，接着拥有了全部乌克兰和克里米亚。从瑞典夺取了利沃尼亚、爱沙尼亚和里加港，并于1703年建立圣·彼得堡，获得对波罗的海的控制权。十八、十九世纪之交，俄国人又三次参与瓜分波兰，把疆界向西大大推进，从而受到近邻的敌视。"它与外界接触几乎完全被切断。特别是由于它不能分享欧洲科学、文化的进步，它相对地变得越来越落后"，更不能融入那个大家庭。直到"1815年，俄国才成为欧洲政治体系中强有力的参与者"，这就是为什么有一个时期亚洲的西界已经向东移动，而欧洲人的地图并不将"欧洲"的地域东界跨过俄罗斯的原因。

从俄国人参与欧洲政治体系的活动至今，历史已经滑过了近两个世纪。在这一百多年里，"意识形态"作为一种新的要素曾强烈地介入并干预生活在欧洲大陆的各个民族、国家或地区政权的政治活动，使这块大陆上的民族、国家或地区政权经历了不止一次的分分合合。可是，无论纵观过去二百年间的历史，还是面对当今的地区冲突。诸如波黑战争、亚（美尼亚）阿（塞拜疆）冲突、波罗的海三国的独立，以至"北约"东扩。几乎所有热点地区与我们正在讲述的历史上欧洲地域如何确定有关，说得再明确一点：这些冲突的热点地区都在西部欧洲人视野中的"欧洲"的边缘地带。尽管在一个时期之内，意识形态的阴霾似乎还时隐时现，把决策当局导向误区。

对待像欧洲、亚洲以及拉丁美洲这样一些地球上大地域的划分，有时人们常常不能用明确的、带分界性的自然地貌作为标志，而是着眼于文化的差异。譬如从十七世纪以来，欧洲人对欧洲范围的确认主要依据文化，依据在欧洲占主体的基督教文化信仰所散布的范围来界定。某个地区或国家能否算作欧洲的范畴，要看那里的宗教信仰是否以基督教文化为主体。由于泛基督教文化内部还有基督教（新教）、天主教和东正教的区别，最初以基督教（新教）和天主教为主体的欧洲各国不承认以东正教为主体信仰的斯拉夫国家或地区为欧洲大家庭的成员。所以，十七世纪的欧洲地图都不把俄罗斯划入欧洲，只是到了十八世纪中叶，俄罗斯才被容纳进来，作为一个欧洲国家标示在欧洲人画的欧洲地图上。但是，这个时期的欧洲地图除了着眼于文化的地域划分，恐怕更表现了经济世界的地域图形。

从文化信仰的角度和经济利益的追求来确认或界定欧洲与亚洲的划分，也许对我们从现代政治地理的角度观察、研究欧洲历史，以及当下的分与合会更有启示。

在结束这段讨论之前，让我们再把历史时期人类对欧洲和亚洲大陆划分的不同认识，以及欧洲地域的界定，归纳如下：

腓尼基人和亚述人的时代，刚刚开始形成用欧罗巴和亚细亚表示的地理方位概念，还没有真正地理学意义的欧洲和亚洲大陆的划分与界定。

古希腊人的时代，地理眼界从地中海扩大到黑海，向东延伸至印度河，完成了地理总结的第一个尝试：把陆地划分为若干部分。欧洲和亚洲大陆沿着地中海东岸、达达尼尔海峡、黑海和高加索山脉来划分。欧洲主要指阿尔卑斯山和多瑙河以南的地中海沿岸地区。

古罗马人较完整地认识了欧洲内陆，初步界定了欧洲和亚洲大陆在黑海以北的陆地划分标志是顿河。欧洲的地域已经包括易北河以南，即今日中、西欧的大部分土地。

从十六世纪开始，在欧、亚内陆两大洲的划分标志先是顿河与白海，而后是奥卡河与德维纳河，再后是伯朝拉河与伏尔加河，然后是鄂毕河与伏尔加河，最后才是乌拉尔山与乌拉尔河等。而欧洲地域的界定，也是先以俄罗斯西界为其东边的极限，然后将俄罗斯容纳进去，渐渐形成今日欧洲的概念。

当代，在英国《不列颠百科全书》中被地理学家确认并采用的欧洲和亚洲的分界线是：沿着乌拉尔山脉的东麓向南，然后顺乌拉尔河转向西南，到达里海北岸；从这里沿着里海低地再向西南到达库马河口，然后顺库马河折向西北，抵达亚速海；经过刻赤海峡，进入黑海；再沿黑海东岸、南岸向西，穿过博斯普鲁斯海峡和达达尼尔海峡，沿地中海东岸，抵苏伊士地峡。人们会发现，英国《不列颠百科全书》中对里海与黑海之间欧、亚分界，采用库马河为标志，同习惯上采用高加索山作为分界是有区别的。为什么英国人的看法与国际通行的划分会不一样？应该以哪一个为标准？这个区别是否还会带来地区间的政治纠纷？这些都是值得今天人们思索的问题。

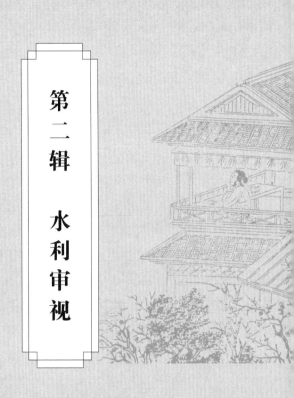

第二辑　水利审视

# 论我国古代陂塘水利堙废的原因

　　古代人类文明的发展总是和农业发达程度密切相关，而发达农业的标志又总是离不开先进的水利灌溉工程。古代尼罗河流域、西亚的美索不达米亚平原，以及中美洲的秘鲁，无一不是随着文明的发生、阶级社会和国家的发展而产生了人工灌溉工程。中国既是古代人类文明的发源地之一，也是率先迈入人工水利灌溉农业的地区，水利在中国几千年历史进程中曾起过重要的作用。因我国地形、河流、气候条件的差异，古代水利灌溉工程一般可以分为"渠系引灌"和"陂塘蓄灌"两类。关于我国陂塘水利工程的发展成就和历史作用，国内外从事中国水利史研究的学者作过许多介绍。但是当我们充分肯定古代水利工程的发展成就时，也应该看到不少古代著名的水利工程长时间被废弃。学界对造成陂塘水利工程堙废的原因及其不良影响的研究是很不够的。这篇文章力图对这个问题进行探讨，以期获得一些可供借鉴的经验教训。

## 一、我国陂塘水利工程发展历史的简要回顾

陂，《说文》："陂，一曰沱也。"韦昭注《国语·吴语》云："陂，壅也。"郑玄为《周礼·稻人》作注："偃潴者，蓄流之陂也。"古代凡是壅积成水面的皆可以称作陂，含义甚广。（为了便于讨论，本文仅就那些利用自然地势，经过人工整理的贮水工程，亦即今日意义的水库进行研究，而不过多涉及天然的、未经人工整理的湖泊。）早在两千多年前，我国文献中已经有了利用陂池灌溉农田的记载。

《诗·小雅·白华》曾记载关中地区在西周时利用"滮池北流，浸彼稻田"。西汉刘安著《淮南子·人间训》云：春秋末年"孙叔敖决期思之水，而灌雩娄之野。庄王知其可以为令尹也"。《太平御览》卷七十二《地部三十七·陂类》解释为："楚相作期思之陂，灌雩娄之野。"地点大致在今河南固始县境内。又，《水经·晋水注》记："昔智伯之遏晋水以灌晋阳，其川上溯，后人踵其遗迹，蓄以为沼。沼西际山枕水……其渎乘高，东北注入晋阳城，以周灌溉。"这些材料大概是关于用堤防蓄水溉田之陂塘水利工程较早的文字记述。

西汉中期是我国古代水利工程开始蓬勃发展的时期。

根据《汉书·沟洫志》，汉武帝曾下诏明令各地广修陂池蓄水以备旱，"左、右内史地，名山川原甚众，细民未知其利，故为通沟渎，蓄陂泽，所以备旱也。……令吏民勉农，尽地利，平繇行水，勿使失时"。不过，西汉更多地注重关中地区渠水引灌，而"陂"的蓄灌远只侧重于自然湖泊类的渊、池、泽、薮。及至东汉，汝南、南阳地区聚居了不少勋戚望族，在他们的经营下，陂池灌溉受到重视。那里出现不少大陂，以及在同一川流上下游建数个陂池、用渠上下连成一串的情况。长江以南的山阴（绍兴地区）、豫章（南昌）等地也陆续营造陂池，汇聚溪水灌溉田亩。据《水经注》的记载，公元6世纪以前我国有记载的陂池总数有三百多个。以地区而言，河南居首，山东、河北、安徽、湖北、山西、江苏、陕西和浙江次之，四川、内蒙古、湖南、江西等地亦有零星分布①。汉代在陂池众多的地区设"陂官"进行管理，淮水、汉水流域分布的陂池最多，反映当时的人们主要利用淮汉流域丘陵居多、山势不峻、雨量丰沛、溪流众多的自然条件，发展陂池。考古工作者曾发掘了不少汉代大族墓葬，其中许多都有塘库陂池水田的模型作陪葬品，证明东汉地主庄园普遍经营陂池水利工程。

① 黄耀能：《中国古代农业水利史研究》，六国出版社，1978年。

魏晋以后，南北长期分裂混战，局部地区虽有修治陂池工程的记载，但数量不多，又常被军事争夺破坏，使陂塘水利事业无论在地区分布上还是在兴建的数量上都表现出不平衡性。

唐宋之际，陂塘水利工程进入新的发展阶段。这个时期的陂塘开始发挥两个作用。其一，蓄水溉田。陂塘的分布已经从淮汉流域扩展到长江以南，大片土地由于得到适时的浇灌而被开垦成农田，南方的农业经济逐渐超过北方。其二，潴水济运。自隋代开通大运河，特别是唐朝中叶安史之乱以后，随着中国封建王朝的政治中心同粮食生产基地相脱离，靠运河漕运江南食粮供京师之费的现象加剧，促使陂塘第二个作用日益显露，运河沿线的陂塘普遍被整治成补充运河水量的"水柜"。据统计，唐以前历代新修水利工程合计158项，而唐朝的水利工程多达254项，大大超过了唐以前历代的总和[①]。宋代发展更快。宋代是水稻种植面积迅速扩大的时期，能够广泛利用陂塘塌埭蓄水灌溉是一个重要前提。宋神宗熙宁年间（1068—1077）王安石推行新法，其农田水利政策要求全国各地应修复或建设"陂塘堰埭之类"的水利灌溉工程，这也起了相当大的推动作用。在新法的推动下，曾经"地多山林，人少耕植"

---

① 冀朝鼎：《中国历史上的基本经济区与水利事业的发展》，中国社会科学出版社，1981年。

的京西路唐、邓、襄、汝等州，修治陂堰，招集流民，垦开荒梗，陈、颍州"大江、次河、射虎、流龙、百尺等陂塘旧迹"相继兴复；河北塘泺围堤开斗门引灌；长江南北扬、楚、宿、寿、江宁、杭、越等州府旧有塘堰一概覆按浚治。甚至远至今日甘肃、青海交界的熙、河、兰、湟诸州亦遣人经度。根据《宋史》，"如可作陂，即募京西、江南陂匠以往"。这反映中原、江南一带懂陂塘水利工程修建的人才之多、技艺之娴熟了。当时，"人人争言水利"谓为风尚。南渡之后，"水田之利，富于中原，故水利大兴"。凡诸山之泉，皆筑堤潴水。日本学者曾对南宋水稻栽种的地域分布，尤其是江南东、西路各县的陂塘作过细致的考察[1]。据初步统计，整个宋代兴修水利工程有1100多次，是唐代的四倍。现存南宋地方志大多单设"水利"一门，备载该州县陂塘名称、数目、地点和形制特点，不仅开我国方志体例之先，而且其记载之详备也是元明以后方志所不及的。据载江东西、淮南、荆湖北、福建等路一些州县分别拥有成百上千个陂塘堰埭，还有相应的陂塘水约，即管理法令。反映出唐宋之际是我国古代陂塘水利工程发展的高涨时期。

　　然而正是在宋代陂塘水利大发展的时期，我们也看到

---

① 〔日〕周藤吉之：《宋代的陂塘管理机构与水利规约》，《唐宋社会经济史研究》，东京大学出版社，1975年。

一些历史上曾经起过重大作用的陂塘水库却渐次埋废为农田，绍兴鉴湖工程就是最典型的一例。江南大大小小的山塘也是一方面在不断地修筑，同时又不断地废弃。这个现象是值得人们深入探讨的。

元明清三代尽管水利工程的兴修数目继续增加，但陂塘水利事业没有突出的成绩。从元朝开始，北京成为全国的政治权力中心，但是，北京不在当时最发达的农业生产区之内，故利用大运河将南粮北调一直是元明清三代最为至关重要的问题。沿运河一带旧有陂塘虽有修复，不过是为了蓄水济运，并没有作为农田灌溉之用。只是公元16世纪末叶和18世纪前期，在不断有人建议把北京所在的平原地区以及滨海地带改造成重要的产粮区以便减轻南方漕粮北运的压力这个背景下，曾兴起过一个"畿辅水利"运动。在其推动下，陂塘水利工程从南方被广泛引入北方各地，东起山海关，西至新疆，在今天的河北、河南、山东、山西、陕西、甘肃、宁夏等省区的条条溪水，沟沟坎坎，普遍兴筑堤堰拦截溪流，潴蓄山泉，引溉斥卤之地，一度形成我国古代陂塘水利新的发展高潮。地域的广袤、陂塘与沟渠相结合是这次高潮的两大特点。但是，也就是从18世纪中叶开始番薯、玉米被引进中国，逐渐传播到全国各地，种植这种耐旱、速熟、不择地而生的高产作物可以不必依赖陂塘水利灌溉。而且这个时候的中国封建社会已经进入垂暮之年，腐朽的生产关系严重地束缚了人们开发自然环境，建设西北水利的倡议再也提不起最高统治集团的兴趣，他们兴筑的一系列水利工程也很快遭到埋废的厄运。近代，就连南方著名的芍陂、练塘也濒于淤塞，很难恢复原有的规模了。

以上我们粗略地勾勒了一下我国陂塘型水利事业兴衰的历史，可以看出我国古代陂塘水利工程经历了一个马鞍型的发展过程。那么，是哪些因素导致古代陂塘水库的埋废呢？

## 二、导致陂塘水库埋废的因素

历史上许多著名陂塘水库的废弃从表面上看都是由于湖底淤浅使受水面积缩小，露出肥沃的塘底荒地，诱使人们围垦，致使陂塘毁弃。所以长期以来人们一直把占垦作为陂塘埋废最直接的原因。然而，埋废的原因和过程是错综复杂的，甚至许多因素是相辅相成互相激化的，一般地讲，是否可以从以下几个因素来考虑。

### （一）人口增殖过快，可耕地不足导致占垦塘池

在我国封建社会手工生产的条件下，一定量的土地所能维持的最大人口数量是有限度的。水利灌溉业的发展使一些沮洳埆硗之地变成肥沃的良田，粮食亩产增加，可养活的人口比过去增多。譬如"吴越闽蜀，地狭人众，培粪灌溉之功至也"。但是一个地区因人口大量涌入与增殖，

超过限度，就会造成可耕地不足以养活众多人口的问题。到哪里去寻找新土地呢？或毁林开荒，或围湖造田，这是两个最便利的途径。而一旦毁林，带来的水土流失加快塘底淤塞，使陂塘更易招致占垦，所以这两件事总是密切相关的。江浙地区是最明显的例证。从东汉到宋代，随着陂塘灌溉工程的建立，这一地区的农业经济渐渐发达，山会平原在东汉以前还是如《史记·货殖列传》所说的"地广人希，饭稻羹鱼，或火耕而水耨，果隋蠃蛤……无积聚而多贫"。自东汉顺帝永和五年（140）会稽郡太守马臻主持修筑鉴湖水利工程，收受绍兴东南诸山溪来水，利用水门启闭，发挥了防洪排涝和灌溉等作用。在其存在的八百年间山会地区人口倍增，大片土地被垦殖，粮食产量，烘瓷技艺皆雄冠全国。而恰恰在被开发的过程中，这个著名的水利工程却由大变小，最后全部堙废。南宋以来就有很多人议论鉴湖兴废的原因，多简单地归之于毁湖为田。只是到了今天，人们才有可能用现代科学知识全面地考察导致其消失的因素。实际情况是：随着绍兴地区人口增长，生产力水平愈益提高，对粮食的需求增多使人们盲目地扩大耕地；加之建筑用材、生活取暖、烧制陶瓷等对木材需求的扩大，造成对会稽山地天然林木的滥垦滥伐。天然植被的破坏加剧水土流失，使鉴湖湖底淤高。而杭州湾南岸为获得耕地建筑的海塘和绍兴北部平原的开垦又促使湖水北移，削弱了鉴湖继续存在的必要性。这样就为占垦鉴湖创造了条件。总之，由于土地不敷其用，经过历代不断地占垦，这个周长三百多里的著名水利工程最终消失了[①]。

从东汉到南宋的这一千多年历史中，我国曾经有过两次北方人民向长江以南大规模流徙。随着北人南迁，带去了先进的农具和耕作技术，也使修筑陂塘水利灌溉工程的技艺在南方被普及。陂塘的分布由汉代集中于淮、汉，发展到遍布长江流域，像宁绍地区的鉴湖、广德、夏盖、湘湖，杭嘉湖平原的南下湖、荆塘、皋塘；镇江府丹阳练湖七十二源；湖南潭州的龟塘等大型水利措施都可溉田万顷以上。水利的普及促进了长江流域农业生产的迅速发展，其经济、文化水平和人口密度都逐渐超过黄河流域，这是人类社会发展的正常趋势。但是大量人口不断涌入某一地区，在以手工农业生产为主要经济手段的时代势必造成可耕地日趋紧张。近人研究表明北宋末年人口已突破一亿大关[②]，而在北宋末年的宋金之战中，由于宋朝军队败北，淮河以北半壁江山沦落敌手，黄河流域的人民大批南逃，涌入两浙。"四方之民，云集二浙，百倍常时"，"中原士

① 陈桥驿：《古代鉴湖兴废与山会平原农田水利》，《地理学报》1962 年第 28 卷第 3 期。
② 李宝柱：《宋代人口统计问题研究》，《北京大学学报》（社科版）1982 年第 4 期；王曾瑜：《宋代人口浅谈》，《天津社会科学》1984 年第 6 期。

民扶携南渡不知其几千万人"(《建炎以来系年要录》),江南人口突发性地膨胀。这些流民无地可耕,衣食无落,"淮农流移,尚未归业,自今无田可耕"(《宋会要辑稿》)。为安置流民,南宋政府命围垦陂塘湖地,"专招淮农佃种"。废湖为田的现象历史上早有发生,然而12世纪前后我国江浙地区大规模占垦湖田却是在人口压力下不可遏止的趋势。宋朝政府推广圩田也助长了这种行为。圩田,虽然也是人类长期实践创造出来的一种改造自然的有效手段,而且是水利工程发展的结果。但在封建政府不顾各地自然地理条件差异一哄而上的情况下,围垦的目的只在得田,不在治水,只求近功,不计远利,使一些还能发挥灌溉效益的陂塘也被围裹成田。根据《宋史》,"越之鉴湖,明之广德湖,自措置为田,下流埂塞,有妨灌溉","(临安)西湖冒佃侵多,葑菱蔓延,西南一带,已成平陆","(明州)东钱湖容受七十二溪,方圆广阔八百顷……比因豪民于湖塘浅岸渐次包占,种植菱荷,障塞湖水。……岁久菱根蔓延,渗塞水脉,致妨蓄水"。南宋时已有一些人看出这个问题的严重性,宁宗庆元二年(1196)八月户部尚书袁说友、侍郎张抑云:"近年以来,浙西诸郡围田之利既行,而陂塘淹漠皆变为田,年岁既深,围田日广,曩日潴水之地百不存一。"(《宋会要辑稿》)这说明南宋推广圩田虽然一度扩大了可耕地,却破坏了许多陂塘水利工程。经过研究,人们发现越是人口密度高、经济相对发达的地区,陂塘淤废占垦的速度愈快。南宋太湖流域人口最密，经济最发达，而那里的陂湖之利却在"隆兴、乾道之后……日朘月削"（《文献通考》）。

17世纪以后人口压力有增无减，对陂塘存废的威胁更为严重。明末清初由"一条鞭法"发展到"地丁合一"的赋税制度改革，特别是康熙五十一年（1712）宣布以五十年全国丁银额为准，以后额外添丁，不再多征的政策一实行，更造成中国人口剧烈膨胀。从乾隆十八年（1753）到嘉庆十七年（1812）的不足六十年间，全国丁口由一亿二百多万暴增到三亿六千多万。江南大部分府县的耕地都不敷用，"苏松嘉湖杭五郡地狭民众，细民无田以耕"，"山阴会稽、余姚生齿繁多，本处室庐田土半不足供"。这种人口暴涨带来的巨大压力必然导致陂塘水库继续被破坏，与水争尺寸之利，以期扩大耕作土地，获得更多的食粮，清中叶以后陂塘水利事业的败落正是全国性人口倍增并且相对集中造成的。

**（二）不合理地开发山区破坏生态是造成陂塘水利工程堙废的重要原因**

为了维持生活中建筑、薪炭等正常需要，人类总是要开发利用山地林木资源，适量的采伐对环境生态的威胁并不很大，但是一旦由于人口增长过快，对平原资源的利用已趋饱和，从而转向山地的垦殖，生态平衡常常会被打乱。随着山堰陂塘建筑技术的推广普及，人们已有可能把耕垦范围由平原渐次推进到接近水源的谷地和高仰的山坡。"田尽而地，地尽而山，山乡细民，必求垦佃，犹胜不稼"（《农书》卷十一《田制》），即所谓"向山区要粮"。12世纪前后，我国江南地区已经"凡山巅水湄有可耕者"，皆筑陂堰，"累石堑土高寻丈而延袤数百尺，不以为劳"（《宝庆四明志》卷十四）。"江西良田，多占山岗，皆仰陂塘灌溉之便"。如果人类的这种发展不是建立在全面地、综合利用自然资源的基础之上，而是无限制地使用现有的自然资源，主要是水、土、林木，就必定会破坏当地的生态平衡。自然林木被采伐，山地被开垦，水土流失加剧，冲刷下来的泥沙淤塞陂塘，湖水日浅，"其间深者不过三四尺，浅者一二尺而已"，"久不浚治"，旱则塘底出露，诱使人们占垦，"人户不顾久远之利，请射为田"（《历代名臣奏议·郑亶水利论》），而官府贪图租税，对这种占垦行为也不追究。下游陂塘淤废，则人们又向上游发展，层层筑陂，节节蓄水。更有"形势之家，将新置田产，却在旧堨之上，占截水利"，这样就造成许多地区"山田高仰，率潴水为塘以备旱"。"县田多于山，危耕侧种者，率引泉以灌一线之溜"的情况。闽浙一带竟有沿山溪一溜连筑五六陂之多者。宋代小陂埭是"不注官籍"的（《清源志·泉州德化县》），也助长了私家大户筑堰截水开垦山地之风（贫苦农户一般无力承担这类工程）。表面看起来，山地由于小水库的兴建而被开发了，实际上由于丧失了涵养水源的植被，水土流失加剧，陷入屡建屡废的恶性循环。不仅下游农田得不到灌溉，就是靠近水源的山地也逐渐恶化。例如：浙江鄞县（今宁波鄞州），南宋以前"引四明诸山溪涧会至它山，置堰小泾。……比因淤塞，堰上山觜少有溪水流入上河"（《宋史·河渠志》）。人类本来用以改造利用自然的陂塘水利工程就这样由于人类本身的不良活动而毁于己手。南宋是人类吃自己造出的苦果最典型的时期，建筑的陂塘工程在数目上比以往任何时候都多，而其毁废速度之快、数目之大也是历代无法相比的。所以南宋诗人陆游说："陂泽惟近时最多废，吾乡镜湖三百里，为人侵耕几尽。阆州南池亦数百里，今为平陆，只坟墓自以千计，虽欲疏浚复其故，亦不可得，又非镜湖之比。成都摩诃池、嘉州石堂谿之类，盖不足道。"（《老学庵笔记》卷三）

保持丰沛的水源是陂塘水利工程存在的必要条件，历史上曾经起过灌溉作用的陂塘后来之所以埋废，都是由于水源枯竭。这种现象在淮河秦岭以北地区表现得更为明显。如前文提到华北平原沿太行山东麓和燕山山脉南侧，明朝时期因"畿辅水利"之议曾建过许多陂塘工程。有的筑坝拦蓄山溪，有的利用丰富的潜水溢出带围堤形成淀泊，开斗门以资灌溉。如康熙十四年（1675）徐越的《畿辅水利疏》指出："京东迁安、密云、滦、蓟诸邑，泉从地涌，水与田平……于近泉之处为陂为塘，蓄山泉之水以备旸，则岗瘠之场灌溉有资。"京南涞水、涿县一带有名的督亢陂，徐水、保定地区的"九十九淀"塘泺，从北宋开始"兴堰六百里，置斗门，引淀水溉田"（怡贤亲王《请设营田专官事宜疏》），皆发挥过灌溉作用。可是如今已很难从地面上找到它们的踪迹了。还有山西境内的昭余池（位于晋中平遥、介休、祁县一带）、汾陂（位于文水）、董池陂（位于闻喜）、神陂（位于曲沃）、晋兴泽和张泽（位于永济，又称"五姓湖"、东西陂）以及西河泊（汾阳）等大小陂池，从北魏以后水面就逐渐缩小，灌溉职能逐渐减退，及至近世，或变成碱滩，或已被开垦成田。究其原因，多是由于涵养条件——植被遭破坏，使上游水源枯竭。

宋辽金以来华北山地林木持续遭受破坏，宋仁宗嘉祐七年（1062）六月刘永年知代州曾记"契丹取山木积十余里，辇载相属于路"（《续资治通鉴长编》卷一九六）。唐朝晋陕北部多辟为草场牧马地，但宋辽之际北宋政府募弓箭手，"西起陇右、金城、平凉、天水，外暨河曲之野，内则岐、豳、泾、宁，东接银、夏，又东至于楼烦"尽改草场为农田（《续资治通鉴长编》卷一九二）。交城一汾水流域原唐代牧马监地也依令佃民租种。元明清三代定都北京以后，营缮之用，薪炭之费，尽采西山林木，致使木植日稀。明屯九边，易牧为农。这些事件都使华北山区植被遭受破坏，水源失去涵养条件，其后果必然加速北方陂塘水利工程的废弃。恩格斯曾经有过一段精辟的论述："美索不达米亚、希腊、小亚细亚以及其他各地的居民，为了想得到耕地，把森林都砍完了，但是他们却梦想不到这些地方今天竟因此成为荒芜不毛之地。因为他们把森林砍完之后，水分积聚和贮存的中心也不存在了。阿尔卑斯山的意大利人因为要十分细心地培养该山北坡上的松林，而把南坡上的森林都砍光了，他们预料不到，因此却把他们区域里的高山畜牧业的基础摧毁了；他们更预料不到这样做，竟使山泉在一年中大部分时间都枯竭了。"[1]用这段话来说明我国历史上那些不尊重客观规律的例子也是很恰切的。我国古代历来只重视治水而忽视治山；重视农业水利灌溉而忽视并违背自然环境整体性的规律。每当一个区域的经济被逐渐开发时，都不免加剧山地自然环境的不断恶化，最终威胁到水利灌溉工程的存在。

**（三）统治集团政策失当，官吏渎职与地主豪富盗决占垦相互交织是封建社会陂塘遭废弃的常见原因**

古代陂塘水利工程为避免淤泥填塞，必须经常进行掏掘疏浚夯培的工作，"惟时修固，则无摧败"。这类工作一般由地方行政长官负责。但是在封建社会腐败的官僚体制下，州县官吏大多玩利于掊克租税，上送邀功，以图升

---

[1] 恩格斯：《自然辩证法》，人民出版社，1955年，第146页。

迁，能有多少既体恤民情又谙习水利的清官廉吏呢？关中渭、洛流域自明代以来就没有兴修过大的水利工程，地方官吏根本不关心有关国计民生的重大问题，只寄希望于求神灵保佑风调雨顺。每遇大旱，官吏即督民众向太行山、华山的山神祷雨；省内各地广建龙王庙，仅礼泉一县就有四座；甚至连诸葛亮的武侯祠也变为祈雨地，勉县武侯祠存有许多清代祈雨避洪的碑记，碑文大多祈求诸葛武侯显圣喜降甘露。关陕旧有陂池堙塞不修，致使久负盛名的郑国渠也几遭废弃。再如"江西之田，瘠而多涧，非借陂塘井堰之利，则往往皆为旷土。比年以来，饥旱荐臻，大抵皆陂塘不修之故也"（黄干《代抚州守上奏言》）。

再者，为一时之便，致使陂塘淤塞，封建官府不仅不及时修治，反而采取将塘地出佃以求租税所得之策，使陂塘更难修复。金宣宗贞祐四年（1216）因财政吃紧，从程渊之请，募人佃砀山诸县陂湖，以后再无法兴复（《续文献通考》卷三《田赋考》）。明弘治以来扬州五塘斗门木闸日渐倒坍，"时值倭寇之变，筑造瓜城……将各塘之石移运修城，而塘之故址不复存矣，遂有衙门猾吏、土豪势家蜂起效尤，佃塘为田"，先有薛钊，继则仇鸾，"官派其租，民获其利，不复再议兴复之计"（李文定《复扬州五塘议》）。又如明"万历年间漕运移为夏秋，（运道）不苦无水，故（练塘）二湖弃置之地变为桑田……今漕规又复冬运，则苦无水……惟（练湖）占废已久，不能轻议更张"（康基田《河渠纪闻》卷十二）。这种为一时权宜之计，朝令夕改，最易给占垦造成可乘之机，使陂塘埋废。陂塘灌溉主要靠依时启闭斗门，"若塘堰坚固，堰闸启闭及时，则无从盗耕，惟不能固守，纵闭无节，湖水尽泄，濒湖之民益得盗以为田"。历代都制定过管理陂塘的水约，但往往因为官吏不作为而成一纸空文。地方上的势家大户更贿赂公行，诡称废陂，有意盗决，或公然阻碍修浚陂塘工程的进行。如江西玉山县有徐田陂，"其渠濒江，数决，将徙渠，则地主不可。将徙陂而下，则柘陂居下流，惧为己害，复不可"。陂塘岁久失修，则"蚁蛙鼠穿，獭龟之穴，漫而不訾，水至则溃"。

还有历代统治集团总是把陂塘赏赐给有功之臣或寺庙也是一个失策。例如南宋高宗曾因韩世忠抗金有功，将平江府陈满塘地拨赐其垦佃（《宋会要辑稿·赐田杂录》）。于是平江城北商人周氏"本以货麨面为生业"，趁机"买沮洳陂泽围裹成良田，遂致富赡"。又，钱塘南新人万延之致仕后"徙居余杭，行视苕霅陂泽可为田者，即市之，遇岁连旱，田围大成，岁收租入数盈万斛，常语人曰：'吾以万为氏，至此足矣。'"（何薳《春渚纪闻》卷二）这种情况多发生于陂塘已有淤废、水利效益锐减的状况下，官府不愿意再为修治而破费，不如一赐了之，任其围垦。把陂塘赐予附近的寺庙作为收入，也是为省去朝廷的道场之费，譬如丹阳练湖就曾一度赐予茅山道观。这样不仅不利于陂塘的浚治，而且助长了毁陂为田之风，使陂塘成为形势之家觊觎之地。

由此可见，保持水利政策不误，官吏忠于职守是陂塘能否不被毁废的一个关键。当然，我国历史上勤于职守、能为民兴修水利革除弊政的官吏不是没有记载，但毕竟为数不多，这是那个时代的制度造成的。因此在封建桎梏下，陂塘水利工程是无法摆脱毁废之命运的。

### （四）封建国家常以"经费不足"放弃浚治陂塘水利工程而使之废弃

修治大中型陂塘一般要耗费大量人力和物力，尤其当陂塘经过一次堙塞之后，塘底淤积大量泥沙，给修复工作增加许多困难。要想恢复原有的效益，必须投入更多的人力物力。譬如：汉代汝南陂池"岁岁决坏，年费常三千余万"（《后汉书·鲍昱传》）；南宋赵霖兴修两浙路水利，役工二百七十八万人次、支拨鉴湖封桩米十万石，常平钱十五万贯（《宋会要辑稿·食货七》）；明代维修江南水利动辄耗用几十万银两，甚至挪用边郡练兵饷银。在封建王朝鼎盛时期吏政廉肃，府库富足，一般还能承担修治大型水利工程的项目。若至王朝晚期，吏治腐败，财政经费不足，国家不能发挥正常的"权力干预"职能，社会经济也无负担兴修水利之费，陂塘工程往往因经费不足而致废。如三国时孙吴政权后期，都尉严密作浦里塘，"功佣之费不可胜数，士卒死亡，或自贼杀，百姓大怨之"，而不可成（《三国志·濮阳兴传》）。南宋孝宗隆兴年间议修浙西水利，"费用十数万缗，无人敢于承命"，吴芾欲发四百九十万工重开鉴湖，中议而沮。明代屡言修浚江浙水利，然"怵于巨费，因循岁月，卒莫能举"。扬州五塘堰闸久圮，因"费重难举……固有难修之势"（康基田《河渠纪闻》）。清朝屡言直省水利，亦因开源、疏泊、建闸、修堤皆需重帑，"财绌议沮"，乾隆以后未敢轻易试行。这些都是明显的例子，说明封建王朝以费重惮作，专务省事，使许多陂塘水利工程年久失修，稍废不治，水涸草生，渐成葑田。

近来国外一些学者还以中国封建王朝晚期社会结构发生变动，来说明为什么明清以降水利事业得不到发展。他们认为：明中叶以后中国封建社会内部的乡居地主阶层日渐没落，非直营农业的城居乡绅地主出现，新的地主阶层放弃对农业的直接管理并享有不负担徭役的特权。因此，原来依靠乡居地主和租佃经营的里甲制度维持兴修水利的机能衰退了。这从明清江南地区方志中大量记述农田水利工程荒废的情况得到印证。我国江南地区是资本主义萌芽出现最早、发展最快的区域，城居乡绅地主阶层的出现和数量都早于、多于其他省区。城居乡绅地主已经不能像过去的乡居地主那样提供浚筑水利工程所需要的劳动人手，而只能承担一部分被征为役工的佃农的工食费用，由此也引起了一系列复杂的诉讼，使水利工程无法实施[1]。

事实是否尽如其议，还有待进一步探索，但是有一点可以肯定，即中国王朝晚期的封建国家确已经缺乏动员大量人力、物力维修水利的有效组织机能，因而常常在"经费不足"的借口下拒绝浚治已经濒于堙塞的大中型陂塘水利工程。

### （五）战争对古代陂塘水利工程造成破坏

灌溉——殖谷——养兵经常构成必然的联系，使一些建筑在具有军事战略位置的陂塘水利工程必然成为交战双方争夺的对象。例如江淮之间、南阳盆地的一些著名陂塘曾屡遭战火。

芍陂，是淮河流域著名的水利工程之一，位于今安徽省寿县以南的淠河与瓦埠湖之间。从战国开始，人们筑堰拦蓄周围丘陵山地流下来的溪水，以后又开挖渠道引淠河汇入陂内，逐渐形成一个可溉田万顷，周回几百里的大型水库，抗洪备旱使境内丰给，垦辟倍多。由于淮南淠河、淝水间是南北交通孔道，战略地位重要，利用芍陂可以溉田殖谷养屯重兵，故历史上这里有过多次争夺。三国时，刘馥受命兴治芍陂、茹陂、七门、吴塘诸堰以溉稻田，高

---

[1] 〔日〕滨岛敦俊：《明代江南之圩田水利与地主佃农的关系》，载《明清史国际学术讨论会论文集》，天津人民出版社，1980年。

为城垒，为战守备（《三国志·刘馥传》）。曹操以此为后勤补给基地，方能四越巢湖同孙权争雄于大江之滨。孙吴屡次想争夺曹魏这个后方基地，魏文帝黄初二年（221）"吴大将全琮数万众寇芍陂，（王）凌率诸军逆讨，与贼争塘，力战连日，贼退走"（《三国志·王凌传》）。以后邓艾又多年经营芍陂，戍屯重兵，这里一度成为曹魏政权内部司马氏与曹氏集团争夺权力的舞台，演出过"淮南三叛"（公元251年王凌，公元255年册丘俭，公元257年诸葛诞）。上述几次战争，文献并未具体记述对芍陂等水利设施的破坏，不过从《晋书·刘颂传》记载："旧修芍陂，年用数万人。"可以推断芍陂肯定受过破坏，已不能发挥正常的水利效益。南北朝时期，江淮间又一直是南北政权胶着争夺的地带，芍陂时兴时废，"堤埆久坏，秋夏常苦旱"（《宋书·刘义欣传》），"淮南旧田，触处极目，陂遏不修，咸成茂草"（《南齐书·徐孝嗣传》）。隋唐统一以后，芍陂的蓄水面积和效益才恢复正常。可是宋金对峙，又遭战火。明清以后逐渐淤塞。

扬州境内的陈公塘也因靠近运河南北通道，在宋金战争中屡遭兵燹。绍兴四年（1134），为阻止金兵南下，宋高宗下诏烧毁江淮之间诸堰闸，"务要不通敌船"，又"诏宣抚司毁拆真、扬堰闸及真州陈公塘，无令走入运河，以资敌用"（《宋史·河渠志》）。接着，宋宁宗开禧二年（1206）金兵入境，唐璟决真州陈公塘水以御寇。这几次因军事目的有意破坏致使陈公塘残破不堪，当地军民趁机占垦为田，到明嘉靖年间，陈公塘已被垦殖一万余亩，很难恢复原貌了。

鄂豫交界的襄樊、南阳地区历史上也经常战火不断，给这里的陂堰水利带来不良后果。从地形上看，这一带正处在豫西伏牛山脉和豫南桐柏山地之间，多山麓冲积洪积扇，河流多，坡降大，而且气候温和、降水适中，适宜建造陂堨，拦蓄并利用丰富的水利资源。战国末年这里就开始出现筑堰潴水，到西汉时，南阳太守召信臣在穰县（今河南邓州）以西壅遏湍水形成"六门堨（陂）"，开六水门引水"溉穰、新野、昆阳三县五千余顷"（《汉书·循吏传》）。东汉，杜诗为南阳守，亦"修治陂池，广拓土田"，复召信臣事迹（《后汉书·杜诗传》）。在他们带动下，南阳地区陂池遍布，沟浍脉连，堤塍相连，许多陂池因同豪族宅院相邻而名。例如："邓氏陂"，左右各为汉太傅邓禹、西华侯邓晨宅邸，隔陂相望；"樊氏陂"，临近汉室姻亲樊宏宅院，"开广土田三百余顷……陂渠灌注"；"堵阳东西陂"，因朱祐封为堵阳侯，"堵水于县，堨以为陂"（《水经·淯水注》）。可是，由于襄邓地区"南控荆汉，北枕嵩洛，西通武关，东际淮海，天下有事必当其中"（《嘉靖邓州志》），历史上每次北方政权南下江汉或南方势力问鼎中原必循此而进。每逢战乱，南阳地区人民流徙四方，致使陂堰失修，日久渐废。北宋时，苏辙云：

"尝闻之于野人，自五代以来，天下丧乱，驱民为兵，而唐、邓、蔡、汝之间，故陂旧堤遂以堙废不治，至今百有余年。"（苏辙《栾城应诏集》卷十）说明唐末五代战争不断，对那里的陂堰存废影响很大。

即使不是处在上述具有战略争夺位置的陂塘，由于战乱会打断其正常修浚的进程，也容易因淤垫过久而致废。例如河南安阳地区的广润陂，就因唐朝安史之乱，不得依时疏浚而逐渐堙塞。由此可见，历史上的战争或直接毁坏或妨碍修治，都对陂塘水利工程构成很大危害。

### （六）古代科技水平较低，限制了陂塘的使用期

古代陂塘设施由于受社会生产力和科技水平所限，大都比较简陋，许多陂塘仅仅夯土作堰，先进一些的也只是在堤脚打下一排木桩。垒石筑坝，灌浆砌缝，抗洪力强的堤堰只是在近世才较为普遍，更谈不上钢筋混凝土大坝了，这就限制了陂塘工程发挥效益的期限。我国北方河流含沙量高，尤其当山区植被遭到破坏之后，即使在长江以南地区，汛期来临时也是泥沙俱下，土质堤堰极易淤浅，桩木岁久而腐，大雨必致冲决。例如邓县钳卢陂三郎堰，"两涯无巨石以起堤门，下亦无硬石以安堤脚，惟截河安桩壅筑浮土……渠口亦非硬土，（水大）必即冲坏渠口"。而且邓州土质疏松多砂，"陂地为九岗八湾之浮土所积"，所以这一带陂堰工程"筑则易坏"，寿命甚短（《嘉靖邓州志》卷十一《陂堰记》）。安徽潜山吴塘陂也属类似，培土作

堰，"土疏善崩……水啮其堤，岁苦决"（《河渠纪闻》卷十三引金暗《吴塘堰记》）。另外古代挖掘搬运工具低劣，浚治之役极其劳费，役夫"担重惮远，业户恐土压田，多将新开淤泥就堆两厓，暴雨冲刷，复下壅塞"。这种将疏浚之泥沙就近堆在两岸，造成随挖随填的恶性循环在古代陂塘埋废例子中也不少见。

### （七）天然河流的迁徙泛滥是造成本流域内陂塘工程埋废的重要因素

在我国历史上，黄河是河道变迁、决溃泛滥最频繁的河流，黄河下游游荡性改道及多次决口曾使华北平原许多著名陂泽荡然无存。例如史籍中明确记载有灌溉之利的圃田泽（今河南中牟县境）、郑陂（今安徽萧县、濉溪县境内）、蒲阳陂（今江苏泗洪县境）、太寿陂（今河南睢县境），淮河水系汝、颍河流域之鸿隙陂、高塘陂、丘陵陂、鲖陂、大漴陂等近百个大大小小的陂塘大约都在黄河南决夺淮的历次泛滥中湮没了。黄河泛滥的泥沙涌入淮河水系也影响了淮河南岸的水利工程，"惟淮泚并涨，淮受硖山口之顶托，恒内灌至二湖（今瓦埠湖与安丰塘），附近数十里悉成灾区……河湖不分"（武同举《淮系年表全编·全淮水道》）。近人研究认为黄淮倒灌，滞泄不畅，泥沙积于湖底曾是加速芍陂淤塞的原因之一[①]。前面提到过的绍兴鉴湖，也是由于钱塘江下游江道北移，对鉴湖存废产生重要影响。"前汉无海塘，则鉴湖不可不筑……唐宋以来后海北塘成，蓄水于北塘之南"，则"鉴湖可以不复……古今异势也"（《河渠纪闻》卷九、卷十三）。因为鉴湖以北退出的大片滩地可以利用海塘隔断咸潮，蓄淡围垦，从而削弱了鉴湖继续存在的必要性[②]。再如华北平原北部永定河、海河下游河道的摆动也填塞了不少曾见于记载的淀泺。漳河的泛滥则使安阳、汤阴地区的广润陂等屡遭淤垫，至清道光年间终于消失不存。这些都是由于天然河流的迁移给陂塘水利带来的危害。

综上所述，引起古代陂塘水利工程堙废的因素是很复杂的，除了上面提到的一些常见因素，还有气候变迁、地震也都会给陂塘存废招致不良影响。而且，这些因素也不是一个个孤立地起作用，而是彼此影响，相互联系，交织在一起的。

① 纽仲勋：《芍陂水利的历史研究》，载《史学月刊》1965年第4期。

② 陈桥驿：《古代鉴湖兴废与山会平原农田水利》，载《地理学报》1962年第28卷第3期。

# 结语

人类从出现到今天已近二百万年了，通过不断地与自然界搏斗，人类发展了自身，也改变着周围的环境。人类从最初栖居的山地或干旱的高地边缘下到河流水网的平原生活，是随着生产力的发展已经能够适应新的自然环境并改造它的必然结果。以后随着人口繁衍，聚落变得稠密，建筑用材、生活取暖、食品结构和生活方式不断变化，人类为更好地生存又把眼光由平原再度投向山地的开发，这也是人类适应环境、改造环境以利于自身发展的必然趋势和需要。利用陂堰水利工程把点点滴滴散漫的水流汇聚到一起，集中用于灌溉农田，就是人类不断认识自然界、利用自然界的智慧结晶。这些陂塘工程对我国农业经济发展和社会进步的确起过重要的推动作用。然而，任何事物都存在矛盾。正是由于陂塘的普及，人们提高了土地利用率和农产品的产量，可以养育更多的人而导致增殖过快；正是由于陂塌的修建，灌溉农业由平原发展到山地而导致森林变为童山，结果反而摧毁了陂塘水利赖以存在的条件。恩格斯讲过："我们不要过分陶醉于我们对自然界的胜利，对于每一次这样的胜利，自然界都报复了我们。每一次胜利，在第一步都确实取得了我们预期的结果，但在第二步和第三步却有了完全不同的、出乎预料的影响，常常把第一个结果又取消了"，"到目前为止存在过的一切生产方式都只在于取得劳动的最近的、最直接的有益效果。那些只是在以后才显现出来的、由于逐渐的重复和积累才发生作用的进一步的结果，是完全被忽视的"[①]。因此我们认为：人类不适宜无节制地在大多数河流的中上游层层筑堰截水，不应该无限制地在山坡丘陵垦殖土地，要避免导致灌溉耕作区向高海拔发展，否则会造成该流域上游的林相破坏，使下游蓄水设施、平原区天然河流和湖泊枯竭淤塞；使原有的肥沃平原耕作区由此不得不抽取地下水灌溉，使矿化度改变而引起土质日趋恶化。人类总得不断地总结经验，重视祖先留下的遗产，重视客观规律。正是从这一点出发，我们对古代陂塘水利工程埋废的原因作了一些分析，这对于指导今天的经济建设也是会大有裨益的。

（原载《中国农史》1986 年第 3 期）

---

[①] 恩格斯：《劳动在从猿到人转变过程中的作用》，《马恩选集》第三卷，1972 年，第 517—519 页。

# 唐宋运河在中外交流史上的地位和作用

　　世界各国人民之间的友好交往和经济文化交流，是促进人类社会发展的一个重要因素。几千年来，通过中外人民的友好往来以及经济、文化交流，中华民族不断摄取外来文化的营养，同时也把本民族文化的硕果奉献给世界各国人民。在唐以前相当长的时间里，我国主要通过横贯亚洲内陆的"丝绸之路"同亚、非、欧三大洲人民联系，也通过海上交通线与东方的朝鲜、日本、南海诸国、南亚次大陆以及红海、波斯湾沿岸地区交往。海上通路的作用在晚唐和两宋尤为突出。运河起着把陆路和海路联系起来的重要作用。本文将重点论述唐宋时期运河在中外经济文化往来中的地位和作用。

# 一

中国的运河远在春秋时代就见于记载，但那时的运河，只限于某一局部地区水系的联结。自隋唐起，才有了一条南北向的人工河道，将黄河、淮河、长江以及钱塘江这几条东西向的自然河联结起来。从此"自扬、益、湘南至交、广、闽中等州，公家运漕，私人商旅，舳舻相继"（《元和郡县志》卷五）。统一的隋王朝，封建经济文化繁荣，远近来中国者达三十国。

唐朝立国近三百年，是一个经济繁荣、文化昌盛、交通发达、统一富强的大国。唐朝政府一方面保持丝路畅通，使西方各国的使臣、商人能不断通过陆路进入首都长安；另一方面则加强东方新罗、倭国（日本），南方天竺（印度），西方波斯（伊朗）、大食（阿拉伯）等国的海上联系，于广州置市舶司，管理海外贸易，接待往来人员。同时，唐朝积极改造大运河使之能承受大规模船队的经常性运输。

唐代四邻与中国邦交最和睦者莫过于新罗。《新唐书》谓："新罗君子之国，颇知书记，有类中华。"新罗倾慕唐风，曾派遣许多子弟入唐留学，派僧侣入唐求法，一时蔚为风尚。新罗入唐交通线有两条，一条是由朝鲜半岛西渡黄海，至唐登州文登县赤山镇（今山东文登斥山）一带登岸。然后去陆路经青州（今益都）、齐州（今济南）、汴州

（今开封）转往长安。另一条沿山东、苏北海岸南下，至楚州涟水县入淮河，上溯至楚州（今淮安），再转行运河。自此或西去汴、洛，或南下扬州。此水程沿途多有新罗移民居住，建有"新罗坊""新罗馆"，为旅人提供食宿之便。新罗人在唐做下级官吏、从军、务农、行商，其中尤以从事海上商业贸易者为多。当时不少往来于楚、扬、苏、杭、明（今宁波）等州之间运河的商船上，有许多新罗商人、船员当遇到唐朝关卡盘查时，有时自称"唐商"，有时则承认是"新罗商"。新罗船还时常载薪炭由登州（今山东蓬莱）往楚州、扬州贩卖。由于新罗人多通晓日语和汉语，所以他们往往在唐朝境内充当日、唐交往的翻译和向导。许多日本人来唐或返国喜欢搭乘新罗船，唐政府迎送日本使臣亦"皆于楚州当县（新罗坊）抽人"（圆仁《入唐求法巡礼行记》）。因而依靠运河，以楚州为解缆地的后一条交通线用得更普遍。

中国和日本"一衣带水"，有着近两千年友好往来的历史，早在东汉光武帝时期，中国就通过朝鲜半岛与当时的倭国互有使节往来。唐代，中国和日本的关系有了新的发展，唐朝的使者、高僧频频东渡，日本更派遣大批遣唐使、留学生、学问僧、技术人员来唐学习文化和生产技术。日唐间的交通线也增多了。当时由日本来唐的交通线路主要有三条。

北路：经朝鲜半岛渡海，至登州上岸，再由青、济、汴州而达洛阳、长安，与前述新罗入唐道一致。

中路（又称南路）：由日本出发，直接跨海西行，至中国长江口及苏北沿海一带登陆，入扬、楚州，利用运河（山阳渎、汴水），继续行船，经汴、洛，西抵长安。

南路（又称南岛路）：从日本出发后，横越中国东海，南下至明州及浙江沿海登陆，溯钱塘江或由浙东运河经越州（今绍兴）而至杭州。再利用江南运河，经秀（嘉兴）、苏、常、润（今镇江）等州，到扬州后，循中路所述水道西去洛阳、长安①。这后两条路线都与运河紧密衔接。

自 630 年（日本舒明天皇二年，唐太宗贞观四年）起，至 894 年（日本宇多天皇宽平六年，唐昭宗乾宁元年）止，日本前后共派遣了十九次遣唐使，其中三次未能成行，剩下的十六次中，有七次走北路，九次走南路或中路。走北路的主要是前七次，自 8 世纪以后，一反旧例，皆由南道②。

9 世纪上半叶，日本遣唐使的派遣停止了。自仁明天皇承和六年（839）至醍醐天皇延喜七年（907），即唐朝

① 有关浙东运河的最早记载见《越绝书》卷八，唐代已经常使用这条运河来运输了。参见陈桥驿《古代鉴湖兴废与山会平原农田水利》一文，载《地理学报》1962 年第 28 卷第 3 期。
② 参见〔日〕木宫泰彦著，胡锡年译：《日中文化交流史》第二章，商务印书馆，1980 年。公元 894 年的第十九次使团未成行，故遣唐使活动应结束于公元 838 年。

灭亡前的近七十年间，中日两国间的交往变为以频繁航日的唐商舶为主。由于唐人逐渐掌握了季风规律，为了缩短航程，人们更多地采取由浙江、江苏间港口为登陆或解缆地的南路。据木宫泰彦提供的日唐间往来船舶一览表，见于记载的往来共三十七次（这个总数包括到发港地点不详的十八次），其中十六次走南路，占40%。如果不包括上述十八次，则超过80%，即几乎皆由南道。明确记载以运河沿岸城市为到发港的共十二次，占30%（若不包括未明到发地点的十八次，则有半数以上是直接驶往运河沿岸），主要是明、楚、苏、常和扬州。

中外学者分析日中交通线8世纪以后重心南移的理由，一是原作为媒介的朝鲜半岛被新罗统一以后，与日本交恶。9世纪前后新罗内乱频繁，因"新罗梗海道，（故）更由明、越州朝贡"[①]。二是8世纪以来，日本人发现可经由博多西南诸岛直达大唐帝国的新航路，该路航程短，若得顺风，费时甚少。我们以为除上述缘由，还应该考虑到这样一个因素：8世纪以后，中国佛教的天台宗、密宗是继华严宗传入日本以后最能吸引日僧的教派。尤其是最澄、空海二位法师入唐受法之后，日本平安朝的学问僧因为学此二宗而入唐。修学之地，其一为浙江台州天台山国

---

① 参见《新唐书·东夷传》，例如日本著名的遣唐使阿部仲麻吕以及僧侣最澄、空海等皆由明州出入境。

清寺，其二为唐都长安青龙寺。天台山邻近中日交通门户之一的明州，又有运河水路可直达长安。另外，缘附经说，以文殊菩萨显现地闻名的华严宗圣地五台山，自唐初以来日臻隆兴，堂塔伽蓝林立，名僧智识住持张法，仍然吸引大批日僧巡礼参拜，利用运河北行至汴、洛再转去五台，亦是便捷之途。例如唐宣宗大中八年（854），日僧圆珍由明州登陆，参拜天台国清寺以后，在越州（今绍兴）领过所，就是走运河至长安青龙寺的路线（圆珍《行历抄》）。这也应该是中日航路重心转向以明州为到发港的一个理由。

公元 8 世纪至 15 世纪末，欧洲人开拓亚洲新航路以前，是阿拉伯人在世界通商贸易舞台上最活跃的时代。特别是 8 世纪后半期阿拔斯王朝奠都巴格达以后，他们对于从海上与印度及中国方面的通商尤为注意，"蕃国岁来互市，奇珠瑰琚，异香文犀，皆浮海舶以来"（李翱《徐申行状》）。驶往广州的商舶最多。唐人喜以香薰衣、作食，达官贵族更喜欢用香料涂壁，每年要消耗相当数量的香料。"宗楚客造一宅新成，皆……沉香和红粉以泥壁，开门则香气蓬勃"（张鹭《朝野金载》卷三）。因而从南亚、波斯湾地区进口香料，是唐代海外的大宗贸易。广州"江中有婆罗门、波斯、昆仑等舶，不知其数；并载香药、珍宝，积载如山"（真人元开《唐大和上东征传》）。这些货物由广州运往关中，先要溯浈水（北江）至浈昌（南雄），翻越大庾岭，入江西，集于洪州（南昌）。由此分两道，或出彭蠡湖（鄱阳湖），顺江而下，至扬州；或东趣仙霞岭至衢州，循钱塘江下至杭州入江南运河，至扬州。再由扬州沿山阳渎、汴水发往洛阳、长安。也有一部分在扬州装上海舶，转销日本、新罗。著名的鉴真大师几次东渡日本，都是在扬州"造舟、买香药，备办百物……发自崇福寺，至扬州新河，乘舟下至常州界（狼）山"出海（真人元开《唐大和上东征传》）。扬州襟江带海，又是运河的交汇口，渐渐发展成一个海外贸易集散市场。不少大食、波斯商人在扬州寄迹设店，坐市卖买①，更有商胡蕃客泛舟运河，往来于岭南道上。

我国史料中关于唐代胡商的记述屡见不鲜。如《太平广记》载唐人韦弇"下第，东游至广陵，因以其宝集于广陵市，有胡人见而拜曰：此天下之奇宝也……遂以数千万为直而易之"。又，句容县佐史得一不识之物，"令小吏持往扬州卖之"。大概因为扬州多胡商，善别宝物，"冀有识者"。司徒李勉，"开元初作尉浚仪，秩满，沿汴将游广陵，行及睢阳，忽有波斯胡老疾……思归江都……"搭舟至泗而卒，葬于淮上。浚仪、陈留、睢阳、泗州皆濒运河，足见胡商多逐利于运河道上。

---

① 唐代扬州常有"波斯邸胡店"，参见《太平广记》。

由广州北上扬州之赣江道途，也多见胡商事迹。《太平广记》记载唐肃宗乾元（758—759）中，唐军收复二京，粮饷不继，江淮度支使征洪州波斯胡人财，以补时用，"胡乐输其财而不为恨"。波斯商人之富有为唐人所共知。有岑氏途至豫章，遇波斯国人邀而问之："君有宝邪？"岑氏出示宝石，胡人欲以三万为价得之。遇有象牙之类南海市舶货，洪州商胡更肯出大价求买，竟有"累自加直至四十万"者。

当然，唐人笔记小说中，于西域南海胡商之挟宝拥财，博识轻狎，尤多渲染，姑且不论其有多少科学根据，单就所记人事多在长安与岭南的水路交通沿线，即知唐代运河一带聚居着为数可观的西域、南海蕃客。杜甫《解闷》曰："商胡离别下扬州，忆上西陵故驿楼。为问淮南米贵贱，老夫乘兴欲东游。"西陵即今浙江杭州萧山的西兴，为浙江运河西端与钱塘江衔接处，设牛埭助运，隔江与杭州遥遥相对，是往来杭、越，东向出海之必经地。由此可推断胡商在唐朝境内的分布与往来，是由长安向扬州，由岭南向两浙，逐渐汇聚于运河两岸的。

随着大批波斯、大食人东来，也带来了西亚的宗教和文化。

摩尼教创始于波斯，逐渐流行于中亚、西域诸国，以后东传入唐，盛行于回鹘人中。回鹘因助唐平乱有功，受殊遇，摩尼教得恃势推行于唐地，并与胡商联系密切。唐代宗大历三年（768）敕赐回鹘奉末尼（摩尼）者，建大云光明寺，六年（771）增置大云光明寺各一所于荆（江陵）、扬（扬州）、洪（南昌）、越（绍兴）等州①，"江淮数镇，皆令阐教"（李德裕《赐回鹘可汗书》）。于是摩尼教徒"往来中国，小者年转江岭"（李肇《唐国史补》卷下），在淮南、江浙直至闽南，广有分布。教徒常为唐政府作法祈雨救旱（《唐会要》卷四九）。

祆教，一名拜火教，也是流行在西亚的一种宗教，传入时间早于摩尼教。唐王朝将葱岭以西纳入版图以后，为招诱西域，怀柔远人，也尊崇祆教，在河西诸州及长安城内许多坊里广建祆祠。9世纪前后继续东传，达汴、润②及苏州等地③。很明显，西亚宗教是沿着运河水道逐渐向东南延布的，这和运河线上聚居着众多的中亚、波斯湾地区的人有关。

① 参见《资治通鉴》卷二三七"唐宪宗元和元年"。又《佛祖统记》卷四一："大历六年，回鹘请于荆、扬、洪、越等州置大云光明寺，其徒白衣白冠。"

② 参见《唐会要》卷四九。又元《至顺镇江志》卷八："镇江府朱方门里岗之上有火祆庙，宋嘉定中迁于山下。"

③ 朱长文《吴郡图经续记》："中和二年，（唐）僖宗狩蜀，润帅周宝以子婿杨茂实为苏州刺史，溺于妖巫，作火妖神庙于子城之南隅……"《宋史·礼志》载："建隆元年，太祖平泽、潞，仍祭祆庙、泰山、城隍。征扬州、河东，并用此礼。"故宋祆祠当唐时遗留者。

上述现象的出现并非偶然，公元8世纪中叶，"安史之乱"以后，吐蕃贵族先后占领陇右、河西的大片土地，扼断了唐王朝与西方的陆路交通线，迫使唐朝与外界的交往不得不由陆路转向海路①。另一方面，由于北方藩镇割据，战乱频仍，生产破坏，唐政府在财政上更加依赖江南。为更好地榨取江南财富，唐王朝加紧整治沟通南北交通的运河。运河的畅达又促进了江南沿岸经济文化的繁荣和都市商业化色彩的加重，这样就给予外国商人以更大的吸引力和便利。因此，8世纪中叶至9世纪末，航海而至的波斯、大食商人争相北上逐利，荟萃于唐代运河两岸，行商坐市，常亦数千。正是受这种形势的影响，使早已传入中国的西方宗教也开始沿运河向江南地区渗透（这里并不排斥西方宗教由海路随商船东来而传至闽浙）。因此，可以说唐朝的运河是中外经济文化交流的纽带。日本奈良《东大寺献物帐》记录了天竺僧菩提、波斯人李密医"涉流沙而远到（中国）"。以后又随唐僧道濬、林邑僧佛彻由长安行运河而至明州，东渡日本。一些中外学者认为"丝绸之路"的东方起点不应该是长安，而应当延长到日本，如

① 《资治通鉴》卷二三二"唐德宗贞元三年"："初，河、陇既没于吐蕃，自天宝以来，安西、北庭奏事及西域使人在长安者，归路既绝。"《宋史·天竺国传》："（唐）乾元末，河陇陷没，（天竺朝贡）遂不复至。"

果是这样，那么这条作为中西经济文化交流媒介的国际通道的东移，不正是依靠唐代运河来完成的吗？

二

北宋的统一，结束了五代十国分裂割据的局面。统治阶级的改革和相对安定的形势有利于社会生产的发展，农业、手工业、交通运输较前代取得了更大的进步，科学技术与文化日渐发达。尤其是江南的封建经济得到迅速发展，宋代的经济重心已不可逆转地转移到了南方，对江南财富的倚求迫使北宋政府把都城建立在黄河冲积扇的平原旷野上，以期利用运河输送财富，避免再出现"逐粮天子"的窘况。

北宋的运河体系以首都开封为中心，呈放射状向外分布。汴河向东南联结淮河，并通过真楚运河（仪征至淮安）、江南运河和浙东运河将长江、松江（吴淞江）、钱塘江沟通。广济河向东北沟通济水（即南北清河）。向西南则有惠民河、蔡河与颖水、涡水等淮河上游支流相连。往西北还有汴河与黄河衔接，并通过御河和渭水分别向北向西延伸。宋代这个以开封为中心的运河网基本上还是隋唐运河的继续和发展。它不仅有利于南北经济的交流，而且在宋朝政府实行奖励国内和海外远程贸易政策的背景下，对扩大中外经济文化方面的交流发挥了重要作用。

宋初，同海外的往来是以京师开封为中心，对外开展多方向的联系。据《宋史·食货志》，雍熙四年（987）宋朝"遣内侍八人赍敕书金帛，分四路招致海南诸蕃"。除由汴河、真楚运河和江南运河下至两浙路沿海各港，与日本、高丽交通，以及继续南下广州与南海诸国联系的交通线之外，还有走广济河、济水东去登州与高丽交往的"京东路"，和由汴入河，转行渭水，西会中亚之传统的"丝绸之路"。但是，11世纪上半叶，由于北宋与北方的辽、西夏不断交恶，形势变化。先是"大食国每入贡，路由沙州西界，以抵秦亭（指甘肃天水一带）"。真宗乾兴初年（1022），西夏国主赵得明请求中西往来经由西夏境内，北宋朝廷未许。宋朝想到今后西方商旅使节来朝贡时易为西夏人抄掠，天圣元年（1023）遂从入内副都知周文质之请，令与西方交往，以后皆"取海路由广州至京师"（《续资治通鉴长编》卷一〇一），从此河西路绝。继而，碍于登州与辽境过近，高丽又"遣其臣金良鉴来言，欲远契丹，乞改途由明州诣阙"①，宋神宗熙宁七年（1074）从高丽

---

① 见《宋史·高丽传》。又，《续资治通鉴长编》卷三三九："天圣以前，使由登州入，熙宁以来，皆由明州。"案：宋神宗元丰元年（1078），北宋往高丽的使臣欲恢复登、密州海路，但恐商客冒请往高丽国公凭，却发船进入辽国买卖，最终作罢。以后凡非明州市舶司允许而过日本、高丽者，以违制论罪。

之请，一改"往时高丽人往返皆由登州"之旧例，悉行明州。由于宋朝政府不具有唐朝那种能较长地控制河西陆路交通线的能力，其政治、经济重心又偏于太行山以东，因此，宋朝更加倚重海上交通线从而与域外诸国进行经济与文化上的往来，运河作为京师与沿海港口的衔接线，发挥的作用是很明显的。其中汴河和江南运河是沟通自然河流最多、承担运输量最大的运河。《宋史·河渠志》说："汴水横亘中国，首承大河，漕引江湖，利尽南海，半天下之财赋，并山泽之百货，悉由此路而进。"沈括撰《扬州重修平山堂记》也说："自淮南之西，大江之东，南至五岭蜀汉，十一路百州之迁徙贸易之人，往还皆出其下。舟车日夜灌输京师者，居天下之十七。"因而宋代运河在中外交往中所起的作用，最重要的应该是汴河和江南运河这条主干。

北宋政府不断地改造、整治每一河段，包括重新建设汴口，导洛清汴工程；设闸置闸，水柜济运；开挖新河以避风涛之险。逐步完善这条沟通南北的运河机制。运河的畅通对江南经济的再发展又起了促进作用。运河沿岸商业都市迭兴，夹河列市，酒馔丰溢，诸色杂货，悉皆有之，对于过往的蕃商使臣也十分方便。故宋太宗雍熙四年（987）以后南北贸易往来"以陆路不便，悉从水路。……自此迄于宣和不改"（王栐《燕翼诒谋录》卷五）。北宋自广州市舶司设立之后又陆续在泉、杭、明、温、秀、密州以及江阴军增设市舶机构，这些地点大都处在运河沿岸，或有通航水道与运河连通。

宋代向海外的输出品除了传统的丝织品，主要是瓷器。北宋的制瓷业，无论制造方法、釉色花纹或式样品种都比前代大有进步。五大名窑的产品，做工精细，引得海外诸国争相购买。其中开封官窑、越州哥窑即在运河沿岸，其余三座北方名窑（定州定窑、汝州汝窑、禹州钧窑）的产品也要通过运河送至杭、明、广州出海。瓷器是易碎之物，陆运显然不如水运安全便利。宋代运河为中国瓷器由生产地装船直接运销日本、高丽、南亚、波斯湾乃至非洲、欧洲，提供了最便捷可靠的条件，所以瓷器一直是宋代对外商品输出中重要的压舱物[①]。

《萍州可谈》卷二云："海舶大者数百人，小者百余人……舶船深阔各数十丈，商人分占贮货，人得数尺许，下以贮物，夜卧其上，货多陶器，大小相套，无少隙地。"宋人梅圣俞有一首《咏汴渠诗》，其中写道："……天王居大梁，龙举云必随，设无通舟航，百货当陆驰，人间牛驴

---

① 宋代不少瓷器专为外销，外销瓷器虽然集中在闽、浙、广三地，但从南方瓷具有北方特征这一角度分析，当是由于北方瓷器皆由广州、明州、泉州出口带来的影响，朝鲜、日本更发现许多北方瓷器的产品。参见冯先铭《中国古代外销瓷的问题》，载《海交史研究》第二期；林士民《从考古发现看古代宁波》，载《文物》1979 年第 9 期。

骡，定应无完皮。"很恰切地指明了运河水运之便，如果没有运河做保障，大宗易碎瓷器从中原产地外销是很难设想的。

宋初从海外输入的物品分粗细二色，大部分要及时搬运入京，派官设场专卖。只有那些"粗重难起发之物"方可在原舶地"打套出卖"，但"不得取便至他州"。随着宋朝鼓励海外贸易政策的推行及运河的畅通，运河两岸经济发展，商业化都市大量出现，上述官买制度逐步放松。神宗熙宁七年（1074）正月一日诏云："诸客人买到抽解下物货，并于市舶司请公凭引目，许往外州货卖。"（《宋会要辑稿·蕃夷》）元符三年（1100）又应大食诸国蕃客所请，"诏应蕃国及土生蕃客，愿往他州或东京贩易物货者，仰经提举市舶司陈状，本司勘验诣实，给与公凭……"（《宋会要辑稿·蕃夷》）这样由南海远道而来的蕃商渐渐沿运河伸入国内其他地方，他们带来的香药、犀角、象牙、珊瑚充斥市场。

入宋朝贡或沿运河做买卖的海外使臣商人，以大食人和高丽人最多。11世纪前后，虽然作为统一的阿拉伯大帝国已经瓦解，但是波斯湾沿岸的阿拉伯世界，经济文化仍很繁荣。大食人继续东来，向中国皇帝贡方物以求赏赐，南海诸国遣使入贡者也不乏其人。

宋太宗淳化三年（992），阇婆国（即今爪哇）遣使陀湛等入贡，由明州入境，循运河至京师开封。

又，宋真宗大中祥符八年（1015）九月，注辇国主罗茶罗乍（Rajaraja）遣使娑里三文 (Solisamudra) 等奉表来贡："其使者舟行涉千一百五十里，乃达广州……上待其使者例同龟兹。明年，使还，降诏罗茶罗乍，赐物甚厚。娑里三文至襄邑县，以疾卒，因葬其地。上闵之，遣官驰往祭奠。"（《续资治通鉴长编》卷八五）据张星烺先生考证，注辇国即南印度之绰拉（Chola），乃珠利耶 (Cholya) 王朝之转音。据玄奘记载，此国初地，在今马达拉斯市（Madras）之北，本脑河 (Pennar) 之南。北宋时此国大盛，不断遣使臣携土物来宋[①]。案："襄邑"，即今河南睢县，是北宋京师东面汴河沿岸的一座县城。由此推知，娑里三文经行中国内地，当由广州北上，走始兴江（北江）一段水程至南雄，越大庾岭，出虔、吉、洪州，由赣水入长江，顺江东下真、扬，转行运河而至京师。

襄邑县东之邻县宁陵，曾是北宋的象苑，养南亚象多头。"有外国僧等来见，可拜"（成寻《参天台五台山记》卷三）。那些庞大的动物当也是由广州北上入运河舟运此地的吧。

古代中国封建王朝对外关系中的贡赐，实际上也是一种带有商业色彩的贸易形式。大食国使臣一次进象牙

---

① 张星烺编：《中西交通史料汇编》第六册，中华书局，1979年，第359页。

五十株，乳香千八百斤（《宋史·大食传》）；注辇国一次贡奉珍珠二万一千一百两，象牙六十株，香药三千多斤（《宋史·注辇国传》），而北宋回赐，有时竟达钱八万一千多缗，银五万二千两，可见贸易量相当可观。一些外国使臣就用宋朝回赐的大量银钱在京师开封或其途经之地购买本国王室贵族及本人所需之物，特别是中国的丝绸和瓷器。运河沿岸的杭、明、苏、秀、润、真州都是他们骈集交易之所，宋朝政府亦鼓励商人到使臣驻地馆驿进行贸易，有时甚至"诏宜多给舟，令赴阙"（《宋会要辑稿·蕃夷》），充分提供水运之便。当时，和宋朝进行贸易活动的国家和地区有五十多个。北宋在汴京设榷易署，把南海货增价卖给商人，听凭远销，其额曾达五十多万贯（《宋史·张让传》）。宋朝还允许中国商人将一部分南海舶来品如香药、珠宝、象牙转手卖与东方的日本、高丽。

由于10—11世纪日本藤原氏政权采取闭关锁国政策，禁止国人私自出海贸易，故日宋间贸易以宋朝商舶往来为主。宋商多在汴京的香药市场入货，经运河至两浙路出海，长途贩运至日本列岛，随船还带去产自中国的绵、绫、茶叶、瓷器和文具等物品，换回日本的沙金、硫磺、水银、绢布、扇子、屏风、刀剑等特产。有些宋商回来后，又循运河载日货到京师开封府市场出售，东京的相国寺就是一个繁荣的交易市场，那里有日本绘画扇，也有日本刀剑。相传北宋欧阳修欣赏日本刀诗有一句云："宝刀近出日本国，越贾得之沧海东。"越贾"指浙江一带的商人，他们当是循运河载刀来开封府市场出售的常客。

宋朝与高丽间的经济往来则是以高丽船频繁入宋为特点。尤其是宋神宗"待高丽人最厚，沿路亭传皆名高丽亭"（朱彧《萍洲可谈》卷二）。故"熙宁以来，高丽人屡入朝，至元丰之末，十六七年间，馆待赐予之费，不可胜数。两浙、淮南、京东三路筑城造船，建立亭馆……"（苏轼《论高丽进奉状》）高丽人便于舟楫，多载辎重，"泛海而之明州，则由二浙溯汴至都下"（朱彧《萍洲可谈》卷二）。宋代运河与海途相衔，为宋与高丽间经济往来提供了便利。高丽商将金银、铜器、绫罗、良马运入中国，换回大量宋缎、漆器、衣带、茶叶以至铜钱。鉴于高丽人日渐增多，政和七年（1117）宋朝在明州特别设立"来运局"，专门负责高丽司业务，备巨舰二艘，小船百余，供其使用。又增建高丽行馆于明州，即今宁波市镇明路宝奎巷（《宋史·高丽传》）。苏州是运河沿岸的一大都会，舟航往来，"珍货百物毕集于吴之市"，商贾使臣也纷至沓来，城内已无隙地安置，"近岁高丽人来贡，圣朝方务绥远，又于城中辟怀远、安流二亭，及盘、阊之外，各建大馆，为宾饯之所"①。

宋代运河不仅是中外经济往来的桥梁，也为文化交流提供了条件。据《东斋纪事》记载："天圣中（1023—1031）新罗人来朝贡，因往国子监市书。"高丽统一朝鲜半岛以后，每次遣使都要从中国搜求大量书籍，宋真宗以来，宋朝政府也多次向高丽使臣赐予中国典册，然后借助运河由京师舟运至明州出海。宋代造纸业和雕版、活字版印刷术发展很快，刻书业发达。当时在运河沿线出现了许多印书坊，如开封、杭州是北宋印刷业中心，其中尤以杭州的雕版"监本"最为出名。宋朝的民间商人常常于两浙路私刻、私印中国经籍，然后偷运至高丽出售。此事引起宋朝政府的关注，哲宗元祐年间（1086—1094），苏轼上《论高丽买书利害札子》云："福建狡商，专擅交通高丽……于杭州雕造《夹注华严经》，费用浩瀚，印版既成，公然于海舶载去交纳。"许多中国书籍流入高丽，对于朝

① 朱长文：《吴郡图经续记》卷上《亭馆》。案："盘阊"指宋平江府（今苏州）西南角之盘门和西北角的阊门。二门皆有水门，是江南运河进入苏州城内的主要孔道。接待来往官吏和外国使臣的馆驿就位于盘门内运河西岸。岸东是米仓和米市。沿城内运河直北，与阊门之间即繁华的商业区。那里还分布着接待过往僧侣的龙兴寺和景德寺。这条材料说明当时苏州城内已无法容纳众多的商使，不得不沿城外运河向两厢发展。今盘门外之吴门桥一带，阊门外沿上塘河至枫桥，两岸商业区当是从宋代开始形成的。

鲜文化的发展产生过很大影响。

随着宋船的往来，日宋间的文化交流也在进行，主要是佛教徒的互访。宋太宗太平兴国八年（983）日僧奝然、成算等搭宋商船浮海入宋，参拜台州天台山以后，坐船经汴河到宋都汴京，晋谒宋太宗，献上《日本年代记》《职员令》等书。然后又由汴入河，北上五台，西巡龙门，再转回汴京。太宗存抚甚厚，赐予宋版《大藏经》及中国典籍多部。雍熙三年（986）日僧复由汴河、江南河南下台州，寻宋船返国。数年后，寂昭、元灯诸日僧继踵而至，宋真宗分别授予大师称号，赐给紫衣，事后他们亦顺汴水下至江南，因爱姑苏山水，住持于苏州吴门寺多年不肯离去（《大日本佛教全书》游方传第三《成算法师记》、《宋史·日本传》）。

宋神宗年间，日僧成寻于熙宁五年（1072）三月带弟子七人搭宋商船赴宋，先登天台，后由运河来到汴京，并去五台山参拜。神宗亲自召问，"以其远人而有戒业，处之开宝寺"，并安排成寻与中天竺僧人宣梵大师会面。成寻带来了梵文佛经、奝然日记、慈觉大师的巡礼记等文献资料，他本人还写了一部《参天台五台山记》，生动详细地描述了北宋运河沿岸的景致、经济状况以及自唐以来入中国之日僧的行迹，为后人研究运河、研究日中文化交流史保存了珍贵的史料。

日本学者认为，入宋日僧的往来，改善了中国自唐末五代变乱之后典籍散佚的情况，宋人从入宋日僧携带的书籍中补足了原来的残缺，不少尚未传入日本的典籍又从中国装船东渡，日僧给入宋僧寂昭之通信，曾云："所谘唐历以后史籍，及他内外经书，未来本国者，因寄便风为望。商人重利，唯载轻货而来，上国之风绝而无闻，学者之恨在此一事。"（《皇朝类苑》卷四三）另外，此时传入日本的根据敕令刊刻的经籍，较之过去抄本"错简误字都会少些，印刷也格外清楚"，对以后日本刻书事业的影响也是不可低估的[①]。由此可见，在宋朝政府对外关系方面采取"开放政策"的背景下，运河对中国同海外各国间广泛的经济文化交流，是起到很大的推动作用的。

南宋由于淮河以北沦入女真之手，朝廷"经费困乏，一切依办海舶，岁入固不少"（顾炎武《天下郡国利病书》卷十二）。宋高宗也说："市舶之利最厚，若措置合宜，所得动以百万计。"（《宋会要辑稿·职官》）这个时期的运河在南宋控制之下的虽然只剩下淮河以南的部分，但是由于临安"行都左江右湖，运河通流，舟船最便"（耐得翁《都城纪胜》）。运河得以较充分地发挥作用，维系首都与

---

① 参见〔日〕木宫泰彦：《日中文化交流史》第二章第八节。木宫先生认为，奈良朝以后一度断绝的日本刻板事业从奝然回国不久（约公元 11 世纪）再度昌盛，最大的原因是奝然带回印本《大藏经》。

各海港的交通运输，使"余杭、四明通蕃五市，珠贝外国之物，颇充于中藏"（《宋史·地理志》）。由于宋廷南迁和宋金战争的影响，海外贾船再把长江沿岸作为到发地已多有不便。故南宋孝宗、光宗期间先后裁撤杭州、江阴、温州和秀州青龙镇的市舶务，"惟庆元得受而遣焉"。庆元府，即明州，绍熙五年（1194）改。显然，明州一度成为两浙路唯一的通商口岸。

这个时期，钱塘江口河道已经发生变迁，主流趋北，海宁县南四十余里尽沦为海，江道多沙洲，行船不便。"浙江之口，起自纂风亭，北望嘉兴大山，水阔二百余里，故海商舶船畏避沙潬，不由大江，惟泛余姚小江，易舟而浮运河，达于杭、越矣。"（姚宽《西溪丛语》卷上）迫使南宋对浙东运河的依赖加强了，朝廷不得不从南迁之初就着手改造运河。浙东运河通航条件的改善使海商频至，沿线城市市井繁荣。像明州，"南则闽广，东则倭人，北则高句丽，商舶往来，物货丰衍"（《乾道四明图经》卷一）。百货凑集，四方商舶停满三江口。12世纪末，日本开始奖励海外贸易，"倭人冒鲸波之险，舳舻相衔，以其物来售"（《开庆四明续志》）。西亚波斯湾商人也有不少人由南海直航明州登岸，"波斯馆"（宁波车轿街南巷）、"清真寺"的名称也陆续在城中出现。越州（绍兴元年［1131］改为绍兴府），则从隋唐以来的衰落趋势中重新振作起来，城内栋宇栉比，舟车穿梭，一些宗教寺观竟演变成市场：

"开元寺，在府东南二百七十步，岁正月几望为灯市，傍十数郡及海外商（贾）皆集，玉帛珠犀，名香珍药，组绣髹藤之器，山积云委，炫耀人目，法书名画，钟鼎彝器，玩好奇物亦间出焉。士大夫以为可配成都药市。"（《嘉泰会稽志》卷七）

总之，无论北宋定都开封，还是赵构节节南撤，直到偏安杭州一隅，都始终不肯远离运河一步。由此可见运河是多么重要了[①]。

### 三

以上我们粗略地考察了唐宋运河对于中国和东、西方各国经济、文化交流的作用。不难看出，随着中国政治格局的变化和东方传统贸易品种的转换，由唐入宋，对运河的依赖逐步加强了。唐宋运河系统的出现，使中外交往中传统的西北陆路交通线——丝绸之路东端终点，由长安通过运河向东南延伸，与南海交通线及东方（朝、日）海上

---

① 南宋时期，福建泉州由于远离宋金战场，没有受过战争破坏，本地区社会经济的发展，如铜、茶、制瓷、造船业等为泉州港对外贸易迅速崛起，提供了有利的物质条件，泉州亦有陆（水）路与临安及两浙路相通，遂在南宋中期以后变成中外海上交通的重要门户，因其位置离本文论述的运河较远，姑置不论。

交通线衔接起来，使东西方政治、经济、文化交流得以在较高的水平上实现。

古代中国沿海贸易港口皆有一个显著的特点：紧临一条受潮汐影响而又能通航的大河。比如：广州与珠江，泉州与晋江，福州与闽江，温州与瓯江，明州与甬江，杭州与钱塘江，秀州青龙镇与松江，真、扬、润州及江阴军与长江，楚州与淮水等。这个共同的特点是中国沿海城市由单纯的政治军事堡垒转变为商业性贸易口岸必要的自然条件。但是并非任何一座沿海临河的城市都能发展成贸易港口，也并非每一座城市发展成沿海通商口岸之后，能长期保持繁盛不衰。只有那些既具备了上述必要条件，又具备一条与内地联系的、畅通的水（陆）路交通线，才能保持对外商港的活力。前一个必要条件，自然因素占的比重大一些；后一个必要条件，则主要靠人为的因素。据此，我们考察唐宋运河在中外交往史上的作用时，就不难发现，正是这条运河把古代中国东部具有海港条件的城市：明、杭、苏、秀、润、真、扬、楚等州所濒临的大河沟通，使她与中国腹地的政治权力中心连接起来。广州、泉州则是通过一些经过整治的天然水道和陆路与运河相接，再与中原沟通。从而使上述那些城市能在唐宋时代的几百年中发展成为繁荣的对外贸易港，成为中国与海外诸国开展海上政治、经济、文化往来的门户。

用人工水道将天然河道连接起来，开辟水运交通线路，能比单纯的陆路运输发挥出更大的效益。在古代生产力水平比较低下的情况下，情况更是如此，"凡东南邑郡，无不通水。故天下货利，舟楫居多"。唐宋运河带来的商品交流，在一定程度上促进了中国封建经济的发展。这个时期的丝织工艺、陶瓷制造术、建筑术、造纸印刷术、指南针以及各种文化书籍向海外传播，对世界经济文化的发展是一个巨大的贡献。唐宋时期又是一个对外开放的时代，流通条件保证了海外贸易政策的施行。众多的异国人出入中国，还有一些羁留境内，他们给唐宋社会的文化、经济、政治诸方面带来了巨大影响，使古代中国的文化内涵日益丰富，科技水平日渐提高。中国的科学技术与文化又随着外国使臣和蕃商的归去而传之域外。这一切，都有运河的作用。

在唐宋时代，古老的亚洲大陆两端，阿拉伯人依靠两河流域的古驿道和地中海，把"丝绸之路"与海上瓷器之路在西方的两个终点结合起来，并把它延伸到北非和欧洲。在亚洲的东端，勤劳的中华民族则依靠运河来沟通祖国的自然水系，使横贯亚洲大陆和海洋的古代交通路线在东方的终点闭合并延伸[①]。尤其当亚洲内陆政治形势的变化使传统的陆路交通时断时续，逐渐衰落，而海上运输随

① 参见〔日〕桑原骘藏著，冯攸译：《中国阿剌伯海上交通史》第一章，台湾商务印书馆，1971年。

着中国外销产品种类的变化日益成为中国对外政治联系和经济文化往来的主要渠道时，运河的作用就更加显著。当人们从这个角度考察唐宋运河在中外交流史上的地位和作用时，就会感到中国古运河对整个人类社会的发展，乃至对现代文明世界的形成，都具有重大意义。

（原载《运河访古》，上海人民出版社，1986年）

第三辑　田野踏查

# 滏口、太行二陉考察散记

1980 年春，田余庆先生在北京大学文史楼给历史系学生讲课，讲的题目是"吴魏广陵之役与中渎水道"。那次是我在上大学期间第一次聆听田先生讲课，也是与先生初识。当时我曾向先生请教：东汉末、三国时期江淮之间能够行船的水道，是否利用了一些天然形成的潟湖。先生对我的问题很感兴趣，问了我上大学之前的经历，并鼓励我今后研治历史地理问题。大学毕业后，1984 年有幸与田先生、吴宗国先生一起参加唐史学会组织的唐宋古运河考察，从 7 月 14 日至 8 月 7 日，与先生朝夕相处 20 余天。先生耳提面命，旁征博引，使初涉学门的我眼界大开，受益颇多，迄今享用不止，从此坚定了治舆地之学的方向，也养成了解读文献与实地考察相结合的治学之法。

2002 年 4 月和 2013 年 8 月，我曾两次去山西晋东南考察，亲睹"太行八陉"的滏口陉和太行陉之雄险，现综合文献与考察时的体会撰写散记，就教于田先生和曾经与我结伴同行考察的学友。

　　盘亘于山西、河北、河南三省交界地带的太行山脉，北接五台、恒山、燕山，南连王屋、中条山，一般海拔1500—1800米，绵延400多公里。在地质史的新构造运动中，太行山体大幅度抬升，其东侧为大断层，陡然高出华北平原1500米以上，山势陡峻，河流下切强烈，河谷曲折。其西侧缓缓倾斜，过渡为海拔1000米以下的低山丘陵。山西有许多条河流切穿太行山，自南而北有沁河、丹河、漳河、滹沱河、沙河、唐河、桑干河等，于是形成数条穿越太行山而出的峡谷。可是这些峡谷被流水深切，河床内砾石嶙峋，平时干涸，雨后洪水来势迅猛，并不利于人马通行，因此古代穿越太行山而进出的交通道路一般不选择太行山河谷，而是多利用山脊的隘口，其中最著名的要算史书中记载的"太行八陉"。

　　《元和郡县图志》卷十六"河北道怀州"记："太行陉，在县西北三十里，连山中断曰陉。《述征记》曰太行山首始于河内，自河内北至幽州，凡百岭，连亘十二州之界。有八陉：第一曰轵关陉，今属河南府济源县，在县理西十一里；第二太行陉，第三白陉，此两陉今在河内；第四滏口陉，对邺西；第五井陉；第六飞狐陉，一名望都关；第七蒲阴陉，此三陉在中山；第八军都陉，在幽州。"

　　"太行八陉"虽然代表穿越太行山进出山西，与河南、河北相联系的最重要的八个通道，但是历史上并非仅仅有这八个陉口可以翻越太行，譬如林县玉峡关、和顺县马岭关、左权县峻极关、阜平县龙泉关等，也都是维系太行山脉两侧华北平原与山西高原进出的交通孔道。

何为"连山中断曰陉"？"太行八陉"是否每一个陉都是连山中断？不身临其境，实在是难以理解。

## 一、穿越滏口陉

滏口陉，据《元和郡县图志》卷十五"河东道·磁州"载："鼓山，一名滏山，在（滏阳）县西北四十五里。滏水出焉。泉源奋涌，若滏水之汤，故以滏口名之。八陉第四曰滏口陉，山岭高深，实为险厄。"滏口按文献所指即今河北省磁县西北的石鼓山口，因为是滏阳河上源，故称。谭其骧《中国历史地图集》将滏口标在武安县城南三十里的鼓山。《后汉书·郡国志》载："邺有滏水。"刘昭注引左思《魏都赋》曰："北临漳、滏，则冬夏异沼。"注云："水经邺西北，滏水热，故名滏口。"《冀州图经》载："壶口东出相州滏口，谓之嶂口，地形险要，自昔为噤喉之地也。"战国时，秦军由滏口陉东出，直接威胁赵国都城邯郸。魏晋时，因其东出之口正好对着邺城（今河北临漳西南），是进出晋东南长治地区的要道。十六国时，后燕慕容垂顿于邺之西南，遣慕容楷一军出自滏口，另遣慕容农一军入自壶关，进攻盘踞在长子的西燕慕容永。慕容永谓慕容垂诡道伐之，其军必自长子南面的太行陉而入，乃摄诸军还堵太行、轵关。垂入自天井关，与慕容永战于壶壁之南，大胜之。此次战争共涉及了"太行八陉"之三个陉。从上文可知滏口陉既"对邺西"，历史上邺城与磁县相距咫尺，可以视为一途，又连邯郸；滏水出山之口在今河北邯郸市峰峰矿区西纸坊村南（北纬 36°25′34.54″、东经 114°11′38.59″，海拔 143 米），滏山的最高峰只有海拔 846 米，山隘肯定会低一些，与南山之间谷宽数百米，历史上真的那么险峻吗？那么滏口陉究竟在何处？还是从我们考察所见谈起吧。

2002 年 4 月 27 日至 5 月 4 日，北京大学中国古代史研究中心组织晋南史迹考察队，赴山西长治、晋城、新绛、运城等地考察古代交通道路、城址、寺庙，收集碑刻资料。考察队由李孝聪、王小甫、罗新、张帆、郭润涛、臧健、李新峰、葛承雍、叶炜、王淑华等教师，博士后朱玉麒，研究生成一农、刘新光、邱新立、王鹏、王颖、许曼、易素梅等 18 人组成。考察从邯郸火车站起行，沿邯（郸）武（安）公路向西北进发，车行半小时后，过武安县城。南望石鼓山，并不高峻，很难认定这里就是滏口陉。因武安以西的 309 国道塞车，汽车在磁山镇转入旧道 314 公路，国道一直向西穿山，旧道则沿洺水东岸向北行。至阳邑镇西转，过洺水桥，桥西山崖下有一座小庙，想必为祈福平安而建，右侧为邯长铁路，左侧为接近干涸的河床。公路沿着青塔干渠东侧与邯长铁路并行向前，路渐狭窄，进入太行山前的下伏地带，多低山浅丘，这里已属于涉县界。公路经西戌镇、鸡鸣铺、偏店、井店镇，进入涉县县城。这条老公路沿途多市镇、店铺，从地名也能够看出来，应当是一条古代驿道，因为凡店镇所在，市街都比较繁华，由此逐渐进入太行山腹地。涉县县城位于清漳河畔一个并不宽阔的谷地，车至十字街左拐，出城转入309国道，跨越清漳河。清漳河大桥已改为水泥预制板桥，桥东是涉县城关镇，桥西是河南店镇。涉县西北20公里左右为清漳河切穿太行山一段高山峡谷，地名石门，入山西辽县（今左权）境即抗战时期八路军的根据地麻田镇。由麻田镇至石门是一段比较窄的深切峡谷，不堪行走，清漳河因为沿岸是基岩，夹带的泥沙不多，水质较清，故与从山西长治穿越黄土塬流出来的浊漳河清浊有别。由石门至涉县，是清漳河谷中的一段冲积、洪积盆地，涉县县城刚好位于这块比较宽阔的谷地中，有条件发展农业来支撑城镇的成长。清漳河向东南流，进入胡峪，河道又变窄，下游汇入浊漳河。所以涉县在太行山是一个可进可退的小盆地，在军事上有一定的地位。

越过清漳河经河南店、椿树岭、神头、响堂铺，公路沿着溪流蜿蜒上山，山势越来越陡，神头、响堂铺一带曾经是抗战时期徐向前指挥八路军伏击日军的战场。再经过下湾，此处是河北省与山西省分界；经上湾、小口，溪流到此已是尽头。车停小口，向一老汉问路，答曰："隘口就在上面五里处。"小口村是由山西越过太行山老壶关，向东下山的第一个村落，还保存着一些有砖雕的老民居。山泉在此地涌出形成溪流，所以在这里出现村落是很自然的。

从小口上行，17点30分到达太行山东西两侧的分水岭，车停在岭口，树木不多，山风习习，雨丝飘散，略有寒意，徒步登岭观察。现在的309国道是在山梁白色岩石上开凿出宽不足十米的隘道，而紧邻隘口的南侧，还有一条更窄的深沟，长满荆棘，似乎就像山体上的一条裂缝，几乎可以跨越，因其险峻而未能探测其深（北纬36°31′50.34″、东经113°30′34.00″，海拔838米）。当地人告知：这就是"吾儿峪"，又名老壶关。史载：古壶关，在（黎城）县东二十五里[1]。这条深陷的隘道向东与从小

---

[1] 吾儿峪，又名吴儿谷，《左传》哀公四年（前491）载："（齐）国夏伐晋，取邢、任……盂、壶口，会鲜虞……"《元和郡县图志》卷十五谓："取八邑，有盂口，盂口即壶口也，声相近，故有二名。"《资治通鉴》卷二百八十：后晋天福元年（936）"（赵德钧）乃自吴儿谷趣潞州，癸酉，至乱柳"。《元史》卷一百四十一《察罕帖木尔传》：至正十八年（1358）察罕帖木尔"乃分兵屯泽州，塞碗子城，屯上党，塞吾儿谷，屯并州，塞井陉口，以堵太行诸道"。上党即今长治，吾儿谷指此处太行山隘口。世人指今长治市东南壶关关山为壶口关，实误读。《金史·地理志》下潞州："黎城（县）有白岩山、故壶口关。"白色的岩石与考察所见正相符合。

口村蜿蜒而上的 309 国道正好衔接，国道为了减缓坡度，在与古道衔接处向东北回转了一个大弯道。我们认为用这条地缝隘道来解释文献描述的"连山中断为陉"是非常恰切的，这里才是真正的滏口陉！太行山隘口的南北两侧，现有碎石垒筑的长城遗迹，绵延至山巅。这段石砌长城应当属于明代沿太行山岭修筑内长城的延伸。

自太行山岭隘口向西行，下山的路坡度很缓，与太行山东面的陡峭大不一样。当地又名皇后岭，地貌为黄土丘陵，约二三里至东阳关镇。镇街狭长，很多老房屋挖有窑洞。东阳关是明代守卫滏口陉的驻军地，古黎侯国故址，1938 年 2 月川军李家钰部曾经在东阳关与进犯的日军血战。明代以"东阳关"指称太行山岭的隘口，壶关之名不彰，新壶关则另有所指。由东阳关向西约六里，是一片黄土台地，公路左侧有地名曰上台北、下台北，曾经是潞子所立之台壁城。《水经·浊漳水注》称："本潞子所立也，世名之为台壁。"近人讹称台壁为台北。根据此处比较宽阔的黄土台地来看，在台壁修筑军事城堡是有相当基础的。

车行 10 公里，至黎城县城；又 10 公里，过浊漳河大桥，这一段仍走老公路，未走国道，路行曲折，傍山而修，浊漳河大桥为券拱石桥。石桥建在漳河比较窄的一段，桥以下河势渐宽。路左有古潞氏国城址及墓地遗址，我们未前往考察。此段公路在丘陵间盘旋，车行甚慢。过漫流河，经微子镇至潞城，天色已暗，方转上 309 国道。20 点 30

分至长治市已是掌灯时分，结束了这次滏口陉、壶关古道的考察。

## 二、漫步太行陉

太行陉，又名"天井关""太行关""丹陉"，在今山西晋城市南约25公里，当太行绝顶。"太行陉阔三步，长四十里"，其北口有天井关，又名太行关；南口有碗子城，其间有长四十里、阔三步之羊肠坂道相连，是上党地区南出的主要通道。《元和郡县图志》卷第十五："天井故关，一名太行关，在（晋城）县南四十五里太行山上。"[①]历史上当地人根据从河南怀庆府（今河南沁阳）北来，翻越太行山到山西泽州（今山西晋城）的三个不同的出发地，将太行古道分为三条路径：（1）常平道，从河南沁阳市常平乡上山，途经碗子城、风门、大口隘（村）、油坊头、草底铺、拦车镇、晋庙铺至天井关。（2）爻头道，自河南沁阳市爻头村上山，那是一道与大口村近乎平行的一道南北

① 《元和郡县图志》卷第十五"潞州·襄垣县"条下记："天井关在县东南四十里。置在天井谷内，深邃似井，因以为名。魏武初迁邺，于此置关，周建德六年废。"同卷分记两个天井关，距两县城的方位、里数亦相近，疑此天井关为错简而误置于襄垣县条下。

向山梁，经斑鸠岭、风口、小口隘（位于小口村南的山梁上）、营坊门、奎道对、黑石岭至草底铺，与常平道汇合，经拦车镇、晋庙铺至天井关。（3）丹河道，自河南沁阳市城区沿着丹河谷入山，自大箕镇的两谷沱村西转，改由白水河谷上溯，直抵晋城。前两条常平、爻头古道虽以大口隘、小口隘分途，但是在太行山上的草底铺二道汇合而一，都经过拦车镇、天井关至泽州，所以此两道应同属于太行陉古道。丹河道，因丹水横穿太行山，峡谷下切很深，水流湍急，不宜军旅。北朝时期曾经兴修栈道，终不能视为常途，清朝用于民间商旅。太行陉自春秋、战国、汉、唐、五代、宋、元、明以来一直为兵家必争之地，史书频频记载。如今333号省道依然是晋豫省际间主要的公路，十分繁忙。

2013年8月借台湾"中研院"史语所和北京大学中国古代史研究中心合办史学夏令营之际，师生们组成考察队来到晋城市考察太行陉。8月11日下午出晋城市南关走207国道，途经大箕镇，桥西有天主教堂，过桥后公路开始上山。至天水岭转入333省道，考察队的汽车完全在太行山梁上行进，傍晚六点左右遭遇电闪雷鸣，疾风骤雨，路边树木被刮倒数株。待到风雨稍苏，天色已黑，无法再去大口隘、碗子城，全队师生悻悻而归。我们实在不甘心放弃太行陉的考察，次日午后请当地文物部门同志引路，约邓小南老师一同再上太行。这次先走一段高速至天水岭收费站，下高速顺盘道驶上太行山梁。一路经过沙石堡、石槽、晋庙铺、拦车镇、草底铺、山尖村、油坊村至化布施桥，发现当今的晋豫省际公路基本上从沿路村镇的外边经过，而羊肠坂古道则是穿村过巷。我们在大口村与晋城市天井关文管所的同志会合，由他带路直奔碗子城。

碗子城，在大口（隘）村南四里，位于太行山隘口的下方，南距河南沁阳市 26 公里（北纬 35° 15′ 10.67″、东经 112° 55′ 1.93″，海拔 753 米），明清两代曾经设过关卡。《雍正泽州府志》云："碗子城，县南九十里，太行绝顶。群山回匝，道路险仄，中建小城，隐若铁瓮。唐初筑此，以控怀泽之冲。其城甚小，故名。又以其山险峻，形如碗然，云碗子城山。羊肠所经百折，中有平地仅亩许。"现存城垣用方石垒砌，开设东西两券拱石门，比较完整，显然是最近刚刚修复，只有城基的白色大石能够显现昔日之旧物[①]。大块平石铺就的羊肠坂道从山隘蜿蜒而下，穿过碗子城，再折回西南山下，与老公路会合。老公路宽 3 米余，系碎石铺成，新的 333 省道在老公路下方 60 米，上行、下行分道行驶。据当地文物工作者介绍：老公路以羊肠坂道作基础，日本侵华战争期间曾经拓宽，一直作为

---

① 咸丰十一年（1861）蒋琦龄的《增修太行碗子城记》叙述凤台知县阮棻增修碗子城事，见《晋城金石志》，海潮出版社，1995 年，第 828—830 页。

晋豫省际公路使用到 20 世纪 60 年代末。距碗子城咫尺数步的西南石崖上刻有"古羊肠坂"四个大字，羊肠坂道一侧石崖尚保存着元朝至元二十一年（1284）开窟入役的摩崖题记。顾祖禹云太行陉"明正统中宁山卫指挥胡刚凿石平险，以免折轴摧车之患"，其实，建隆元年（960）宋太祖赵匡胤亲征泽州李筠，因碗子城山多石不可行，太祖先于马上负石，群臣六军皆负之，即日平为大道。看来平整太行陉道的工役实早于明代。

离开碗子城，我们沿上行道返回大口村，转入晋豫省际公路的下行道，经庙湾村至背泉村下车，考察羊肠坂道上一座重要的铺镇：横望镇。横望镇，位于天井关村南 12 公里的太行绝顶，雍正《泽州府志》载："横望隘，在（泽州）城南八十里，即狄梁公望云（思乡）处，因名。南距碗子城十里，明洪武二年置巡检司。"横望镇是一座平面呈方形、全部用条石砌筑的石城（北纬 35° 16′ 18.82″、东经 112° 54′ 8.18″，海拔 843 米），修筑于横岭隘口，南北长 34 米，东西宽 29 米，城墙残高 5 米，厚 7 米，开南、北二券拱石门。此城北城墙向东与东西向的横岭相连，延伸数百米，东岭上有北齐古长城遗址。羊肠坂古道穿横望镇城而过，南、北门外古道两侧数百米尽是民宅和商铺。如今当地老百姓称横望镇城北门外为背泉村，城南门外为庙湾村，再稍南即大口村，三个村子皆在羊肠坂道上，已经连成一线。横望隘、大口隘的地望实际都指横岭的隘口。

离开横望镇，过化布施桥、油坊、山尖、草底铺，向西转入拦车镇古街，一路都行驶在太行山顶上。拦车镇，俗传孔子将入晋，回车于此，故又称回车镇，乡音讹作"狼车"。镇街长达一公里，街道两侧店铺林立，富商宅院鳞次栉比。房屋建筑多以青石作基础，青砖到顶，两层楼阁，大门轩敞。镇街南北各筑一券拱式镇门楼，北门（北纬 35° 18′ 51.63″、东经 112° 50′ 40.52″，海拔 928 米），匾额"晋南屏翰"，旁立"项橐拦车处"石碑，另保存光绪十九年（1893）庠生韩识荆所书门额"拦车镇"。

出拦车镇北门，经山尖、晋庙铺、石槽、沙石堡，来到天井关村。天井关，又称太行关（北纬 35° 21′ 9.74″、东经 112° 48′ 58.19″，海拔 948 米），历史上曾名雄定关、平阳关，位于太行山绝顶，北距晋城市四十里，因关南有三眼深井而得名，系羊肠坂道的北起点。从古道与新公路分途的南口至天井关外的北口，关街弯弯曲曲，绵延一二公里，与拦车镇相似，街道两旁尽是铺面房，可以想见昔日多么繁盛。据文管所同志介绍，近些年来老百姓将自家的房子盖在旧日的石板路上，现在的街道已经不是当年的羊肠坂，而是在古道西侧重修的。在两座宅院之间，我们找到了昔日的羊肠坂，上面留有深深的车辙痕。天井关关门位于关街中部，先看见道旁竖立着康熙年间的"孔子回车之处"碑，原建有孔子庙，未见踪迹。由此左转一个弯道，天井关蓦然矗立眼前。关门修成西北—东南走向，用条石作基础，以小青砖砌筑，为木结构门楼，饰以砖雕，硬山顶覆板瓦。较有特色的是，其门道为抬梁式，东南面却砌了券拱式门，上嵌光绪戊申（光绪三十四年［1908］）石刻"天井关"门额；西北面没有门额，有登城踏道，看得出是不同时代所修筑。如果单纯从城门来看，却很难指认哪个方向是内，哪个方向是外。按《通典》所云"关前有天井泉三所"，则东南方向的太行山羊肠坂古道可看作关外，山西泽州方向应视为关内。

由关城向北望，太行山逐渐低伏下去，也就是说自泽州南走至此，太行山高度陡升，因此若控制翻越太行山的道路，其北口必然在此设关。当然也可以视为防堵从南面羊肠坂而来欲入泽州的人马。天色渐暗，我们穿过关门，下山返回晋城市，结束此番考察，那么是否也可以算作进入天井关了呢？

## 余论

### 西汉壶口关的位置

《中国历史地名大辞典》指壶口关在今山西长治市东南壶口村，引用的证据是《汉书·成帝纪》：阳朔二年（前23）"秋，关东大水，流民欲入函谷、天井、壶口、五阮关者，勿苛留"①。我认为作者理解壶口关的位置有误，或者说不应该用此史料为证据。西汉的"关东"指函谷关以东，泛指太行山以东之平原地区，常遭遇河水之患。当时，流民欲入之四关，除函谷关，天井关即太行陉、壶口关即滏口陉、五阮关即今河北易县紫荆陉。皆应指位于太行山脉的陉口，显然不是今长治市东南壶关县的壶口关，而是指滏口陉所在的老壶关。

### 明清星轺驿之所在

明朝在山西泽州与河南怀庆府间的太行驿路上设过星轺驿。杨正泰先生撰《明代驿站考》书中考订星轺驿在今山西晋城县南晋庙铺②，我似感其地望有误。星轺驿一名最早见于《金史·地理志》载"旧又置星轺镇"③，不知根据何在。晋庙铺，位于晋城市南23公里，系今太行山顶道路中间最大的城镇。可是，晋庙铺的名字出现比较晚，至少雍正《泽州府志》没有记载。据《晋城市地名志》记

---

① 史为乐主编：《中国历史地名大辞典》，中国社会科学出版社，2005年，第2059页。

② 星轺驿，属潞安府泽州，洪武二年（1369）置，在今山西晋城县南晋庙铺。见杨正泰：《明代驿站考》（增订本），上海古籍出版社，2006年，第36页。谭其骧《中国历史地图集》未标。

③ 《金史·地理志》"泽州晋城"："有太行山、丹水、白水、天井关。镇二周村、巴公。旧又置星轺镇。"

述：村子原名铺上，在山沟里。20世纪中叶，铺上村民由沟中迁至太行山顶的公路边，因该地古属晋国、附近又有孔庙，而改为晋庙铺。当地人讲早先这里并不重要，后来因其地面较平阔，所以镇政府就移到这里来办公。雍正《泽州府志》卷七关隘条，记"天井关在（泽州）城正南四十五里，星轺驿在（泽州）城南六十里，距关南十五里，即拦车镇"。晋庙铺距泽州城四十六里，显然与文献所载里程不合。

台北故宫博物院保存着清康熙编制《一统志》时（1683—1688），由山西巡抚呈进的《山西全省道里图》，图上用黄色实线表示道路，凡主要驿道沿途墨绘铺房，注记名称及与相邻州、县的里程。图上描绘晋东南驿道：自河南怀庆府河内县入，穿横望镇，经牛房铺至星轺驿，注记"星轺驿铺至怀庆府三十七里，至（泽）州五十里"；然后再画驿路经天井关铺，入泽州城南门。横望镇，前文已述；牛房铺，即我们考察经过的油坊村，接下来就是拦车镇，其间再无驿铺，因此星轺驿应当就是拦车镇。

**滏口陉与天井关形势之比较**

滏口陉所在的山西长治市境内太行山东侧有宽百余里的低山丘陵地带，太行陉所在的山西晋城市境内太行山南侧山势陡降，低山丘陵地带宽仅十余里，两地形差距如此之大，导致两陉口关隘的形势也颇有差异。滏口陉的险要地点在东阳关东的太行山陉口，即唐代的吾儿峪，历代军事活动基本上属于单方向的从山西向河北方面的防御。太行陉则不同，其在太行山上有 20 公里长的羊肠坂道，需要控扼的地点有二：南守碗子城，北拒天井关，两关城外皆陡坡。所以，太行关的历代军事活动属于双方向的：山西要在碗子城一线布防，抵御来自河南的仰攻；从河南上来的军队又必须控制天井关，才能避免山西境内势力的南下。《战国策》"北垄太行之道，则上党之兵不下"，道理就在于此。

另外，山西泽州"东西一带诸山虽各因地立名，实皆太行也"。太行山各条山岭均有道路可通南北，留下不少城址山寨，如碗子城东面的山腰上有"孟良寨"遗迹，小口（隘）村下方的道旁有"焦赞城"遗址，这些城址或许都是为控扼太行山道而筑，其修筑的时代也未必皆始于北宋末年反抗金军的河北义军。

# 杀虎口在历史上的孔道与平台作用

## ——兼谈山西右玉的地缘政治形势

历史上同处于雁北的云（大同）朔（朔州）二州经常连指，这个看似整体的地区，实际上却包含着两个自然地貌差别颇大的区域：一个是位于桑干河流域，由大大小小的冲洪积平原组成的云（大同）、朔（朔州）盆地；另一个是处于吕梁山北部下伏地带、晋北波状黄土高原的平鲁、左云和右玉。两个地区西高东低，如唇齿相依，历史上许多事情都发生在这两个相邻的区域，彼此之间从不分离。

位于晋北波状黄土高原的右玉，因为控扼着北通蒙古草原、河套的关口（历史上曾经称作参合陉、杀胡口、杀虎口、西口）①，缩毂通往东、南、西、北四个方向的交通，从而令该地区的地缘政治地位一度很高。

## 右玉县境内三座汉代城址

历史上，在今右玉县境首次出现地方行政建置是战国赵武灵王设立的雁门郡，并被统一后的秦、西汉继承。雁门郡治所善无县城址已经被考古工作者认定为"与现在的右玉城相重叠"②。城址位于由南向北流淌的沧头河东岸阶地上，北距杀虎口10公里，"南北相距约2000米，因沧头河水将西城墙冲毁"，东西城距难以实测，仅从略呈方形的城址平面估算，雁门郡治善无县城周回6—8公里，

---

① 参合陉，《水经注》卷三河水三："沃水又东，径参合县南，魏因参合陉以即名也。北俗谓之'仓鹤陉'，道出其中，亦谓之参合口。陉在县之西北，即《燕书》所谓'太子宝自河西还师参合，三军奔溃'，即是处也。"杀虎口，明人称杀胡口，清初始改为"杀虎口"；所谓西口，即指晋蒙交界处之右玉、和林格尔、凉城三县交会地右玉县境内著名的长城关塞——杀虎口，因其与东边的张家口相对，故俗称其为"西口"。
② 右玉县志编纂委员会编：《右玉县志》，中华书局，1999年，第634页。（按：今右玉镇为右卫镇城。）

规模比周长 4.5 公里的明代大同右卫城要大①。善无县故城墙体"为黄色花土夯筑，夯层厚 7—8 厘米，夯层明显，土质较硬"。城内到处可以采集到裸露在地表的汉代陶片，出土有带"千秋万岁"铭文及云纹的汉代瓦当，文化层中还发现五铢钱；在古城周围的黑洲湾、红旗口、南园、西窑沟、南梁、黑流堡等地分布着大量的汉墓群，距离不出 5 公里范围之内，表明右卫镇城曾是汉代的城址。那么是否一定是西汉雁门郡治善无县城？今右玉县境内还有两座汉代城址：一座位于县境北部的破虎堡村东 1 公里兔毛河上游北岸，现存长方形城址，东西长 1000 米，南北宽约 500 米，周长约 3 公里；城墙夯层厚 7—10 厘米，古城内外散落大量汉代云纹瓦当和陶片，考古工作者判定该古城为西汉雁门郡沃阳县城遗址。另一座位于今右玉县城西南 12.5 公里树儿照村西北的沧头河水（中陵川水）西岸，东北距威远堡 2 公里，现存城址为长方形，东西二城并列，东西长 1500 米，南北宽 900 米，周长约 5 公里；城墙夯层厚 7—10 厘米，城址东南部文化层残存大量云纹瓦当、陶片、五铢钱等汉代遗物，古城周围散布众多汉墓群，考古工作者判定该古城为西汉雁门郡中陵县城遗址。

---

① 雍正《朔平府志》卷四："洪武二十五年初设定边卫，筑城，未几省；永乐七年复设大同右卫，筑完。……万历三年砖包，周九里八分。"现右卫镇城墙实测东西 1117 米，南北 1460 米。

由于谭其骧主编的《中国历史地图集》(第二册，1982年版)、山西省地图集编纂委员会《山西省历史地图集》(2000年版)都将秦汉雁门郡治善无县城址标绘在今右玉县城西南的汉中陵县城遗址的位置，而将汉中陵县城址标绘在今山西朔州市的平鲁城北，导致理解上的歧误。据《水经·河水注》记载："河水又南，树颓水注之。水出东山，西南流，右合中陵川水。水出中陵县西南山下……东北流，径中陵县故城东……又西北流，径善无县故城西。"《水经注》所载中陵川水(旧称兔毛河，今沧头河)之河道及其与汉代中陵县、善无县故城址的位置关系，同上文所描述的威远堡西南2公里的古城址和右卫镇古城址完全相合。比较右玉县境三座汉代城址的周长，显然压在右卫镇城下面的汉代城址规模最大，因此，考古工作者认定雁门郡治所善无县城址在今右卫镇城的位置是正确的。《中国历史地图集》和《山西省历史地图集》所标位置皆误。

从自然地貌环境来看，平鲁城地处晋北高原，顾祖禹《读史方舆纪要》指出该城："北面高山，东西岗阜环绕……《边防考》：其地寒苦瘠薄。"山丘连绵，沟壑纵横，只有今平鲁区政府所在之井坪镇附近有小片平地。地理条件不适宜大面积的农业耕作，古代没有农业也就难以支撑城市。因此，汉代没有可能在今平鲁城附近营造中陵县城。反之，中陵川水流经的今右玉县境内，由于发育着十几条大大小小的河流，有相对平坦、土层深厚、适宜农耕的河谷盆地，能够支撑人们营筑城池，设置郡县。经考古探明的右玉县境三座汉代古城的选址，中陵县位于中陵川水（沧头河）上游，善无县位于中陵川水中游，沃阳县地处中陵川水支流沃水（今马营河、兔毛河）的上游，分别控制着主要的河谷农耕地区。而右玉镇所在地适逢河谷最宽阔的地段，更宜上下呼应，所以，雁门郡应设郡治于此。

秦汉时雁门郡与云中、代郡皆缘边郡地，"每遣将屯军以攘却北寇"，连为表里，为用武之地。东汉末，中原多事，郡县俱废，弃为荒徼。

## 参合陉——草原部族出入的首选之途

右玉县所在的雁北山地高原区与大同、朔州所在的平川区，历史上始终是整合的一块地域，而有别于东部的代郡（今河北蔚县、阳原、怀安，山西天镇、阳高、广灵一带），而且历来是草原势力入境的首选之途。

匈奴，汉武帝元光二年（前133）匈奴"单于穿塞，将十万骑入武州塞"。武州塞为武州山之隘口，即今大同市西武州川的上源分水岭。过去人们以为匈奴系从大同北境今丰镇一带入寇，实际并非如此。而经常性的往来是从杀虎口入，然后沿武州川河谷东出武州塞，或南逾岭而下马邑（今朔州），直扑雁门关。元朔年间，匈奴屡次入塞，《史记·匈奴列传》云汉"大将军卫青出定襄，击匈奴。……斩首数千级而还，休士马于定襄、云中、雁门"。从汉代这三个郡南北相连的空间位置关系可以看出，西汉设置"典武职甲卒"的都尉多分布在阴山以南至今右玉杀虎口以北一带，阻挡匈奴入侵通道之目的十分明显，我们可以推断匈奴与西汉经常冲突往来的地区就是从今天的右玉县向西、向北至内蒙古大青山一带。

鲜卑，从公元 2 世纪开始，生活在大兴安岭地区的鲜卑人先后分数批陆续向西南迁移，在中国历史上，鲜卑人的迁徙是一个十分重要且又十分复杂的问题。引起鲜卑人南下的原因可能是多方面的，姑且不论，引起我们兴趣的是鲜卑人南下的路线和分布。历史上鲜卑人的南下曾经分作几条途径：第一，经过西辽河流域和辽西走廊，进入中原；第二，由大兴安岭南下至内蒙古、山西交界地，穿过山西高原进入中原；第三，自大兴安岭南下后，西趋阴山以南的河套地区，再继续南下陕甘。鲜卑人迁徙的特点是到达某个适合生聚的地点后，盘桓一段时间，然后再向新的更适合发展的地区移动。因此，每一处鲜卑人曾经生活过的地方都会留下鲜卑遗迹，而鲜卑人在南迁的过程中，也是鲜卑人逐步摆脱本民族生活习俗，吸收当地生产生活方式，以适应新迁居地环境的文化融合过程。学术界对鲜卑民族迁徙和鲜卑遗迹给予了较多重视，其中包括早期鲜卑人的城址。鲜卑人选择的第二条南迁路线，正是经过今杀虎口、右玉而进入雁北地区的通道。先后来到这里的有慕容鲜卑、吐谷浑、乞伏鲜卑和拓跋鲜卑部，鲜卑诸部一步步南下的路线几乎一致，都是沿着大兴安岭东侧南下，到达燕山以北；再从内蒙古大青山、阴山以南的河套地区南下，然后分途进入晋、陕、甘、宁交界地带。这条鲜卑诸部族南迁的线路显示黄河中游的内蒙古凉城、和林格尔与雁北右玉、大同、朔州，是南联晋中、晋南盆地，北上蒙古草原，西走陕北、宁南、河陇和青海，东去燕蓟的一条重要的十字走廊。

历史上有两件事实可以证明上述推论：

一件事情是位于内蒙古和林格尔西北 10 公里的土城子，曾是西汉定襄郡的成乐县址，做过鲜卑拓跋氏率众南迁后的早期活动中心——北都盛乐[①]。该城址北连大青山，南通清水河，考古发掘资料显示盛乐"是一处较长时期农业经济占重要地位的地点"，由此向东南，经参合口（仓鹤陉、参合陉、杀虎口）有"道出其中"，可进入雁北。当拓跋鲜卑部势力逐渐走强后，遂入参合陉，出武州川，移都平城（今山西大同）。俟后，拓跋魏灭赫连夏，平北凉，每次军事行动都是兵发平城，西出参合陉，自云中郡

① 根据《魏书》：拓跋力微"迁于定襄之盛乐"，拓跋力微子拓跋猗卢"城盛乐，以为北都"；拓跋力微重孙拓跋什翼犍"移都于云中之盛乐宫"。

君子济（今内蒙古准格尔旗与清水河县之间的黄河渡口）渡黄河①。先取统万城（今陕西靖边北），再下高平（今宁夏固原），继而西取凉州（今甘肃武威）。

另一件事情是西魏文帝大统元年（535），渭州刺史可朱浑道元"世居怀朔，与东魏丞相（高）欢善，又母兄皆在邺，由是常与欢通"，后因遭宇文泰进攻，"帅所部三千户西北渡乌兰津抵灵州，灵州刺史曹泥资送至云州"。渭州治今甘肃省陇西东南，时宇文泰已控据陇山南北的秦州（今甘肃天水）、原州（今宁夏固原），断了可朱浑道元东归之路。故可朱浑道元只能由渭州向西北行，从乌兰津（今甘肃靖远西北古丝绸之路的重要黄河渡口）渡黄河，沿黄河北岸东去灵州（今宁夏灵武）。可朱浑道元到达灵州后继续东去云州（今山西大同），再南逾雁门至晋阳会高欢。东段经过鄂尔多斯沙漠南缘的行程只有在君子津（内蒙古和林格尔南面的黄河渡口）过黄河，然后穿越

① 《水经注》卷三河水："河水于二县之间，济有君子之名。皇魏桓帝十一年，西幸榆中，东行代地。洛阳大贾赍金货随帝后行，夜迷失道，往投津长（田）子封，送之渡河。贾人卒死，津长埋之。其子寻求父丧，发冢举尸，资囊一无所损。其子悉以金与之，津长不受，事闻于帝。（帝）曰：'君子也'，即名其津为君子济。"今黄河在内蒙古准格尔旗与清水河县之间的榆树湾以南进入山陕之间的山地峡谷，河道变窄，水流转急。黄河君子津古渡口大致在榆树湾以上，因黄河河道变迁，已难确指。

参合陉（杀虎口），经今天右玉、左云武州川至云州。这是当时最安全、便捷的途径。

近半个世纪以来，在宁夏固原、陕北靖边、榆林、内蒙古呼和浩特、山西大同等地都发现来自中亚粟特人的墓葬、波斯萨珊朝银币和带有古罗马文化特征的器物，大同云冈石窟更建有希腊化风格的廊柱建筑。表明沿着历史时期长期形成的农牧交错带，存在着一条未被关注的交通路线。这条交通道路与经过长安、洛阳的传统东西向"丝绸之路"近乎平行，而且使用的时间几乎与中国古代历史的进程相一致。同时也证明雁北地区早在1500多年前，已经和遥远的西亚、欧洲存在着交通、贸易关系和文化影响。

为什么那些来自中亚的人不去长安、洛阳，这条通道的两端究竟受什么吸引？从地理位置与中国历史上的区域政治中心变换来分析，这条通道的西段应与河西走廊的凉州或河湟地区的"吐谷浑路"相衔接，向西连接着西域、中亚的两河流域或更遥远的地方。其东方在不同时期可能有若干个吸引点，一个是平城／云州（今山西大同），另一个可能是晋阳／并州（今山西太原）。北魏前期平城的吸引力最大，北齐与北周分立时，晋阳更具吸引力；隋唐时期，具有吸引力的可能还有幽州（今北京）和营州（今辽宁朝阳）。特别是当北方遭遇东西政权分立时，关中受阻，绕行河套以南的陕北、雁北，由君子济渡过黄河，穿越参合口（杀虎口）会减少许多麻烦。

## 唐代静边军城发挥的作用

当北方部族占据雁北地区时，他们以农牧兼作为经营方式，裁并州县，不治城池，可是在今天右玉地区始终保持了一个级别较高的善无郡城（治今右玉县城西北），对这块地区进行控制，直到北魏孝明帝孝昌中（525—527）才废弃。截至唐中叶，雁北地区曾经长期为鲜卑、突厥等草原部族游牧驰骋、畜牧经营生活的场所，唐朝在东突厥臣服以后，于汉、隋定襄郡故城设立单于都护府（今内蒙古和林格尔西北土城子），统漠南突厥诸部，雁北的山地河川、黄土高原地区基本没有设置州县城来管理。如果我们粗略地统计一下雁北地区在历史上存在过的郡（州）县城市，就会发现：西汉时期在雁北设立的雁门郡和代郡境内，曾经有数十座城市分布在今沧头河、桑干河、南洋河的干支流域。从魏晋迄隋唐，雁北的州县城市数目大量减少，汉代城址大多被废弃；中唐以前，除云州、朔州等几个孤立的军城，建制州县基本上收缩到雁门关、恒山山脉以南地区。为保障黄河君子济渡口交通，唐贞观三年（629）于君子济地置河滨县，东临河岸十五步，此处黄河阔仅一里，七年（633）置河滨关。及至唐玄宗天宝初年，雁北高原重新起用了两座汉代的城址：静边军和武州城。

史载：天宝元年（742），朔方节度使王忠嗣上《平戎十八策》，"筑大同、静边二城，徙清塞、横野军实之，并受降、振武为一城，自是虏不敢盗塞"①。唐朝的静边军城依托前汉雁门郡城故址而筑，其位置即后来明朝重修的大同右卫城（今右玉县城），唐静边军城之设，在安史之乱与肃宗兴唐的过程中曾发挥了重要作用。

《资治通鉴》载天宝十四年（755）十二月，"安禄山大同军使高秀岩寇振武军（今内蒙古和林格尔西北土城子），朔方节度使郭子仪击败之"。斩贼将周万顷，"子仪乘胜拔静边军。大同兵马使薛忠义寇静边军，子仪使左兵马使李光弼、右兵马使高濬、左武锋使仆固怀恩、右武锋使浑释之等逆击，大破之，坑其骑七千"。唐军坑杀叛军骑兵七千人，数目不算小，趁势进围云中（今山西大同），使别将公孙琼岩将两千骑南击马邑（今山西朔州东），拔之，迎河东太原唐军开东陉关（今山西代县）。郭子仪率

---

① 见《新唐书·王忠嗣传》。又《金石萃编》卷一百收《王忠嗣碑》云："公始以马邑镇军守在代北，外襟带以自隘，弃奔冲而蹙国。河东乃城大同于云中，徙清塞、横野，张吾左翼。"记载略有不同。案：唐大同军城，调露中，突厥南侵，裴行俭置，城址在朔州城东三十里；开元五年（717）分朔州鄯阳县地于州东三十里大同军城内置马邑县，今马邑镇仍存部分城垣。天宝元年，王忠嗣北徙大同军至云州城，重筑城垣。唐清塞军城址或即明阳和卫，今阳高县城址；或城南大白登镇。唐横野军，垂拱中置，城址在今河北蔚县。

军收复静边军之战，从根本上扭转了唐王朝的颓势，为肃宗中兴创造了条件。

《金石萃编》卷一百收入的《王忠嗣碑》中有一句话："公始以马邑镇军守在代北，外襟带以自隘，弃奔冲而蹙国。"意思是裴行俭所置唐大同军城守在雁门关北侧（西汉马邑即唐代朔州城），放弃晋北高原山险而不守，反而使自己受蹙。依雁北地理形势而考，王忠嗣重筑静边军于汉雁门郡址，北徙大同军于云州，其本意就是将唐朝军事防线推进到晋北山地以外，控制杀虎口、武州塞一线的前沿奔冲地带。唐朝中叶在雁北地区设置静边军，西北接振武军、天德军（今内蒙古乌拉特前旗东北），南衔大同军（今朔州）、雁门关，当时可能更多的是考虑其军事行动的展开，以静边、大同二军城来保障河东与朔方之间通道的畅通。可是此举却重新抬升了右玉所在的雁北地区维系农、牧两大区域的作用，为后世山西、中原地区与河套、蒙古草原的频繁往来打下了基础。

自中唐以后，由于突厥游牧部族的离去，不断有民众移居雁北各河谷盆地经营农业。当契丹人从石敬瑭手中获得燕云十六州以后，更迁徙奚、渤海人于山后从事农业生产，使雁北地区农业与牧业的比重开始有所转变，从事定居农业的人口增加，表现为该地区州县城市的重新兴起。下面是唐末五代辽金时期雁北新置的州县城：

大同府，辽沿用唐代云州、大同军城址，城垣为方形坊制形态，开四门十字街；重熙十三年（1044）升为西京。十七年（1048），西夏犯边，析云中县而置大同县，两县各有户一万，城址即今大同市。

怀仁县，辽析云中县地置，户三千，本汉沙南县，城址在云中县南桑干河畔。金贞祐二年（1214）升为云州。即今怀仁市。

长青县，本白登台地，辽始置县，户四千，金大定七年（1167）更名白登县。城址位于今阳高县南大白登镇。

天成县，唐天成军城，本极塞之地，辽析云中置县，户五千，城址即今天镇县。

怀安县，本前汉上谷郡夷舆县地，历魏至隋，为突厥所据；唐虽克颉利可汗，仍不置县。辽高勋奏分归化州文德县置，户三千。城址为今河北怀安县（柴沟堡）南怀安镇，现存城垣为方形，内设十字街。

应州，五代后唐明宗李嗣源生于此，而置应州；汉汪陶县故城在今治西十里，后晋始筑应州新城，辽因之，户八千。城址即今应县。

浑源县，前汉曾置崞县，城址在今县城西；唐末置浑源县，以川为名，辽因之，户五千。金贞祐二年（1214）升为浑源州，城址即今浑源县。

河阴县，辽清宁中始置，户三千，金大定七年（1167）更名山阴，城址即今山阴县东南山阴城。

朔州，唐朔州城址，辽因之，户四千。即今朔州市。

马邑县，唐大同军、马邑县城址，辽因之，户三千。即今朔州市东马邑镇。

弘州，唐初地陷突厥，开元中置横野军安边县，天宝乱废。辽统和中置弘州，户一万。城址即今河北阳原县。

顺圣县，五代兵废，辽高勋上奏分永兴县置，户三千。城址即今河北省阳原县东城。

通过上述雁北地区州县城址的调查，我们发现本地区辽、金时期重新营筑的州、县城址都没有沿用原汉代城址，或是依托唐末五代的城址，或是另辟新址重建。另外，结合本地大量发现的辽金墓葬中随葬的农业器具、墓葬内壁画表现的内容，以及雁北地区古建筑兴建的时间多辽金时代来推考，显然，从唐末五代至辽金时期，雁北地区定居人口和农业的比重都明显地增加了。据《辽史》，辽圣宗开泰年间（1012—1021）在云、朔、应、蔚等州设置巡检屯田劝农使、转运使，甚至"挽云、应、朔、弘等州粟"赈济南京道的饥荒。不过，辽金元时期雁北地区城镇的分布与农业开发主要集中在河谷平原地区，右玉所在的山地高原区仍未见州县建置。辽金时期，还在杀虎口外的振武军（今和林格尔）立榷场，以官督牲畜、畜产品的贸易，兼羁縻北方蒙古各部，杀虎口的交通孔道与平台地位再次凸显出来。

## 明代的边墙与卫所城堡

明王朝从立国之始，始终未能处理好与北方蒙古草原各部的关系，边事日棘。顾祖禹云："大同于京师尤为建瓴之势，朝发白登，暮叩紫荆，则国门以外皆战场也。往者土木之变，敌虽深入郊圻，赖大同犄其后，故不能以得志，嗣是关门告警，未尝不以大同为锁钥之寄。"因此，明代加强北方边墙的修建。明前期（1368—1447）的长城工程主要是在北魏、隋长城的基础上进行修缮，增建烽燧、戍堡、堑壕，局部地段改土垣为石墙，重点是京城西北至山西大同的外围长城、山海关至居庸关的沿边关隘。明长城的新筑主要在成化、弘治、正德年间（1465—1521），因鞑靼、瓦剌等经常兴兵犯境，大肆掳掠，边防日紧，于是加修长城、增设边堡、添置墩台等就成了当务之急。明宪宗成化七年（1471），新建宁夏至陕北一段边墙，世宗嘉靖二十九年（1550），重点营建山西北部至河北宣化一段长城。明后期隆庆、万历年间（1567—1619）利用大、小松山战役的胜利，将边墙从黄河沿岸向北推进了300余公里，此次长城的修建着重在改建和改线，将京师附近的墙体、边城全部改为砖石结构。

明朝山西镇边西起保德州黄河岸，迤逦而东，历偏关抵老营堡，实127公里；大同镇边起老营堡东北界鸦角山，迤逦而北，东历中、北二路抵东路之天成卫东北界之镇口台，实 323.5 公里。今右玉县所在地区的长城即属于从大同镇边鸦角山迤逦而北，向东转分中、北二路的一段。伴随着边墙的修筑，明朝沿长城边修建了大量卫所城池，迁徙军民屯守戍边。正是在这样的背景下，为今天的右玉地区留下了大量的卫、所城堡。

明初，洪武二十八年（1395）籍太原、平阳民为兵伍，置卫屯田，立大同五卫、迤东五卫和东胜五卫，杀胡口（明人称谓，清初始改为"杀虎口"）内外皆配置有卫所。洪武二十六年（1393）在原西汉雁门郡治、唐静边军城址上设置定边卫，永乐元年（1403）内徙，而卫城遂虚。永乐七年（1409）徙大同右卫来治。正统十四年（1449）又徙玉林卫来同治，城池完筑。玉林卫原在杀胡口外，城址即今内蒙古和林格尔东南榆林城，内迁后卫城遂虚。同时内徙的还有杀胡口外的镇虏卫，原城址在今内蒙古和林格尔正南大红城，镇虏卫徙治天成卫以后卫城遂虚。万历三年（1575），右卫城墙包砖，周九里八分，比汉雁门郡城规模略小。右卫城孤悬西北，"西入敌界，南逼通川"，向来蒙古诸部犯边辄当其冲，故防卫最重。于是，在城西北沿玉林山梁筑两道边墙，嘉靖二十三年（1544）并在距离卫城二十里的边墙内兴筑杀胡堡城，周长二里。三十六年（1557），"俺答攻围右卫，分骑塞道，卫大困，故将尚表极力拒守，援至始解"。大同右卫城的阻敌南下、控扼交通的作用不可忽视。

实际上，由于蒙古草原游牧社会与中原农业社会的显著差异和对各自产品的相互需求，长期以来蒙古草原部族一直与中原农耕地区保持着互相依存的关系，这种关系有时表现为和亲与共荣，有时又转变为反目与争斗。当时蒙古各部"生齿浩繁，事事仰给中国"，时开时闭的朝贡渠道无法满足草原部族的生存需要，导致蒙古诸部不断地犯边以求开市，明王朝与蒙古各部双方皆为战争所累。直到隆庆年间，适值俺答汗与其孙把汉那吉为争三娘子而反目，把汉那吉愤而降明。在三娘子的促成下，俺答汗与明廷和谈，达成和议，双方形势才有所舒缓。隆庆五年（1571）恢复通贡关系，并在大同、宣府等边镇诸堡开设互市场所，大同右卫即于此时设马市于杀胡口关城下，从此化干戈为玉帛，杀胡口成为边贸往来之孔道与平台。

游牧地区由于产品的单一性和不稳定性，内部缺少对自身经济产品转化的机制；同时也由于维系自身生命的某些产品必须从农业地区获得。所以，自古至今，草原游牧地区对农耕地区有着很强的依赖性。经常性的对外产品的交换，是游牧地区人民繁衍发展的必然。这种产品交换可能是有序的，即定期定点贸易；也可能是无序的，演化为抢掠和军事对抗。修建长城的作用是要把无序的抢掠变成有序的边贸互利。长城既可以看作军事对抗与防御的产物和手段，同时也起到确定边贸口岸，予以控制约束的一种有效的管理方式。长城沿线城市的兴起都依赖于长城的修建，其成长与繁荣都离不开长城线上的关市茶马贸易。明代在杀胡口设立的边贸市场和交通口岸，更成就了清代晋商"走西口"的盛况。

笔者多年来在海内外从事古地图的调查与研究，了解国内外一些图书馆、博物馆分别收藏着若干明朝或清初绘制的舆图，描绘长城边墙、沿边的卫所边城、墩台、关口和道路，其中包括对明朝大同右卫城、杀虎口等地点的描绘。根据经眼的明代舆图，现存明嘉靖二十三年（1544）以前绘制的舆图皆没有标绘"杀胡口堡"，如：正德八年（1513）杨子器跋《舆地图》的嘉靖五年（1526）重绘本、嘉靖二十年（1541）罗洪先绘制的《广舆图》之《大同外三关边图》，而嘉靖三十四年（1555）初刻本均未标志"杀胡口堡"，但现存于辽宁省博物馆的明许论所绘《九边图》摹本已经清楚地标绘出"杀胡堡"[1]。可是，北京中国国家历史博物馆藏万历三十年（1602）申用懋绘制的《九边图》，将"杀胡口堡"标绘在沧头河西岸，河东岸标有"兔儿河堡"，这又给我们研究杀虎口一带河川、城堡的变迁

---

[1] 嘉靖十三年（1534）许论绘长卷《九边图》并附《九边图论叙》，于嘉靖十六年（1537）进呈朝廷。原本已佚，不清楚是否标绘"杀胡堡"，现藏本为后人摹绘，没有绘出万历四十三年（1615）在杀胡堡南侧新建的"平集堡"。由此亦可推断其摹绘的时代。

提出了进一步思考的问题。现存古地图为研究右玉杀虎口的历史提供了第一手史料，同时，我们也可以借助这些古地图资料来保护、修复右玉县境内的历史景物。

## 清代沟通蒙古的重要后勤补给基地：杀虎口

清初以右卫、玉林二卫合称右玉卫，雍正三年（1725）于右玉卫置朔平府，改右玉、左云、平鲁三卫为县，正式纳入了地方行政建制体系。平定三番之乱时，由于"宣府、大同俱系要地，应设兵防守"。清廷分别调边外察哈尔等部旗军骁骑应援，"令左翼由张家口入驻宣府，右翼由杀虎口入驻大同，授都统毕力克图为平逆将军，率盛京兵六百赴大同，总统两翼军。每翼不拘满洲、蒙古，各选贤能参领以行"（《平定三逆方略》卷十三）。杀虎口的兵防交通地位在清朝安定国家的过程中日重。

康熙二十六年（1687），俄罗斯分界使臣费岳多罗等抵蒙古色棱格地方，二十七年（1688）三月丙子康熙帝"命内大臣索额图、都统公国舅佟国纲、尚书阿尔尼、左都御史马齐、护军统领马拉等往主其议，并率八旗前锋兵二百、护军四百、火器营兵二百偕往"，集议定界。同时，命"理藩院侍郎温达自杀虎口起设站至喀伦归化城，副都统阿玉玺自归化城拨车载米一千石运至喀尔喀地方，接济大军"（《圣祖仁皇帝亲征平定朔漠方略》卷四）。恰逢此时，噶尔丹举兵侵喀尔喀，于是康熙帝召还索额图等，改赴黑龙江尼布楚，与俄罗斯使臣分界立约。康熙帝为平定蒙古噶尔丹之乱，就势利用大同、朔平府、杀虎口联系关内与边外归化城、蒙古草原的交通及沿途设站的便利条件，将朔平府杀虎口转化为对北方军事行动的后勤补给基地。

康熙二十九年（1690）三月壬寅"给太仆寺骆驼三十头，运杀虎口仓米三十石，随商南多尔济往。塞内交绿旗兵，塞外交蒙古兵护送"。五月乙未"命归化城副都统阿玉玺输运军粮。时都统额黑讷等率兵前进，需用军粮。上令归化城副都统阿玉玺取杀虎口仓粟二百石，负以太仆寺骆驼随车输运"。七月辛卯"大将军裕亲王等奏杀虎口密迩归化城，请拨大同绿旗兵前赴以听调遣，应如王等所请。于大同镇标选马兵六百、步兵内或藤牌或火器一千四百，令将领率之，于七月初十日内至杀虎口"（《圣祖仁皇帝亲征平定朔漠方略》卷六、卷七），"至于驿站尤关重要，自杀虎口至科布多、乌兰古木，并宜设立驿站，其车辆马匹亦应增设如例"，"自杀虎口至鄂勒锥图郭勒一路，详视水草甚佳，应设三十六站"（《平定准噶尔方略》前编卷五、卷六）。这是康熙平定准噶尔采取的方略。清政府选择杀虎口为联络宁夏和鄂尔多斯的支点。康熙"三年二月特命锡伯为宁夏将军，领八旗兵由杀虎口经鄂尔多斯部进横城口，六月抵宁夏任。七月奏八旗官兵陆续到齐，沿途水草丰盛，兵眷安妥"（《钦定八旗通志》卷一百七十七）。锡伯，满洲正蓝旗人，康熙十四年（1675）随前锋统领穆占讨叛镇王辅臣于平凉。清朝在朔平府有旗营驻防，监督关税和口外驿站垦务；杀虎口堡设置巡司、税关、客店以便利行旅。康熙三十六年（1697）赴宁夏督师，"三月驾幸宁夏，过榆林，有延绥东路黄甫堡民叩阍诉言：'自顺治年间，部颁茶引一百三十四道，招商纳税。每年五百二十余两，未及数年，口外蒙古不复通市，商逃民赔。'诏下所司察奏。至是巴锡奏：'口外蒙古就近在杀虎口买茶，不至黄甫堡。请部停颁茶引。'从之"（《钦定八旗通志》卷一百四十）。这样一来，官方指定交通驿路和边贸商道，沿途设站，用官方敕令的方式强化了朔平府杀虎口作为缩毂内地与边外交通、贸易的重要地位，从政策与制度上保证了"走西口"的安全、便利和利益。

杀虎口路驿站是为清朝从北京西行，经大同、左云、右玉出杀虎口西去乌兰察布盟、伊克昭盟的驿路所设。杀虎口与张家口的地理位置一西一东，故杀虎口称作西口，张家口称作东口，出西口之路至归化城（今内蒙古呼和浩特）分途。杀虎口在清用兵西北的过程中，特别是作为清廷与绥远城将军联系的通道，在清统治内外蒙古和西北地区的过程中发挥了重要的作用。同时，作为伊克昭盟和乌喇特诸旗蒙古王公入京朝觐、年班的贡道，内蒙古乌喇忒、鄂尔多斯、归化城土默特诸部，其贡道皆由杀虎口出入，一直发挥着维系作用<sup>①</sup>。清中叶以后，此道还成了山西商贾、农民进入内蒙古中西部地区营生的主要路线之一，民间称为"走西口"。加之从清朝末叶到民国年间，内蒙古河套、后套地方的放垦，吸引越来越多的移民、晋商旅蒙，朔平府（今右卫镇城）愈加繁荣，云集了许多商号。截至1907年，朔平府内有9家商号：兴盛泉（经营纸、麻布）、巨又长（经营纸、麻布）、长经兴（经营纸、麻布）、义合德（经营纸、麻布）、大生经（估衣）、又经生（经营纸、麻布）、公经店（经营粮食）、万又店（经营粮食）、天经店（经营粮食），以上业主均系大同客商，三个月付款，期票交易。民国时期，朔平府城内仍有9家商号，杀虎口堡有2家商号。

清朝中叶以后，税关移至归化城，朔平府杀虎口管理商贸税收的作用降低，地位开始下降。直到1922年平绥铁路通车，去内蒙古河套一带的交通运力被从大同北上转移到丰镇一线，杀虎口路热闹的往来才逐渐冷清下来。

从长时段考察右玉、杀虎口作为重要地标的出现，其在历史上曾经发挥过的维系区域间政治、军事、经济与文

---

① 年班，清朝蒙古王公、回部首领、四川土司、西藏喇嘛被分成若干班次，每年各以一班于年节时轮流入京朝觐的制度。《钦定大清一统志》卷四百四旧藩蒙古统部"由杀虎口者，归化城土默特、乌喇忒、鄂尔多斯三部落，为旗十二"。

化交往孔道与平台的作用，始终离不开山西雁北地区独特的地缘政治形势，这种形势无论对于当下的学术研究还是地方建设，都有重要意义，值得我们进一步思考。

（原载《山西大学学报》（哲学社会科学版）2007 年第 30 卷第 2 期）

# 东亚农牧交错带的城址与环境

## ——基于田野考察之思考

　　2007 年 8 月 1—18 日，由日本中央大学妹尾达彦教授发起，北京大学历史地理与古地图研究中心协助，组织中国、日本、韩国"农牧交错带城址与环境"学术考察队，从北京出发，对河北（怀安）、山西（大同、朔州、偏关）、陕西（神木、榆林、靖边、彬州）、宁夏（银川、吴忠、固原）、甘肃（平凉）等省区市县的自然环境、古城址与历史地理进行为期 16 天的田野学术考察。我们特别关注历代城址的地理分布特点，以及城址与河流等自然环境条件、农牧经营方式之间的关系。现结合先后数次对明长城沿线的田野考察，基于恒山以北的桑干河流域、鄂尔多斯高原南缘、固原葫芦河流域三个农牧交错带的情况，利用文献史料、考古资料、观察记录与图像信息，就中国北方农牧交错地区的城址与环境问题，进行思考和研究探索。

## 一、桑干河流域历代城邑选址与分布规律之比较

今天燕山、太行山、恒山山脉以北的桑干河流域，属于蒙古高原向华北平原的过渡地带，当地人从事河谷阶地农业与草滩畜牧业。这里虽然黄土堆积深厚、日照强烈，适宜农业耕作，而无霜期短暂，对于农业发展又有所不利。由于这一地区的山脉存有若干条孔道维系南北交通，便于由蒙古草原进出中原，向来被草原游牧部族、中原农耕政权看中，而成为南北往来和兵家必争之地。桑干河流域在历史上曾经经历过农业、游牧、畜牧业经营方式的反复更替，考古调查也表明这一地区始终保持着中原农业文明与北方游牧部族文化共生的现象。从距今 7000 年的新石器时代开始，桑干河流域就不断有人类居住的聚落出现，目前发现的众多战国、秦、汉古城址下层或多或少叠压着早期文化遗存，是早期农业曾在这一地区产生与发展的写照。但是，伴随着中原易主，政权更迭和经略政策的变化，桑干河流域也曾长期为北方部族驻牧之地，使这里的城址兴废不常。

### （一）沿河谷平原分布的西汉城址

西汉推行"募民徙塞下"的政策后，由于人口的充实和边防的巩固，桑干河流域的城邑逐渐恢复并有所发展，据《汉书·地理志》记载，到西汉末年，雁门、代郡、上谷三郡共有 47 县，其中有 40 县位于恒山以北的桑干河流

域，在谭其骧主编的《中国历史地图集》中标出了 32 座县城，但还有 8 座县城未能确定位置。西汉王朝在桑干河流域除了设置过众多郡、县治，还有亭、都尉等机构。考察发现西汉的城址大多分布在靠近河流的阶地上，往往位于两条河流交汇处，反映城邑选址不仅要考虑凭河据险而自固，而且反映出周围的土地以农业经营方式为主，农业耕作对河流灌溉有所依赖。举例如下：

汉马邑县城址，七里河与桑干河交汇处；

汉班氏县城址，桑干河与御河交汇处；

汉潘县城址，桑干河与协阳关水交汇处；

汉下洛县城址，桑干河与洋河交汇处；

汉沮阳县城址，桑干河与妫水河交汇处；

汉平城县城址，御河与十里河交汇处；

汉桑干县城址，桑干河与壶流河交汇处；

汉九王城址，洋河与洪塘河交汇处；

汉武州县城址（左云东古城城址），元子河与树儿照河交汇处；

汉中陵县城址，沧头河与无名支流交汇处（此例不属桑干河流域，但是选址规律一致）。

实地考察城址举例：

**汉平邑县城址** 西汉平邑县城址位于山西省大同市云州区许堡乡东水地村北 500 米左右的桑干河北岸阶地上，东墙遗迹已难寻，唯西墙尚保存残高 2 米的夯土城垣。

图一　西汉平邑县城址（由南向北）

图二　西汉平邑县城址（由北向南）

GPS 实测定位：北纬 40°1′0.37″，东经 113°46′17.33″。城垣夯层厚 15 厘米，城内中部有残存的土垣与高台建筑基址，散落许多碎砖和绳纹瓦片，怀疑是内城遗址。现城址中部有南北向的一条冲沟穿过，应是这座城址废弃后才出现的。《水经·漯水注》记载："如浑水又东南流，注于漯水。漯水又东，径平邑县故城南。"目前西墙残存点距桑干河河道约3千米，如果东水地遗址确实是汉代县城，则应该是平邑县城。据《大同县志》介绍，城垣南北长200米，东西宽150米，周长为700米。但据现场目测，远不止于此，因为西墙距离冲沟就超过200米，城址面积不小，而且是内外两重城的形制。

**九王城遗址** 九王城遗址位于怀安县左卫镇尖台寨村北50米，地势平坦，坐落在洪塘河、南洋河交汇处。东距洪塘河300米，北距南洋河500米。《大清一统志·宣化府三》记载："九王城，在怀安县旧万全左卫北五里，相传辽筑，遗址尚存。"1982年文物普查时探明城址面积75万平方米，地表有明显隆起的一段城垣遗迹，夯层厚17—18厘米。其上现残存烽燧一座，GPS定位：北纬40°42′14.83″，东经114°44′10.13″，海拔694米。烽燧围有土垣南北28步，东西47步，夯层厚30厘米，夯土层中杂有不同年代的陶片。烽燧夯层上部厚20厘米，下层厚9—10厘米，较城垣遗迹相比不是同一时代，应系明代在前代城址基础上所筑。在九王城遗址东南约500米刘家堡村有34座封土高大的汉墓，如此大量的汉墓群出现在该城址附近，似应证明九王城遗址曾经是汉代的一座城址，只不过尚难与文献记载中的城址对应<sup>①</sup>。

**（二）汉墓和汉代城址**

由于汉代实行有封土堆的墓葬形制，因而一般来说聚集较多人口和有官员身份的城址附近，会留下数目较多的汉墓，尤其是封土堆高大的大型汉墓绝不会孤立地远离城址。因此，汉墓对于寻找和考定汉代的城址能够提供明显的线索。譬如：

今雁门关外的北边的冲洪积扇上留下大规模的汉墓群，应与先后做过西汉的阴馆县城、东汉的雁门郡治的城址有关。

图三　雁门关外累累汉冢

① 张家口地区行署文化局编：《张家口地区文物普查资料集》（内部资料），1982年，第25页。

今河北省怀安县头百户乡旧怀安村明代边堡的北侧有座汉代城址，据1985—1986年张家口地区文化局文物普查，认定该城使用的年代为战国至汉代。城址呈长方形，东西170米，南北300米，夯筑[①]。城址西南600米处亦有几座较大的封冢，现定为耿家屯汉墓群。2008年北京大学历史地理与古地图研究中心组织考察，确认遗址位于村北洪塘河东侧的二级阶地上。洪塘河即《水经·㶟水注》记载的托台谷水，据考古报告称：西城垣被河水冲刷，已无痕迹，可见在汉代，此城非常接近托台谷水（洪塘河）。由于无法与《汉书·地理志》或《续汉书·郡国志》中的汉县对应，目前尚难确定是哪类城址。

图四　怀安县头百户乡旧怀安村汉墓

① 刘建华：《张家口地区战国时期古城址调查发现与研究》，《文物春秋》1993年第4期，第25页。

图五　怀安县头百户乡旧怀安村汉墓与城址位置图

（《怀安城地形图》，1972 年）

　　但是，也有发现汉墓群而尚未找到古城址的例子，如山西左云县管家堡乡北黑土口、黄土口台地上有十数座汉墓，并保存有汉代烽燧。目前已知汉代城址是距离 25 公里之外的雁门郡武州县城（今山西左云县城东北古城村白羊城遗址），一般来说尚未发现汉墓距汉代城址如此之远的例证。而且，这一带属于桑干河上游的支流淤泥河平坦的冲洪积平原，既有深厚的黄土层，又能够引河水灌溉，所以，应当有一座尚未确定的汉代城址。

距离右玉县城西南 12.5 公里的威远堡镇树儿照村西北，在一古城址内发现灰坑，其中有云纹瓦当、方格瓦当、五铢钱、半两钱、汉代陶片等大量的汉代遗物，城址周围分布有乱圪塔坡、南八里、进士湾、威远城、常门铺等汉墓群，汉墓群的墓葬大多有封土，最高有 10 米，周长有 50—60 米，这样的墓葬大概有 100 个[①]。故考古工作者判定该城为汉代城址，可能是雁门郡中陵县城，该城址的确定，纠正了《中国历史地图集》的误画。

汉代城址一般沿宽阔的河谷平原分布，尽管汉代城址选择水源条件好、适宜农业种植的位置，按理可以长期发展，可是大多数汉代城址到隋唐以后就废弃不用了，原因何在？

**（三）唐代州县治所内撤与畜牧经营下的军城**

贞观四年（630）东突厥被唐朝所灭，大批突厥部族迁往漠南，在桑干河流域放牧。据《册府元龟》，"皆得一处养畜资生，种田力作"。为安置内附的东突厥部族，唐朝在"山后"地区除设立个别的军城，基本上没有设置州县级地方行政建置，因此可以认为当时该地区是以畜牧经济为主，定居农业人户比例不大，否则中央政府会设立州

---

① 右玉县志编纂委员会编：《右玉县志》，中华书局，1999年，第 655 页。常门铺汉墓，引自戴尊德、胡生：《右玉县常门铺汉墓》，《文物世界》1989 年第 1 期，第 2—31 页。

县来管理户籍。唐朝设置的州县城退至恒山以南，山后仅存云、朔二州，云州曾被默啜攻陷，倍受摧残，并无属县所领，只有朔州因与代州分别扼住雁门、楼烦关道之南北，故未裁撤。这种状态一直保持到唐朝末叶，卢龙节度使刘守光"命大将元行钦将骑七千牧马于山北，募山北兵以应契丹"。燕山南北的势力曾经在广边军城下反复争战。

**唐广边军城址**　位于今河北省赤城县东南雕鹗乡西康庄村东200米，公路北侧。北倚摩天岭，南临红河（属白河上游水系）。雕鹗盆地系燕山山脉大海坨山与摩天岭夹峙的山间谷地，东西长20余公里，南北宽不足5公里，水草丰茂，但气候寒冷，无霜期短，于农耕不利。由于雕鹗地处从蒙古草原沿着独石口、赤城南下道路的必经隘口，具有十分理想的军事防守形势。今城址背后的岭上有碎石堆筑的边墙，随山势东西蜿蜒，与城址西侧的夯土长城相接。

贾耽《皇华四达记》云："妫州北一百四十里至广边镇，一名白城。又东北五十里至赤城。又北七十里至镇城。陉山在镇城西北，即奚、契丹避暑之处。"案：镇城，指北魏御夷镇故城，其址在今赤城县北独石口至旧州站一带。《通典》一七八《州郡八》：妫川郡（妫州）"东北到长城界九十八里"。《太平寰宇记》卷七一《河北道二十·妫州》："四至八到：……北至张说新筑长城九十里，又云至广边城旧名白云城，一百八十里。……东北至长城为界九十八里。"按史料所载里程推算，雕鹗乡的古城址即文献所记的唐代广边（镇）城。

乾化三年（913）三月，燕主刘守光命大将元行钦将骑七千牧马于山北，募山北兵以应契丹。又以骑将高行珪为武州刺史（治今河北宣化），以为外援。晋李嗣源分兵徇山后，八军皆下之。晋王李存勖以其弟存矩为新州刺史总之（治今河北涿鹿），以燕纳降军使卢文进为裨将，李嗣源进攻武州，高行珪以城降。元行钦闻之，引兵攻高行珪。高行珪使其弟高行周质于晋军以求救。李嗣源引兵救之，元行钦解围去。李嗣源与高行周追至广边军。凡八战，元行钦力屈而降，嗣源爱其骁勇，养以为子。胡三省为《通鉴》注："妫州怀戎县北有广边军，故白云城也。"宋白曰："广边军在妫州北一百三十里，高行周兄弟本贯广边军雕窠村。"雕窠村即今赤城县雕鹗镇，由此可证雕鹗镇古城即唐代广边军城。

唐代广边军城址形制为内外两重城，内城中间还有一南北向的隔墙。其位置分别为：外城，北纬40°43′40.21″、东经115°47′1.37″；西南城角，北纬40°43′81″、东经115°46′82″，海拔868米；东南城角，北纬40°43′64″、东经115°47′58″，海拔871米；东北城角，北纬40°43′69″、东经115°47′055″，海拔872米；西北城角，北纬40°43′689″、东经115°46′989″，农民已经盖房子。南墙东西全长87.78米，在 44.5 米处有一个缺口；东墙南北全长 74.06 米，外城垣周长 323.69 米。外城西南角夯层分别厚 25 厘米、30 厘米、20 厘米，残高 2.92 米；外郭城北墙完整，夯层 23—24 厘米，北墙外有壕沟。

内城在大城西南，东西长 73.7 米，南北宽 40.84 米；内城东北角方位：北纬 40°43′671″、东经 115°47′041″，东墙与外城东墙间距 14 米，内城北墙与外城北墙间距 33.2 米；内城中间还有一南北向的隔墙，距内城东墙 20.7 米，隔墙与内城北墙接合部坐标为北纬 40°43′670″、东经 115°47′024″。

由考察所见广边军城址面积很小，完全不够州县城的规模，至多只是一座容纳唐朝军事长官居处的军城。唐朝在赤城雕鹗一带没有设置州县，结合史料所载里程和战事

图六　唐广边军城址（1997 年成大林摄）

图七　唐广边军城址（2008 年李孝聪摄）

推算，雕鹗镇的古城址应当就是文献所记唐代广边（镇）城，或曾以为城址背后岭上的碎石边墙系唐朝张说新筑长城，经过与独石口碎石边墙比较，两段碎石墙风化程度相似，故推断雕鹗碎石边墙和西侧相接的夯土长城可能都是明朝兴筑，夯土长城墙基厚 185 厘米。

图八　独石口碎石边墙

图九　雕鹗碎石边墙与夯土长城接合部

图十　雕鹗碎石边墙与夯土长城

唐朝末叶中原失序，朝廷式微，"山后"地区屡经战乱，各种势力独据一方，筑城立县，招徕流民，复兴农业以生存。石敬瑭向契丹君主献幽冀（燕云）十六州时，山后竟然有新（今河北涿鹿）、妫（今河北怀来东南）、儒（今北京延庆）、武（今河北宣化）、云（今山西大同）、应（今山西应县）、寰（今山西马邑）、朔（今山西朔州）、蔚（今河北蔚县）九州之地，州县建制的出现，使燕山、恒山以北的桑干河流域又恢复了农业常态。

## （四）辽、金、元州县城的复建与新址

唐末各地藩镇纷纷拥兵自重，筑城池登户籍、设州县。在燕山山后和桑干河的干支流域，凡有较宽阔的河谷盆地，多设置了县城。如前文所及大海坨山北的红河小流域，在西段的上游，较雕鹗广边军更宽阔的盆地新置龙门县（今赤城县龙门关镇），属新州；在洋河南侧的支流洪塘河中游最宽阔之处新置怀安县（今张家口头百户镇旧怀安村）。

**唐怀安县城址** 位于旧怀安堡村北、洪塘河的黄土阶地上，GPS 定位：北纬 40°31′30.09″、东经 114°33′21.96″，海拔 961 米。夯层厚 16—17 厘米；城址北侧一级阶地海拔 949 米，城址压在整个二级阶地上，已经开垦成农田，地上遍布陶片，夯层内夹杂陶片和瓷片。

图十一　唐怀安县城东南城垣遗址

重新设置州县意味着当地人改放牧营生为定居，恢复农业经营方式，需要齐民编户式的行政管理。值得注意的是，自此以后的辽、金、元、明、清历朝在这一地区的州、县治所并未沿用汉代城址，而是易地新筑。

西汉雁门郡繁畤县故城，城址在今应县县城东镇子梁乡东张寨村与魏庄村之间①，辽、金、元、明、清之应州，治今山西应县城，两城相距4公里。

西汉雁门郡阴馆县故城，城址在今朔州市区东南32.5公里的里仁村南，当地称为夏官城，附近有众多汉墓，迄今为止未再设置州县。辽在其桑干河北岸新置河阴县，金

① 应县志编纂委员会编：《应县志》，山西人民出版社，1992年，第553页。

朝改称山阴县，今山阴县东南山阴城。

西汉雁门郡崞县故城，城址在今浑源县西下韩村乡麻庄与南榆林乡毕村之间，东南距离浑河约为1500米[1]，辽、金、元、明、清之浑源州，治今山西浑源县城，两城址相距10公里。

已知被废弃不用的汉代郡县城址还有：

西汉代郡道人县故城，城址在今阳高县南古城镇古城村西北，西临由季节性河流冲刷成的一道冲沟——犁益沟，该沟向东南方向延伸，汇入桑干河[2]。古城村距犁益沟大致600米左右，城址附近有众多汉墓。

西汉代郡平邑县故城，城址在今大同市许堡乡东水地村北，城址已被冲沟贯通。

西汉代郡班氏县故城，城址在今浑源县西北，桑干河与御河交汇处，今为河滩草地。

西汉代郡桑干县城址，桑干河与壶流河汇流处，城址已圮。

西汉代郡阳原县故城，《读史方舆纪要》卷十八《万全行都司》："志云：顺圣川西城南十里有汉阳原县故城。"

---

[1] 山西省浑源县志编纂：《浑源县志》，方志出版社，1999年，第642页。

[2] 郭海主编：《阳高县志》，中国工人出版社，1993年，第474页。

明顺圣川西城即辽金弘州、清朝阳原县治。

西汉雁门郡汪陶县故城，城址位于今山西应县城西，《水经注》："夏屋水……又东流结为南池，池北对汪陶故城。"

西汉雁门郡剧阳县城址，无考，《中国历史地图集》第二册标在今应县东北浑河东岸。辽代析置怀仁县。

西汉雁门郡中陵县故城，城址位于右玉县城西南 12.5 公里威远堡镇树儿照村西北，沧头河自南向北流经古城东侧。古城平面呈长方形，内有隔墙将城分为东西二城，据考古部门测量：城址南北长 1500 米，东西长 900 米，东、西、南、北四道城墙和中段城墙的城门遗址明显，东南城墙被沧头河水冲去一角。

西汉上谷郡潘县故城，城址位于今涿鹿县保岱镇保岱村南。

辽金以后州县城址仍然处于桑干河流域，应当是农业经营方式的恢复，但是没有沿用汉代留下的城址，而是迁移新建，且避开桑干河沿岸阶地。为什么会出现这种现象，是值得思考和研究的问题。

### （五）明代的边城

明代边墙的修筑导致沿边墙出现大批卫所城址，与原有的州县城形成两种城市体系。长城沿线为"极边"，属于卫所边堡体制；长城以内仍实行州县体制，州县城与边墙相隔百里。

明代沿长城边墙采用的军事战略战术是：戍边军队驻扎在边城内，遇警则前出至长城，而不是全部在长城上防守，所以一般来说边城选建在长城关口内，距离边墙二三里的位置。不能离边墙太远，以免来不及赶到长城脚下御敌，同时还要考虑选择一块较平坦有水源的地方筑城，边城周围可以种田补给。明代的军屯导致长城边墙内的土地被大面积耕垦，出现以卫、所、城、堡为代表的新城址与村落，也就使得燕山、恒山以北的桑干河流域不再可能回到以放牧经营为主要方式的生态环境。

清朝，当长城边墙军事警戒松弛后，明代新垦土地与城址、村落变成新的县城镇体系，农业经营方式不再逆转，使桑干河流域稳定地成为农业耕作区。

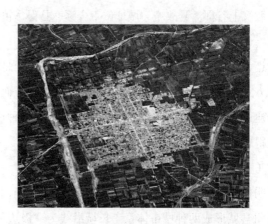

图十二　老怀安镇，明代怀安卫，清代改为怀安县，
1951 年县治迁至柴沟堡
（2003 年李孝聪航拍）

## 二、鄂尔多斯南缘历代城邑与环境之演变

鄂尔多斯高原台地的南缘因受到黄土高原陕北台凹板块向北移动的顶推，导致鄂尔多斯台地的向斜构造在今天宁夏盐池及陕西定边、靖边、横山、榆林、神木地区形成一个南凸北凹的U形接壤地带，南北地貌差异突出。南面是黄土高原梁状低山，黄土堆积深厚；北面是广覆流沙、草甸和灌木湖滩的毛乌素沙地，基岩埋藏不深而覆盖着堆积物，红柳河谷下切较深，阶地与河漫滩多开辟成水稻田；而U形接壤地带地下水埋藏浅，地表广布"海子"湖沼或盐渍地，牧草茂盛，适宜放牧。鄂尔多斯高原台地南缘生态环境的演变既有自然力的塑造，也有人类活动的影响。从这一带古代城址的分布情况与盛衰历史，人们可以获得明确的认识。

河套以南的鄂尔多斯高原曾经是北方游牧民族进退的通道，但是由于秦汉以阴山、大青山为边防前哨，修筑长城、屯田朔方，所以鄂尔多斯高原南缘所处的北地、上郡都不是最外的边塞。只是因为受这一带环境所限，县级城池分布尚显稀疏，在《中国历史地图集》上仅标有能确定城址的奢延、龟兹、昫衍、白土数县，而且这些城市皆分布在明朝的延绥镇长城边墙以外。可是，从靖边县城东杨桥畔发现现代村落的村民房屋压在古城址上，有些村民的房子直接利用夯土城墙并与汉墓群隔河相望来看，鄂尔多

斯高原南缘可能还有一些西汉时期的古城址未被确认。保存的汉墓与汉代城址，从一个侧面反映鄂尔多斯高原南缘的农牧交错带较当今更向北方伸延。而从东汉南匈奴归附至隋唐的 800 多年间，鄂尔多斯高原南缘长期保持驻牧经济，兼有少量农业，虽然这一时期也营造了城池，却没有改变以牧业为重的经营方式。

### （一）赫连夏筑城的用意与草原环境原生态

以赫连氏为主体的一支匈奴部族曾经在鄂尔多斯高原驰骋过多年，并建立了赫连夏王朝，就在赫连夏王朝存在的短短 25 年间，他们在鄂尔多斯草原南缘兴筑了两个规模庞大的王城：代来城和统万城，其高耸的城垣直到今天仍然能够震撼人心。

**代来城遗址** 《晋书·赫连勃勃载记》载："苻坚以（刘）卫辰（赫连勃勃之父）为西单于，督摄河西诸部，屯代来城。"文献所云"代来城"即位于榆林市西北巴拉素乡沙地中的白城台遗址。代来城又名"悦跋城"，兴筑于公元 376 年前后，是刘卫辰统辖鄂尔多斯高原匈奴各部时期的王城。据榆林市考古部门调查，代来城平面呈方形，城垣用黏性很强的白膏土夯筑，夯层厚 8—13 厘米，北城垣长 465 米，南城垣长 470 米，东城垣长 485 米，西城垣长 480 米，周长 1900 米，约合四里。各城垣正中开门，筑瓮城，四个城角分别筑探出城垣外的墩台，应是角楼的基础。经实地考察，代来城垣方位不是正南北，而是向东北偏转 30 度，用 GPS 测定其位置：西北城角，北纬 38°12′14.8″、东经 109°17′4.91″；东南城角，北纬 38°12′9.2″、东经 109°17′0.93″，海拔 1164 米。城内外满布沙丘，城垣被沙壅埋，地面残高 3—5 米。据《资治通鉴》记载：东晋太元十六年（391）刘卫辰遣子力俟提（直力鞮）寇拓跋魏南部，被拓跋珪败于铁歧山南。拓跋珪自五原金津南渡黄河，径走其国，遂入刘卫辰所居悦跋城（代来城）。刘卫辰与其子惊遁西奔，后被杀于白盐池。届时代来城可能遭劫难，但未必被完全拆毁，文物考古部门在城址中发现的黑瓷片、耀州瓷碎片，似来自陕西关中，或可证明北宋与西夏对峙时期，还曾有人在代来城中居住。

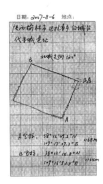 

图十三　榆林市巴拉素镇沙地中的白城台（代来城）遗址示意图及照片

　　《中国历史地图集》第四册将悦跋城（代来城）标在内蒙古东胜西侧的荒漠中，远离奢延水（今红柳河），显然有误。代来城的规模比统万城略小，而城垣构筑材料与方式则颇为一致，都是用草原上的白膏泥、黏土拌合生石灰而版筑，浇水后石灰产生的气体蒸腾，史料误以为"蒸土而城"。由于当地气候干燥，降水稀少，板结后的墙体泛出白色，远远望去就恰似一座"白城子"。白城子也是鄂尔多斯草原地区几乎所有村子古代城址的代称和野外考察的地理标志。

**统万城遗址** 代来城被拓跋魏袭破十余年后，刘卫辰第三子赫连勃勃立大夏国，并于公元413年发十万之众在奢延水北筑大夏国都统万城，"赫连龙昇七年，于是水（奢延水）之北，黑水之南，遣将作大匠梁公叱干阿利改筑大城，名曰统万城"（《水经注·河水》）。统万城遗址位于今陕西省靖边县城北55公里红墩界镇白城子村无定河北岸，毛乌素沙地东南边缘，东距代来城只有40公里，可见赫连勃勃所统南匈奴杂胡依然留恋鄂尔多斯南缘的那片湖沼草地而不远徙。实地考察统万城用GPS测定其位置：北纬37°59′48.7″、东经108°51′6.4″，海拔1175米。城址地势西北略高于东南，分东西两城，两城并列，外围以郭城。历经1600年，今天的统万城城垣遗址依然高达数十米，可以想见当时的城墙是多么雄伟了。

当前统万城的北、西、南三面均为固定、半固定沙丘所环绕，东部也散见流沙。西城内的西半部，东城内的西墙、南墙之下，亦有流沙堆积。赫连勃勃筑统万城时，周

图十四　统万城致密的夯层

图十五　统万城的西北城垣

围的地理环境是否已经是沙漠地带，学术界有不同意见的争论。一种意见认为十六国时期统万城附近的生态环境是非常好的，绝不见流沙的踪迹，沙地形成于唐宋以后；另一种观点认为赫连夏时代统万城周围已经有沙地分布[1]。近年来，历史地理学者再次通过实地考察，并结合《水经注》记载奢延水流域的景观，认为当时确实已经存在"沙陵"和"沙溪"等沙地地貌景观，不过还不是沙漠化地带，也不至于影响游牧经济方式的活动，在十六国、南北朝时期，毛乌素沙地的环境是沙地、湖滩地、河流、湖泊相间分布的自然景观[2]。这次实地考察发现：统万城的外壕用夯土实底及驳岸，考古挖掘的探坑表明城址下是鱼鳞状的湖沙，反映兴筑统万城之前，当地的环境曾经是湖泊沙地，统万城的基础建在湖泊沙地之上。这两个证据反映统万城一带的沙地并不是人类活动所致，而是早已存在。

为什么赫连夏要在湖泊、沙地相间的环境里兴筑统万

---

[1] 侯仁之：《从红柳河上的古城废墟看毛乌素沙漠的变迁》，载《文物》1973年第1期；朱士光：《评毛乌素沙地形成与变迁问题的学术讨论》，载《西北史地》1986年第4期；赵永复：《历史上毛乌素沙地的变迁问题》，载《历史地理》创刊号1982年，第34—47页。

[2] 邓辉、夏正楷、王瑷瑜：《从统万城的兴废看人类活动对生态环境脆弱地区的影响》，载《中国历史地理论丛》第16卷第2辑2001年6月，第104—113页。

城？我们不能将赫连夏筑统万城与当地的农业经营直接联系起来，而应将赫连勃勃曾言"朕方统一天下，郡万邦，可以统万为名"所表达的象征意义，及赫连勃勃整体发展的战略地理形势来联系思考。以匈奴部族为背景的赫连勃勃欣赏的战术是"吾以云骑风驰，出其不意，救前则击其后，救后则击其前，使彼疲于奔命，我则游食自若"（《晋书·赫连勃勃载记》）。赫连勃勃的这番话代表了游牧民族以劲骑游战四方的策略。他不赞成农业民族婴城固守的战术，赫连夏筑城只是作为屯驻军伍、游动出击的辅助据点，而不是为了安置众多农业编户。统万城内没有太多的街衢房屋建筑遗迹，或许也能予以证明城内住户不会太多。赫连夏势盛之际曾在关中、河朔之间（今陕甘宁交界地区）筑城若干，却不置郡县。其城专用以处置克敌制胜而徙之降虏。黄河河套以南的险峻之地到处都有，何以赫连勃勃单单选中统万城所在的位置建都？应当是该地控扼河套以南的交通古道，北近驻牧地区之故。所以，对游牧民族政权筑城的举动也不能一概视为从游牧方式转向农业文明的过程，尤其对赫连夏政权更应深入分析。其兴筑统万城之先，曾"近详山川究形胜之地"，动用"岭北夷夏十万人"营造如此强固的都城，除配合其机动征战的战术，其实更是表现赫连勃勃具有一统天下能力的象征。

代来城与统万城的距离并不遥远，直线实际距离只有40多公里，在两城未废弃之前，其联系应当比较近便。

赫连夏统万城的建筑时代恰处汉魏至隋唐之间的转型期，城址的形态又很具特殊性。譬如城址对地形的选择，赫连夏统万城南临河障，南墙厚重，内城位于西部；与北魏边镇城址北拒河、子城位居南部、向北防御的态势恰好相反。这正能够说明两者的目的性和针对的方向是有区别的。

### （二）唐置六胡州维持农牧兼有的经营方式

公元 427 年，北魏伐赫连昌，克统万城，431 年灭赫连夏，于统万城置军镇。后改为夏州，隋、唐至北宋初因之。夏州一直是由关中北去河朔道中的重镇，这一点是古代和现代人的共识。可是人们可能忽视了统万城／夏州也曾经是向东联系平城／云州（今山西大同）、晋阳／并州（今山西太原）、幽州（今北京）和营州（今辽宁朝阳），西向河西走廊的凉州、河湟地区、西域和中亚两河流域之间东西向道路的中继站。唐朝前期曾在夏州城至灵州城之间设置了六胡州，专门安置来自中亚的部落。

调露元年（679），根据《元和郡县图志》及新旧《唐书》，唐朝政府于灵州、夏州南境设鲁、丽、含、塞、依、契六州，用唐人为刺史，以处突厥降户及昭武九姓胡，谓之"六胡州"。长安四年（704）并为匡、长二州。神龙三年（707）在盐州白池县北八十里设兰池都督府统辖，仍置六州隶之。开元八年（720）六州胡反，十年复分置鲁、丽、契、塞四州。十一年平康待宾，旋移河曲六州残胡五万余口配许、汝、唐、邓、仙、豫等中原诸州，"十八年又为匡、长二州。二十六年还所迁胡户置宥州及延恩等县……宝应后废。元和九年复于经略军置宥州……十五年移治长泽县"。这段史料表述了唐朝六胡州设置的沿革，使我们了解到曾经有突厥族群、来自中亚河中地区的昭武九姓粟特人，以及来自黄河上游河曲一带的部族在鄂尔多斯草原南缘落居生活。如果我们了解中亚阿姆河、锡尔河上游昭武九姓胡的生活环境是内陆干旱的咸湖草原，了解黄河上游河曲地区族群驻牧营生的方式是在河谷草滩放养，通过对比鄂尔多斯高原南缘的生态环境，靖边、定边至盐池一带也是沙丘、草滩、湖泊、河谷，而不是大面积平坦的农田，就不难理解唐朝为什么将突厥降户、昭武九姓胡和河曲残胡安置在这里。

我们推测六胡州存在的那段时期，鄂尔多斯高原南缘红柳河以西至黄河以东区域内的人类经营方式是草原驻牧经济，人们多以帐幕为居；红柳河以东地区虽然也以草原驻牧经营为主，但是河谷地带可能兼有少量农业耕作。这样的自然环境与生产生活方式可能与来自"河中"地区昭武九姓胡的家乡很相似，既然大多数人以驻牧经营为生，则导致六胡州刺史所在的城址规模应不会很大，唐后期兴筑的新宥州城能给予说明。

图十六　新宥州城与东城垣外的草滩
（今内蒙古鄂托克前旗城川镇古城）

**新宥州城遗址**　即元和十五年（820）移治长泽县
之宥州，城址在今内蒙古鄂托克前旗城川镇古城，实
地考察用 GPS 测定其方位为北纬 37°42′41.25″、东经
108°19′36.86″。现存城垣完整，呈横长方形，南北长
约 500 米，东西宽约 750 米，周长约 2500 米，约合五里。
开东门、西门、南门三门，无北门，城内西侧有高台建筑，
城外有明显的护城河遗迹。城址北侧是大片草滩和湖沼，
因水浅而无法排泄，盐渍化比较严重。新宥州城址规模不
大，周围环境系湖沼草滩，完全没有中原城址市井繁荣的
形象，结合上文所引唐代史料，其职能应是以武职军将管
理遣归的六州胡，驻牧经营，周围应当没有大面积农业
耕垦。

唐德宗贞元二年（786）迁六州胡于云州、朔州。这意味着鄂尔多斯高原南缘的六胡州的历史已经进入尾声。同时，六州胡向东迁徙的足迹却又清晰地向人们暗示了鄂尔多斯草原南缘与河东、雁北地区的联系。因此，唐德宗时期的贾耽在其所记"从边州入四夷七道"中特别列出"夏州塞外通大同云中道"。

近年来在宁夏吴忠、灵武，向东经盐池，到陕西的定边、靖边、榆林，考古学家从这一带的出土文物中发现了很多善于营商的粟特人遗迹，说明唐朝从灵州（今宁夏吴忠）[①]，至六胡州和统万城所在的夏州，曾经有匈奴、稽胡、党项等诸多族群在此生活，在维系中西交通上曾发挥过重要作用。大约也就是从唐代后期开始，鄂尔多斯高原南缘地区生态环境渐趋恶化。据《续资治通鉴长编》，宋太宗淳化五年（994）"以夏州深在沙漠，本奸雄窃据之地"，诏毁其城，迁其民于绥、银等州，分官地给之。北宋毁废夏州城的理由表面看是城陷沙漠，而真意在不使党项势力控据该城。因为夏州南至陕北横山一带沃野千里，产马且有盐铁之利，凭据险隘，足以守御兴功而抗宋。自此以后，鄂尔多斯高原南缘汉唐以来的城址就渐次废弃了。

① 根据宁夏吴忠唐墓群出土的墓志和文物，我们可以推断今吴忠市利通区古城乡一带是唐灵州所在。

### （三）宋夏边界城寨与明代边墙沿线城址对环境影响的比较

今陕北榆林、横山、靖边、定边南部黄土高原的北缘，从东北斜向西南横亘着海拔1400多米的横山、白玉山，山两侧皆黄土丘陵，沟壑纵横，是一道南北之间的天然屏障。北宋与西夏对峙时期，即以横山为界，宋朝修筑的备边堡寨均排列在横山一线。宋代城寨、烽燧往往居高凭险而筑，依河川纵深而延伸，前后呼应。城址如下：

**麟州故城遗址** 据《旧唐书·张说传》，开元九年（721）康待宾率六州胡反，与党项联合攻银城、连谷，张说统兵马万人出合河关大破之，因奏置麟州以安处党项余烬。《旧唐书·地理志》载："天宝元年王忠嗣奏请割胜州连谷、银城两县置麟州。"据《新唐书·地理志》，麟州开元十二年（724）析胜州之连谷、银城置，十四年废，天宝元年（742）复置。开元十二年指张说初置麟州，天宝元年为王忠嗣复置。文物部门认为，麟州城始建于唐开元十二年，是沿袭《新唐书》的记载。麟州城历五代至北宋，相传"杨家将"三代守此城，当地人遂以杨家城称之。城址位于陕西省神木县店塔镇杨城村西北侧杨城山上，实测地理坐标：北纬38°56′46.83″、东经110°28′29.67″。城址西濒窟野河，北临草地沟，东连桃茆梁，南接麻堰沟，依山势呈不规则形。城址西、北、南三面为河流或深沟绝壁环绕，形势险要，文物部门认为麟州城址"由紫金城、东城、西城三个既相互联系，又相对独立的小城组成"。城垣曲折，周回约 2.5 公里，海拔约 1150 米。城垣由两种材料组成，一种为碎石垒筑城垣，分布在西城的部分外墙和城内的隔墙，以及东西城之间低洼处的连接部分；另一种为夯土城墙，在黄土生土面上夯筑，保存比较完整的西城南城门瓮城向东延伸的南垣，夯土城垣残高近 10 米，夯层厚 8—12 厘米。东城南墙外侧筑有马面，村民依城墙外侧挖了窑洞，庄稼就种植在城址内外。

我们借助榆林市文物部门提供的麟州城遗址平面图，结合实地考察，对麟州城址重新给出初步的认识：麟州城的主体城址呈南北狭长形，即当地人称之的"西城"和所谓的"紫金城"合而成之，中部偏南用碎石垒筑的东西向隔墙将其分为功能有别的南北两座城。文物考古调查发现"紫金城"内有多处建筑基址，"地表散布从五代至宋元时期的陶、瓷器残片"，可视为以指挥功能为主、军将衙署所在的子城。因为麟州城的地势是由东南向西北倾斜，所以将子城建在地势较高的南部；隔墙北边被称作"西城"的城址面积最大，应当是以驻屯军队辎重粮秣为功能的郭城，此二城兴筑最早，其构筑的时代可能是唐代天宝元年，因为王忠嗣在唐朝是一位善筑城的将领，而且唐朝盛行子城与大城合一的二重城形制，文物考古部门在"紫金城"的"城墙外发现宽 3 米的开挖于唐代的护城河"，更可以为证。原被称为"西关"的西城西侧的小城，西临断崖，并无出入麟州的道路，可能是宋代加筑，作为凭险据守的城堡。东城包在麟州主体城址的东、南两侧，呈拐肘状，城垣主要用黄土夯筑，北端外凸部分有一圈石砌墙，东城构筑的时代似乎应比西城和"紫金城"组成的主体城址晚，其功能是加强"紫金城"东、南两侧的双重防御能力，以补偿因为没有陡崖、地势平缓而带来的威胁，也应当是在北宋时期加筑。麟州城址南、北的数个深沟陡崖上，还有若干段碎石垒筑的长墙，作为城址的外部防御工事，与雁北地区发现的碎石长城形状类似，推测其时代可能与唐代麟州城兴筑同期。明代的长城虽然从麟州城址穿过，但是实际上并没有真正利用麟州城，在从麟州城南侧盘旋而上的山路途中，能够看到明代新构筑的方形边堡，其夯土城垣的保存状态远比麟州城完整。

图十七　麟州城遗址平面图（神木县文管会提供）

图十八　麟州城倚山濒河的形势

　　考察发现北宋的城寨往往构筑在高高的山崖上，与麟州城的形势类似。如麟州城北的黄羊城（连谷镇故城）遗址，隋代建连谷镇，唐置连谷县于此，天宝元年隶属麟州。城址位于店塔镇黄羊城村西 100 米的窟野河东岸高崖之上，城址平面呈不规则形状，亦分内外二城，城垣为夯筑，残高 2—5 米，顶宽 2 米，夯层厚 10—12 厘米，现存马面 10 座，东、南墙各辟一门。文物考古部门在城内采集到黑釉、白釉、豆绿釉瓷片及"开元通宝"铜币等。北宋此城为麟州前沿，政和四年（1114）废①。由于城址位于山上，道路崎岖，车辆难达，因此没有前往考察。今榆

---

① 高大伦编著：《中国文物地图集・陕西分册》，西安地图出版社，1998 年，第 638 页。

林市南无定河谷的罗兀城，曾被西夏攻占，北宋崇宁年间收复后改称嗣武寨，罗兀城址位于陕西榆林镇川镇榆溪河西岸的黄土丘陵高地上，也不在河谷中。《中国历史地图集》第六册将此城误标在河东岸。麟州城与众多宋代城寨选择高险之地而建，其粮食就只能倚靠后方补给了。宋夏对峙时期，李继迁曾多次围攻麟州城，均因陡崖难攀，城址地势高险，山上滚木雷石俱下，终不能破城。麟州路在阻止党项势力东犯南下时曾起到过相当关键的作用。可是，为了维持麟州将士兵马的生存，宋朝的后勤负担也相当沉重，麟州需"转输东刍斗粟费直千钱，河东之民困于调发无已"（《宋史·杨偕传》）。为此，北宋朝臣还曾有过是否撤废麟州的争论，只是由于麟州的位置至关重要而始终未决。

明朝中叶，因不断受到蒙古瓦剌、鞑靼部犯边掳掠，成化七年（1471）朝廷命延绥巡抚都御史余子俊大修延绥镇边墙，"由黄甫川西至定边营千二百里，墩堡相望，横截套口；内复堑山堙谷，曰夹道，东抵偏头，西终宁、固"（《明史·兵志》）。黄甫川在今陕西府谷县，南流入黄河；定边营即今定边县，偏头即今山西偏关，宁、固指当时的宁夏诸卫和固原镇。明延绥镇长城修筑在横山山梁北麓，并没有据高凭险，而且从东北向西南延伸至靖边营（今陕西靖边南边的新城乡），折转向西北蜿蜒，经定边、花马池、兴武营直至黄河岸。这个 U 形的明长城基本上选择沿着鄂尔多斯高原的南缘修筑，前文已经介绍，鄂尔多斯台地与陕北横山地质构造相互顶推的作用，造成U形接触地带地下水埋藏浅，可以开辟农田，而北部广布湖沼盐渍地，牧草茂盛，适宜放牧。明朝中叶修建这段长城不仅要分隔农牧，避免驻牧部族南侵，而且还要解决戍边将士的粮食问题，因此成化年间修筑的延绥边墙向南弯曲了一个大弧形。

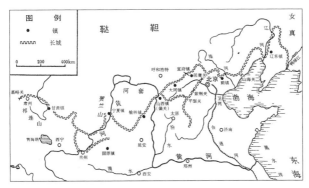

图十九　明长城分布图

图二十　明延绥镇（榆林镇）长城

明长城修筑以后，沿长城线出现了很多卫、所、边堡城址，明代的边城、边堡、火路墩沿长城边墙走向排列，城址距离边墙 1—2.5 公里，基本平行于长城，边堡与后方间没有纵深联系；假若某段边墙难以防守，则营筑两道边墙，分为极边和次边，沿两道长城边内各兴筑边堡以应。宣府、大同镇边墙筑有三道，延绥镇边墙在榆林至宁夏之间，也修筑不止一道长城，兴武营城是两条边墙的接合部。

宋代堡寨较之明代沿边城堡的选址差异颇大，反映了宋、明两代在边防战略上的不同战术问题。简而言之，宋代边防堡寨靠后方输粮补给，明代边堡则靠就近屯田以自给。这截然不同的战略战术使得宋代与明代的城堡有不同的选址，因而对农牧交错带的自然环境亦产生不同的影响。

北宋防御西夏的边军粮草主要靠后方转输，城寨可以居高据险而筑，选择西夏军队惯常出入的河川交通线呈纵深排列，安抚使分路而统辖。如：

麟州路，沿窟野河谷南北有神木寨、神堂寨、静羌寨、大和寨呈纵向排列。

绥德军，沿无定河谷依次筑罗兀城、银川（永乐）城、米脂寨、开光堡，均在山崖上。

鄜延路，沿清水河谷从北向南有土门、塞门寨、安塞堡、龙安寨、金明寨，沿浑州川有平戎寨、园林堡，皆构筑在河岸高崖上；沿洛水河谷设保安军和定边军，分别沿两条源流纵向排列着顺宁寨、栲栳寨、神堂堡、威边寨、怀威堡、金汤城、德靖寨等城寨。

环庆路，沿马岭水（今马莲河）河谷，由北向南，依次构筑安边城、清平关、兴平城、洪德寨、肃远寨、乌仑寨，直抵环州城；沿着延庆水（今东河）河谷则筑有通塞堡、淮安镇、五交镇、业乐镇，以作庆州之前沿防御。

宋朝边城堡寨的驻防采用的战术不是迎面堵截，而是据高险而守，扰来犯之敌的后勤，给驻扎较多边军、面对来敌进行迎战的二线州军以支持。由于不在堡寨周围开垦农田，当地农业耕垦所占的比重不大，因此，对于当地农牧经营方式的改变或自然环境的影响也是有限的。

明朝的边军粮草尽管也靠后方转输，但是更主要的是依赖在边堡附近进行屯种，分军屯、民屯两种，因而成化年间余子俊修筑延绥镇边墙时一定要选择沿着有水源、宜耕种的横山北麓低地而筑长城，而不是将长城修筑在横山山脉的山梁上，所以这段长城的走向才如此曲折迂回。明代的边城基本上沿着长城呈横向的排列，是与宋代堡寨纵向排列的一大差别。

自黄甫川堡而西，依次为：清水营、木瓜堡、孤山堡、镇羌堡、永兴堡、神木堡（镇羌所城）、大柏油堡、柏林堡、高家堡、建安堡、双山堡、榆林卫（延绥镇城）、归德堡、鱼河堡、响水堡、波罗堡、怀远堡、威武堡、清平堡、镇靖堡，靖边营、宁塞营、安边营、砖井堡、定边营、盐场堡、花马池堡（宁夏后卫城），高平堡、安定堡、永清堡、兴武营所城，毛卜剌堡、清水营、红山堡、横城堡、宁夏镇城。这一系列卫、所、营、堡几乎全部沿长城走向排列，因为延绥镇长城修筑了两道，内边长城一部分沿着横山山梁蜿蜒，大边（外边）长城基本上沿着鄂尔多斯台地南缘 U 形洼地，所以有的地段内边与大边长城间留有较大的空间，按理应当构筑纵深防御城堡，可是没有，所有明代边堡基本上总是与两道长城并行排列。

由于明代的边堡选址在长城边墙内不远的平地上，或者河谷间比较开阔的阶地上，并不选择在高崖上建城堡。所以，明代正统八年（1443）将神木县城下移至紧邻窟野河的川口筑城，而不再利用山崖上的麟州城。这样一来，在明代长城沿线边城的周围有许多新开垦的土地，由边军或迁来的军户屯种，从而改变或加重了当地农业耕垦的比重。

所以，明代与北宋边防战守方略的差别，导致边城堡寨的选址和分布上的差异，对于当地农牧经营方式的改变，自然生态环境的影响是比较突出的，特别表现在鄂尔多斯高原的南缘。将长期以来草原驻牧的环境改变成农地，可能由于来此驻防的江南官兵把南方水稻引入长城沿边地带。我们在红柳河、无定河、榆溪河沿岸，高家堡、鱼河堡、镇靖堡等地看到的水稻田可能就是由明朝江南戍边将士开垦的，当然这还需要史料与考察来求证。

自然地理分界线受气候影响，会有暂时的波动。明长城的修建会影响或限制农牧经营方式的界线，但是不会影响自然气候的分界线，明长城的出现，反而稳定了农牧分界线。明朝修建边墙要考虑农业对边军边堡的支撑，必须顾及自然形成的气候、降水和农牧交错带。明成化年间余子俊修筑延绥镇长城选线时可能考虑了气候、降水和地貌的分界，不然的话沿长城的边堡难以开垦农田。

延绥（榆林）镇的长城修筑在黄土梁北麓山坡下，受地形的影响，长城不会始终保持一条直线，因此方向也在不断地改变。边墙外的地表起伏舒缓，以沙地草原为主，多海子（湖泊），植被以灌木为主；长城内侧则逐渐起伏，广布深涧冲沟。长城压在自然地理界线上，植被是自然地理的镜子。马兰黄土呈黄白色，下层深色的地层表明这里曾经历暖湿期，大约形成于 10 万年前。

陕北、宁夏、鄂尔多斯台地与黄土高原接合部的明代长城向南弯曲的走向，一则符合气候、降水、地貌的自然分界带，二则沿黄土高原与套内草原的分界线，将适宜农业的地区与游牧草原地带分隔开。明长城是自然地理的界线，西汉的长城则不是。明朝修筑长城之前，鄂尔多斯高原南缘没有州县建置，为蒙古部族驻牧地，以草原放牧经营方式为主，明代长城的修筑导致沿边出现大量卫所边堡，周围土地相继开垦屯种，经营方式向农牧交错转化。清朝建立以后，特别是康熙平定噶尔丹之后，蒙古部族不再对中原农业地区侵扰，于是中央政府从雍正时期开始逐渐将明代长城边堡改为州县建制。

雍正二年（1724）川陕总督年羹尧等疏言：

"延安府属三十营堡，绵亘千余里。除神木厅所辖东路黄甫川等十营堡应照旧分管外，查榆林城堡厅所辖中路十堡内双山、常乐、保宁、归德、鱼河五堡，俱环绕榆林镇城，今榆林卫守备、千总既裁，应将鄜州州同移驻镇城，改为分驻榆林州同，将榆林卫并双山等五堡地方民事俱交该州同经管。其向水、波罗、怀远三堡，以波罗为适中之地。今西安都司经历既裁，应将该经历改为葭州州同驻扎波罗，为分驻波罗州同，兼管向水、怀远二堡。又清平、威武二堡，壤地相接，应于威武添设威武巡检司一员，兼管清平堡。所有榆林税课大使应行裁去，其税务归榆林道兼摄。至靖边厅所辖西路十堡，惟靖边所与定边为扼要重地，而定边离盐场堡二十里，盐贩由此出入，应设专员巡缉。查定边东有砖井堡，西有盐场，宜川邑非繁剧，应将宜川县县丞移驻定边，为分驻定边县丞，兼管砖井、盐场二堡。且盐场堡原系延属地方，旧设管理盐务之宁州州同及盐场大使，俱系庆阳府属宁州管辖，以致呼应不灵。应将州同擎回宁州，盐务改归靖边厅就近经管，而令定边县丞稽查私贩，其盐场大使亦归靖边厅管辖。又靖边东为镇罗堡，西为宁塞堡，靖边事繁民众，今靖边厅千总既裁，请将延安府经历司移驻靖边，兼管镇罗、宁塞二堡。再镇靖一堡，路当孔道，应添设巡检司一员为镇靖巡检司，兼管龙州一堡，将榆林驿丞事务裁归城堡厅兼管。其安边、柳树涧二堡，幅员辽阔，必得弹压之员，应将宁州州同改为绥德州州同移驻安边，兼管柳树涧堡，为分驻安边州同，归延安管辖。"（《清世宗实录》）

经裁并调整后的情况如下：

明镇羌所，顺治十六年（1659）裁，改为神木县治。

明榆林卫，雍正二年（1724）省废，八年（1730）以卫城置榆林府，设榆林县为附郭县。

明怀远堡，雍正二年裁，八年改置怀远县。

明靖边营，雍正二年设延安府经历司同知，八年改置靖边县。

明定边营，雍正二年以宜川县县丞移驻定边，为分驻定边县丞，兼管砖井、盐场二堡。雍正八年以营城置定边县，乾隆元年（1736）改属延安府。

明安边营，雍正二年以绥德州州同移驻安边，兼管柳树涧堡，为分驻安边州同，归延安管辖，后裁；乾隆七年（1742）于安边城设理事同知，县丞驻盐场堡。

明宁夏后卫（花马池堡），康熙六年（1667）省卫改宁夏所，雍正二年省入灵州；置灵州州同驻花马池，盐捕通判驻惠安堡。

清朝将明代延绥镇长城边堡改设府县，原因就在于人口逐渐增多，地方民事纷繁，俱应交州县官经管，当然也就意味着农业经营的比重超过了牧业，史料记载鄂尔多斯南缘风沙增多，沙化严重，环境开始恶化，也就是从清代中期以后逐渐加剧。由此可见，鄂尔多斯南缘农牧交错带以定居农业和城镇化为代表的人类活动，对当地环境之演变曾起过很大的影响。

### 三、葫芦河流域宋代堡寨与明代边堡反映的农牧问题

宁夏南部葫芦河（今清水河）流域从南向北由半湿润半干旱气候环境向干旱的内陆环境转化，其分界线大致在今宁夏同心县南面的黄土丘陵。今天在这条分界线以南，农田阡陌，村落连绵；这条分界线以北至黄河南岸，荒砾沙地与旱草滩相间，几乎没有农田，没有林木，村落也很少，到处是干涧、冲沟，剥蚀面可见大面积的砾石层，表土很瘠薄。这种状况要到黄河边上的中宁，才有改观，黄河阶地又出现大面积的城镇农田。与这一自然环境相对应的历史现象是秦朝长城为什么会从今天固原的北边穿过？为什么同心县以北没有北宋的城寨？诚如前文对北宋与明朝不同边防战略战术的讨论，从葫芦河流域宋代堡寨与明

代边堡位置的变迁可以看出，当地农牧经营方式发生了改变。

### （一）秦长城反映的农牧分界线

秦长城位于宁夏固原县城北5公里，自东北向西南延伸，历经2200多年的风蚀雨淋，墙体虽已不甚陡峭，残高仍然超过5米。虽然秦长城位于今天半湿润半干旱气候环境向干旱气候转换界线的南面，长城两侧已经都是农田，看不出气候或庄稼有什么差别。但是，秦朝修筑长城时的路线可能反映2200多年前当时的长城以外是畜牧经济，长城以内是农业经济。也就是说2200年来，后世的人类活动将葫芦河流域的农业开发逐渐向北推进了。

图二十一　宁夏葫芦河流域固原城北的秦长城遗址

## （二）北宋与西夏的对峙边境线基本上与气候分界线吻合

葫芦河流域的宋代堡寨集中在镇戎军（今宁夏固原）、怀德军（平夏城，今宁夏黄铎堡），它们位于相对宽阔的葫芦河谷地，位置最靠北边与西夏接界的堡寨可能是同心县城南1公里左右的沙嘴城址。《中国历史地图集》第六册没有标志这座城堡，但将宋夏边界线推定在同心县城南边，并标有兜岭。日中韩考察队经过此地，并未发现有明显的山岭阻隔，只是感觉同心县城南境的农地耕种状况比同心县北部要好，土质从沙砾、旱草地相间转变为黄土堆积，农田分布在清水河的阶地上，林木围绕着村落。考察队在同心县南兴隆乡从沙嘴城东北角攀上东城垣，用GPS测定其坐标为北纬36°56′35.52″、东经105°56′19.16″。城址就在今天的公路西侧数十米远。城址为方形，西侧城垣已经被清水河侵蚀不全，从城墙风化程度来看，该城比唐代城址完整，城垣残高仍达5米，但是不如明代边堡城垣壁立之峻面，应当属于北宋时期兴筑的城址。如果此判断不误，则北宋与西夏对峙的边界线刚好选在从半湿润半干旱环境向干旱环境转换的交界面，即沙嘴城所在的今同心县地。如果说北宋在葫芦河流域开垦部分农田以维持边军的话，农业种植也只能到达沙嘴城而止，再向北推进，土壤气候就不适合农业生产了。《中国历史地图集》将宋夏边界线画在同心县附近也是合理的。

图二十二　宁夏同心县城南边的沙嘴城址

### （三）唐代边关与宋代城寨

日中韩考察队沿葫芦河流域向南考察了另外几座唐宋城址。这一带在唐朝后期尚没有大面积的农业开发。据《册府元龟》卷五百三《邦计部·屯田》载唐宣宗大中三年（849）八月敕曰："原州、威州、秦州、武州并六关，访闻土地肥饶，水草丰美，如有百姓要垦辟耕种。五年内不加税赋，五年后量定户籍，便为永业。其京城有犯事合流役囚徒，今后一切配十处收管者。十处者，谓原州、威州、秦州、武州、驿藏关、石门关、木峡关、六盘关、制胜关、石峡关。"从这条史料可以看出至少在唐后期，原州（今宁夏固原）、石门关（今固原西北须弥山）一带还是土地肥饶，水草丰美，空阔而少有耕种，所以朝廷希望百姓前往开垦耕种，五年内不加税赋，五年后可编入户籍，耕地成为永业田。唐朝在葫芦河流域的两座城址应当说还不是完全意义的州县城，而属于军城边关的性质。

图二十三　宁夏固原市七营乡北嘴古城遗址

**北嘴古城址**　北嘴古城坐落于固原市城北七营乡北嘴葫芦河西岸，清水河河谷在此处向东拐了一个弯，变得较为窄狭，故称"葫芦硖口"。用 GPS 测定其坐标：北纬 36° 32′ 7.80″、东经 106° 9′ 14.97″。城址方位向南偏东 27 度，为内外两重城形制。外城南北长 643 米，东西宽 574 米，西南开门；外城东、南两面收缩，筑墙为内城，内城南北长 473 米，东西宽 404 米；城墙残高 1—5 米，基宽约 7 米，城外四周有护城壕痕迹。城址东南角已被清水河侵蚀，城址中心有高台建筑。城址内翻耕土地时曾有唐宋钱币出土，从地表散布的瓷器残片等遗物分析，此城址可能始筑于唐而历北宋，明代曾利用为镇戎守御千户所，以后废弃。由此推测，七营北嘴古城可能为唐代清水河西岸之白草军城，一说即唐萧关县故址 [①]。从城址风化程度来看，自明中叶废弃以后，此城未再被使用。

**石门峡关城** 唐朝原州界有石门、驿藏、制胜、石峡、木靖、木峡、六盘七关。据两《唐书》，唐代宗大历八年（773）"吐蕃寇邠宁，议者谓三辅以西无襟带之固，而泾州散地不足守。（元）载尝在西州，具知河西陇右要领，乃言于帝曰：'国家西境极于潘原，吐蕃防戍乃在摧沙堡，而原州（今固原）界其间，草荐水甘，旧垒存焉……徙（郭）子仪大军在泾（州）以为根本，分兵守石门、木峡、陇山之关，北抵于河，皆连峻岭，寇不可越。'"安史之乱后，原州没于吐蕃。及至唐宣宗时，吐蕃内乱，大中三年（849）"春，吐蕃宰相论恐热以秦、原、安乐等三州及石门等七关之兵民归国"，随后泾原节度使康季荣取原州及石门、驿藏、木峡、制胜、六盘、石峡六关。那么石门关在何处？《宋史·地理志》记怀德军有石门堡，自军城西至石门堡十八里。石门堡，故石门峡东塔子嘴。元符元年（1098）建成并被赐名。《雍正甘肃通志》

① 许成：《萧关考》，载《宁夏考古史地研究论集》，宁夏人民出版社，1989 年，第 228 页。

卷十《关隘》载："石门关在固原州北，隋开皇二年突厥自木峡、石门两道入寇。唐元和三年沙陀朱邪执宜自甘州谋归唐，循乌德犍山而东，吐蕃追之。沙陀自洮水转战至石门诣灵州降。"《固原州志》记："州北九十里须弥山上有古寺松柏郁然，即古石门关遗址，又石峡关在州境，当陇山之口。"考察队抵须弥山石窟下面的石门峡，水急谷窄，峡谷下切很深，今修建水库大坝，从现状观察，古代石门峡无法穿行，只能盘旋须弥山而上，所以唐石门关址应如《州志》所载位于山上。北宋的石门堡选建在峡谷东口的山嘴。由于明成化四年（1468）固原所的土达满据石城叛乱，明廷发三镇兵讨平之，遂夷石城，因此唐代石门关址已难寻觅。

唐代的石门关扼丝绸之路北线，俯逼须弥山峡谷，东面是一片开阔地，北宋曾与西夏反复争夺的战场即在此展开。由于葫芦河川是控扼西夏南北进出的咽喉，苟有事焉，夏人必以死争，而且川平地阔，夏军骤至，宋兵难御而不守。宋哲宗绍圣四年（1097）四月章楶建言："独葫芦河川滨水路，乃寇出入道，东带兴灵，西趣天都，可蓄收耕稼且居形胜地。"遂调泾原路军民，于石门峡东建城一所，好水河（即葫芦河川，今清水河）岸建寨一所，相距十二里。毕工后，乞哲宗赐名。"诏石门城以平夏城、好水寨以灵平寨为名"（《续资治通鉴长编》）。

图二十四　宁夏固原黄铎堡宋平夏城城址

**宋平夏城城址**　北宋的平夏城位于今宁夏黄铎堡镇，从三营向西转约 5 公里，城址在固原市黄铎堡镇西南 0.5 公里左右。古城北临石门川，西倚黄土原，当地人称黄铎堡，系沿用清朝时期的名称。用 GPS 测定城址方位是北纬 36°18′5.61″、东经 106°3′36.67″。有内外二城，内城在外城西北部，内城与大城共用西墙。内外城平面基本为方形，外城城垣南北长 800 米，东西宽 700 米，残高 4—8 米，基宽 9 米，城外四周有护城河环护。城四面共开 4 门，南北各开 1 门，东西各开 1 门。内城平面呈长方形，东西长 240 米，南北宽 80 米，残高 4—5 米，基宽 6 米，南北各开 1 门。境内文化堆积厚约 1 米，根据历年来出土许多唐宋时代的文物，历史考古学界认为宋代平夏城可能是利用唐代石门关城的基址而扩建，宋史记载徽宗大观二年（1108）展城，升为怀德军①。章楶之所以筑平夏城，是因为该地"天都畜牧耕稼，膏腴之地，人力精强，出产良马，夏人得此则能为国，失此则于兵于食皆有妨阙。将来进筑城寨，占据了当，夏人所有惟余兴、灵，虽未灭亡，大势已定"。天都指六盘山向西北绵延的屈吴山，属于今宁夏海原县境，海拔2000余米，遍山林木草甸，曾经是宜农宜牧的膏腴之地。兴、灵即西夏的国都兴庆府和重镇灵州。北宋平夏城及其周围堡寨之兴筑，的确使宋夏边界维持了多年的平静。可是我们也必须正视这样一个现实：平夏城周围的山峦已经是童山，不要说林木，就是草原也难以见到，更不要说今天的海原县与西吉、固原所在的葫芦河川竟然是中国最缺少水源、最贫困的地区。如果与唐代招民放垦的情况相比，环境恶化的原因，难道不应当从宋代以来人类在这里活动的角度思考吗？

固原、平凉所处的陇山葫芦河川、泾水流域是古代关隘集中的地区。关口、关城都是依靠山河险阻而设，古代交通道路往往穿过关城，而今天的公路为方便车辆往来拓宽路面，不再穿过关城，使古代关城因难以控制道路而渐渐废弃。

① 宁夏回族自治区文化厅文管会编：《文物普查资料汇编》，转引自鲁人勇、吴忠礼、徐庄：《宁夏历史地理考》，宁夏人民出版社，1993年，第123页。

**瓦亭关城**　瓦亭关城在陇山（六盘山）东麓，位于隆德、平凉道路的分岔口，依山临水而建，GPS 测定关城位置为北纬 35° 41′ 38.55″、东经 106° 17′ 49.94″，海拔 1872 米。原有形势是北倚山梁，西逼泾水峡谷，河流自西南绕城而东泄，峡谷陡窄，所以古瓦亭关路从关城东门、南门入，自西关门出，穿城而过，城内石板铺道。关城分内外两重城，外城依山形地势而筑，城墙轮廓依山形地势呈不规则半圆形，城垣夯筑，内外甃砖，周长 2140 米。城墙残高 5—7 米，底宽 3—13 米，顶部宽 2 米。内城位于外城的西南部，城墙保存完整，东窄西宽，周长 1500 多米。东、西、南城墙现有村道缺口，旧名分别为"镇平""隆化""巩固"。其中东城门位于东墙南端，外有弧形瓮城残迹。城内西南隅又有"子城"，呈方形，边长仅百米，门东向，城墙残高 5—14 米，基宽 9 米左右，顶宽 5 米。旧置巡检司于西南子城内，仅开东面一门，形成双重城形制。根据残存文物和城墙的修筑状况与城内外分布遗物初步分析，外城当营筑于唐宋时期，内城重建于明清之际[1]。由于现代公路从城外绕行，关城遂衰。

---

① 许成等：《瓦亭故关考略》，《宁夏社会科学》1993 年第 6 期，第 58 页。

图二十五 甘肃平凉瓦亭关城址

通过 16 天对农牧交错带城址历史的考察，我们意识到，城址的大量出现是当地环境发生变化的指标，但是，应当具体地分析不同历史时代的城址在功能上的差异，并非城址增多就意味着农业开发的加剧。尤其对于边防城址，要考察古代政权的军事战略与后勤保障制度，自然环境对城镇选址的影响是一个必不可少的观察视角。

# 甘、青地区考察所见古城址初识

　　30年前，张广达老师在北京大学历史系给77/78级同学讲授中国通史（唐、宋时代）时，曾经提醒我们关注河西走廊与黄河上游甘肃、青海两省交界的区域，历史上在这块地区，许多族群往来驰骋，众多过客留下足迹。这里曾被中原王朝与周边地方政权反复争夺，这里是"丝绸之路"的必经之地，更在中西交通史上留下很多尚待追寻的遗存。广达师特别讲述了隋炀帝大业五年（609）伐吐谷浑，皇帝一行自张掖东还，经祁连山大斗拔谷（今扁都口），遭遇风雪，将士冻死过半。正是那次听张先生的讲课，让我萌生了一定要去河西走廊、大斗拔谷一睹为快的心愿，也正是在那之后不断向张先生讨教，在他引导下走上了学习历史地理学专业的道路。当年听张先生讲课引起的这股探索甘青边古代道路和城址的情愫，30年来始终挥之不去。2009年终于有了机会，北京大学历史地理与古地图研究中心组织了两次甘、青、川交界地区的考察。第一次从兰州出发，经河西走廊武威至张掖，然后穿过扁都口、翻越祁连山到达西宁；再从西宁南进，逾拉脊山至贵德，沿黄河下至循化、同仁、夏河和临夏，最后回到兰州，实现跨越甘肃、青海两省探寻古代道路与城址的田野学术考察。第二次继续从兰州出发，南下甘南和四川，经岷县、宕昌、迭部、松潘、马尔康、泸定至雅安。这两次考察不仅明晰了史料所载古代交通道路的走向，验证了前人对古代道路与城址的研究，而且还发现了一些未曾被学界注意到的城址，实地考察使我们能够从历史与地理空间的视角深化对该区域历史地理的认识。现仅就考察沿途所见的古代城址，略举数例加以探考，为张广达师八十华诞颂寿，感谢老师对学生在学业上的指引。

## 一、唐建康军城址

唐建康军城址位于甘肃省张掖市高台县西南21公里骆驼城镇，是目前河西走廊保存最完整的唐代城址之一。现存城址为南北衔接的两部分，GPS测定方位：北纬 $39°\ 20'\ 56.33''$ 、东经 $99°\ 34'\ 7.73''$ 。城址为纵长方形，南北纵轴略偏西北。

唐睿宗景云元年（710）置河西节度使，领凉、甘、肃、伊、瓜、沙、西七州，统赤水军、大斗军、建康军、宁寇军、玉门军、墨离军、新泉军、豆卢军、张掖守捉、交城守捉、白亭军诸军，城址分布在从今甘肃景泰黄河西岸至敦煌一线。建康军，系证圣元年（695）王孝杰于甘州（今甘肃张掖）城西二百里置。《元和郡县图志》载："建康军，证圣元年尚书王孝杰开镇，周回以甘、肃两州中间阔远，频被贼钞，遂于甘州西二百里置此军。管兵五千二百人，马五百匹。"① 武则天主政时，自长寿、延载至证圣共计四年（692—695），适值王孝杰以武威道行军总管进军西域，击退吐蕃，克复四镇之际，建康军之设应与唐朝加强西域的军事实力和防务有关，用意在保障河西走廊甘州与肃州之间的交通。甘州、肃州（今甘肃酒泉）是祁连山北侧河西走廊上两块面积比较大的绿洲，自西汉设郡以来，留下很多古城址，西汉在两大绿洲间曾设置表氏（是）、乐涫等县。前些年高台县博物馆在骆驼城西北约 8 公里黄沙湾摆浪河下游的河道旁发现一座古城，2003年 10 月西北师范大学李并成教授考察后记述："所见该城比骆驼城址残破得多，绝大部分墙体坍平无存，仅余东北、

---

① 又《通典》卷一七二："建康军，张掖郡西二百里，证圣初王孝杰置，管兵五千三百人，马五百匹，东去理所七百里。"《旧唐书·地理志》："建康军，在甘州西二百里，管兵五千三百人，马五百匹。"《新唐书·地理志》："西北百九十里祁连山北有建康军，证圣元年王孝杰以甘、肃二州相距回远，置军。"所记皆同。

西北、东南 3 座角墩和靠近角墩处的零星墙段，南北约 400 米，东西 360 米许……城内遗落大量绳纹、弦纹、波纹等纹饰的汉代陶片和灰黑色汉砖残块，高台县博物馆还在城内采集到剪轮五铢等钱币，而未发现汉代以后的物品，可见该城的废弃应不晚于汉代后期。"[①] 西汉表是县曾为酒泉郡属县，东汉光和三年（180）因城毁于地震，迁移他处另筑[②]。而在今骆驼城附近发现前凉时期的墓葬，出土的墓志表明骆驼城在东汉以后曾做过前凉建康郡和附郭县表是县的治所。根据文献所载、考古发现及李并成实地考察的研究，我们可以断定黄沙湾古城即汉代表是县故城址，易地重筑的表氏（是）县城址应即今骆驼城，并被前凉、北凉、北周沿用为建康郡治，迨至唐证圣元年（695）王孝杰置建康军，不仅继续利用尚完整的城址，而且沿袭了旧名。

据实地考察所见，唐建康军城址南城保存较完整（图一），南北城垣长 494 米，东西城垣宽 425 米，周回 1838 米；城垣为夯土版筑，夯层厚 10—15 厘米，墙体基宽 6

---

① 引自李并成：《甘肃高台县骆驼城遗址新考》，《中国历史地理论丛》2006 年第 1 辑，第 110 页。

② 《后汉书·灵帝纪》：光和三年秋"表是地震，涌水出"。又《后汉书·五行志》载：光和三年"自秋至明年春，酒泉表氏（是）地八十余动，涌水出，城中官寺民舍皆顿，县易处，更筑城郭"。

米，顶部残宽 1.8 米，残高 5—8 米。东南、西南两城角各筑墩台，高、宽均超过城垣墙体，残存敌楼遗迹。南城东、西、南三面城垣各开一门，皆修建瓮城；东西城垣各筑一座马面，南城垣未筑马面，马面的高、宽均明显超出南城垣墙体甚多。南城的北城垣即北城之南城墙，但是高度超过南城的东西两城垣；正中开有一门，朝向南城，城内修筑瓮城圈，高度低于南城墙体，长、宽体量却超过南城的其他三座瓮城门。从风化程度观察，感觉似乎不是同一时代所筑，是否能与"玄始二年（413）沮渠蒙逊城建康郡城"联系起来，尚待考古发掘来验证。南城内西南隅另用夯土墙围筑一座小城，形制为横长方形，东西长 150米，南北半之；其西、南两墙依托南城城垣，东、北面二垣墙新筑，厚度较南城垣略薄，高度也不如南城城垣，夯层厚 21 厘米，也不如南城垣夯层坚实；小城北墙的中部建有一座向北外凸的平台，南北长 30 米，东西宽 50 米，残高 2.4 米，内侧西部有佛龛遗迹。李并成记述小城为"方形，长宽各约 150 米，门一，南开"（图二）。经实地考察，与实际情况不符，而且从夯层厚度与坚实状况来看，显然与大城非同一时期的产物。我们推测西南小城修建的年代似应晚于唐建康军城，南城垣开的缺口也是后世新辟，同时可以说明唐代以后此城仍然被使用过一段时期。

唐建康军城的北城之北半部已经被河流切蚀，南北残存城垣长 210 米，东西宽度与南城一致，为 425 米。2002

图一　甘肃高台县骆驼城卫星影像

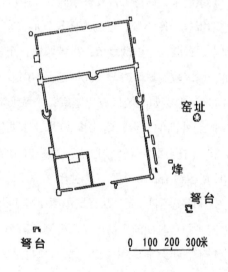

图二　甘肃高台县骆驼城平面示意图

（引自李并成：《甘肃高台县骆驼城遗址新考》。

按：西南小城绘制与实际不符）

年 8 月，甘肃省考古研究所对北城西南隅进行考察性考古发掘，发掘面积 1000 多平方米，出土了唐代开元通宝钱币和方形莲花纹地砖，据此推断北城地表下的文化层为唐代，同时根据房屋柱基有被火焚烧的痕迹，推测唐建康军城的废弃系毁于战火。从卫星影像分析，北城的北部残存一道东西向的隔墙，受雨淋风蚀已经断续不全。李并成认为这段墙就是北城的北城墙，"由于自然冲沟和盛行风的侵蚀，今南城东垣与北城北垣已大段坍塌，仅余残基"，"北城西北隅被洪水冲成的沟壑断壁上发现灰层堆积，含灰陶片、兽骨、木炭等物"①。但是，由于这段横墙东端的东城垣外尚保存有瓮城，城内未发现大面积的建筑物基址。因此，不能肯定此横墙残迹就是北城的北城垣，横墙以北的北城部分可能已经完全埋没无存，北城的修筑或早于南城。

当地文物考古部门在南城内尚未发现大面积的建筑基址，仅发现一些水井，城西北隅地表以下 0.8 米深发现厚约 0.6 米已部分炭化的马粪堆积，并在城中掘出大量铜箭镞。由此推测，南城可能只是用于驻扎军队，安置营帐、马匹、军械之所，符合唐代军城的功能结构。建康军城不

---

① 李并成：《甘肃高台县骆驼城遗址新考》；又参见李并成：《河西走廊马营河、摆浪河下游的古城遗址及沙漠化过程初探》，《北京大学学报》（历史地理学专刊）1992 年。

仅城垣、瓮城、马面、角墩等城防设施十分完备，而且外围的防御设施亦相当周密：建康军城垣外开掘护城壕，城壕与城垣之间另筑矮墙相隔，一说即羊马城，用以拒敌，使敌不易接近城垣。军城周围还散布着若干烽燧，以传递军情。城外东南、西南两翼距城200米处各有一座独立的方形小城，城周仅120米，当地文物考古部门发现两城堡用暗道与建康军城内相通。再向西南稍远处，又筑小城一座，周回约200米，与建康军城互为掎角之势，缓急相应。唐朝，建康军使常由甘州刺史兼领，张守珪曾为建康军使，开元十五年（727）吐蕃犯河西，陷瓜州，张守珪受命率军西援瓜州，大破吐蕃军，挽回颓势。建康军城在河西走廊的屏障地位可想而知。唐代宗永泰二年（766）河西甘州、肃州相继陷于吐蕃之手，建康军城的废弃亦在此时。

河西走廊南面的祁连山脉有大面积冰川发育，冰川融雪在山麓以北先形成深切的河谷，然后大多数河流迅速消失于山前堆积的冲积、洪积扇，形成戈壁滩下的潜流，直到冲积扇的扇缘出现潜水溢出带，孕育了大大小小的绿洲，这些扇缘地带的绿洲往往是古代城址首选之处。从汉唐城址到明朝修长城、筑边堡，河西走廊古代城址聚落几乎全分布在祁连山北麓众多河流大小冲积扇的扇缘地带，唐建康军城址的位置在张掖、高台、酒泉之间的诸多古城址中算是地势最高、最靠南面的了。数以千计的汉唐以来的墓葬散布在建康军城址东、南、西三面，说明此城郊三面是地势较高的冲积扇荒滩，不会与宝贵的良田争地。只有城北地势较低，且有潜水溢出，利于耕垦，如今与漫漫黄沙相伴的是连片的弃耕地和古代的渠道，以及残存的古代城址，正经历着沙漠化的过程。历史时期河西走廊的古代交通道路就是从唐建康军城向西北穿行，到达肃州（今甘肃酒泉），与今天横越祁连山北麓冲积扇上的公路已经有 30 公里之遥了。

## 二、大斗拔谷及其沿线城址

历史上的大斗拔谷指连接甘肃省河西走廊与青海省湟水谷地，穿越祁连山脉的南北通道，其北段的山口今天称扁都口。从祁连山脉北麓的扁都口，至翻过达坂雪山南边的大通县北川口，全长 260 公里。祁连山从西北向东南由若干平行山岭组成，山峦起伏而宽厚，并非一座单体的山岭。从北向南要翻越两座海拔 3000 多米的高山达坂，祁连山腹地还有两块地势平坦的山间谷地，一块是今青海省祁连县，属于黑河上游的高原草甸，古代文献称野马川。草场肥美，适宜放牧。另一块是青海省门源县的浩亹河谷，即大通河上游，随着地势的下降，从高寒草甸逐渐向山林河谷过渡，农牧咸宜。这种自然环境既适宜驻牧和农耕的经营，又能为行旅提供粮食和水草。祁连山有不止一条纵贯南北的山间道路，如白石崖口、寒鸦口、江陵口、榆木川等处，但其他谷道皆崎岖难行，只容独人单骑，稍有雨雪冰滑，难以驰驱，甚不方便。只有扁都口"虽亦两崖壁立，而横仅丈余，直无里许"，相比之下其他道路均不如大斗拔谷便捷。《西陲今略》："扁都口，明时凡凉甘往来于青海西宁者率皆由此而行，路虽逾山，实为快捷方式。"当然最主要的还是大斗拔谷南北两端各自维系着西宁、张掖两个农业开发比较成熟、交通更便利的走廊地带。自河湟谷地向南进入西番藏区，有所谓"唐蕃古道"相连；从张掖沿黑河向北，古"居延道路"可深入蒙古草原。扁都口只是大斗拔谷狭义的北段，历史上中原王朝与西域的交通，羌、匈奴、吐谷浑、氐、突厥、吐蕃、回纥、蒙古等部族利用此通道进出河西、河湟之间的记载史不绝书。后秦弘始元年（东晋隆安三年［399］）僧法显自长安启行赴天竺，自记云："度陇，至乾归国夏坐。夏坐讫，前行至耨檀国。度养楼山，至张掖镇。"[1]分析其行程，乃从长安西行逾六盘山，至西秦乞伏乾归的都城金城（今甘肃兰州西固）。待夏天雨季结束后，继续西行至南凉都城西平（今青海西宁）。转向北方，翻越养楼山至张掖。参照其路线推考，养楼山应指西宁市北面的山岭，即大坂山和祁连山，那么法显必定穿过大斗拔谷，出扁都口到张掖。隋唐之际，吐谷浑驻牧青海湖地区，常由大斗拔谷进出，劫掠

---

① 章巽：《法显传校注》，上海古籍出版社，1985年，第3页。

河西，战事多发生于此。隋大业五年（609），"炀帝躬率将士出西平道讨吐谷浑，还此谷，会大霖雨，士卒冻馁死者十六七"[①]。史料记载反映大斗拔谷的山路险隘，行旅需鱼贯而出，若遇风雨交加则多有不测。唐太宗时，置铁勒部落于甘、凉二州，契苾何力与唐凉州都督李大亮、将军薛万均合力同征吐谷浑，选骁兵千余骑直入突沦川，袭破吐谷浑牙帐，斩首数千级，获驼马牛羊二十余万头，浑主脱身以免，契苾何力俘其妻子而还，唐太宗有诏劳师于大斗拔谷（《旧唐书·契苾何力传》）。唐朝中叶，吐蕃势力坐大，与唐廷争夺西域的控制权，吐蕃军队从羌塘草原东下，常取道大斗拔谷袭扰河西州县。唐玄宗开元十四年（726）吐蕃悉诺逻纵兵入大斗拔谷，遂攻甘州火乡聚，陇右节度使判凉州都督事王君㚟间其怠，率秦州都督张景顺乘冰度青海，勒兵避其锐而不战，会大雪，吐蕃鞁冻如积，乃逾积石军趋西道以归。王君㚟豫遣谍出塞，烧野草皆尽，悉诺逻顿大非川无所牧，马死过半（《新唐书·吐蕃传》）。以上战事都发生在大斗拔谷，元明以后的文献，大斗拔谷多用扁都口称之。嘉靖三年（1524）八月土鲁番速坛满速儿亲统二万余众入嘉峪关，至肃州境内四散杀

---

① 《元和郡县志》卷四十。《隋书》记"风霰晦冥"。因史料记载有异，学界对此事原委、天气现象和冻死人数一向有争议。

掠，攻围高台千户所城、甘州镇城，不拔，转往山丹、洪水、毕家等堡，杀掠毁屋凡四十日，由洪水堡迤南扁都山口出掠西海而回（张雨《边政考》卷十一）。北方蒙古诸部更时常假道扁都口南来北往，过则要赏，停则驻牧，其留恋祁连山一带川原辽远，水草繁茂，一旦插帐即不肯动身。明王朝先是深忧蒙古诸部侵践之扰，修塞筑堡以杜其往来，因此在扁都口外沿途兴建了一系列城堡。而后，隆庆四年（1570）鞑靼首领俺答请求封王，进贡互市，明廷册封俺答为顺义王。五月，俺答至青海迎奉三世达赖索南坚错，途经扁都口，"亦以法绳诸部夷，令毋近城堡，毋践苗禾。而汉亦给米酒肉茶果，以中其欢"（瞿九思《万历武功录》卷八）。明朝后期改变边政，在扁都口、洪水堡开市，允许青海蒙古诸部来此地贸易。明末卫拉特蒙古固始汗率和硕特部入居青海，北起河西走廊，南至四川松潘边外，均为蒙古驻牧地。清朝，康熙十四年（1675）青海蒙古趁吴三桂叛军北犯、官兵进剿河东之机，拆毁关隘，袭执官吏，与清兵战于扁都口，清军永固城副将陈达战殁。于是清朝严饬将弁加意防备，同时遣使晓谕达赖喇嘛约束青海蒙古诸部。康熙中叶，噶尔丹自立准噶尔汗，袭取青海和硕特部，复北扰喀尔喀蒙古。康熙帝经多年征战，驱走噶尔丹，绥服蒙古。康熙末年，厄鲁特蒙古准部首领策旺阿拉布坦趁噶尔丹败死，尽收准噶尔故地，吞并四卫拉特，潜师入藏，袭杀拉藏汗，控制西藏和青海蒙古和硕特部，以对抗清廷。雍正朝平定策旺阿拉布坦之乱以后，青海蒙古罗卜藏丹津又叛，被清将年羹尧、岳钟琪击败。从此以后，清朝忧虑蒙、藏、回部利用祁连山扁都口谷道来往交通，再次修复了隘口城塞，添设兵员驻防。

扁都口外的道路形势是怎么样呢？走出大斗拔谷，映入眼帘的是宽阔的河西走廊。受来自北面龙首山和南面祁连山两个相对方向冲积扇的影响，在河西走廊中段形成了张掖和山丹两大块绿洲，两块绿洲间以东乐乡为中心，沿着山丹河有一条东西向狭长的走廊平地相通。孕育了张掖绿洲的黑河是从城西南流向东北，依靠引黑河水灌溉的绿洲农田主要分布在张掖城的西南、东北和西北部。由于张掖城南与祁连山脉之间是坡降比较大的山麓冲积扇，发源于山地的数条河流不仅深切成若干沟壑，而且流程短促，迅速消失于山前堆积的冲积扇和洪积坡，形成面积相当大的戈壁滩。因此，导致张掖城与民乐县城之间的地表缺少水源，遍地是风蚀沙堆、砾石的戈壁滩。从大斗拔谷口流出的童子坝河，受民乐县城东隆起的低山阻隔，在永固镇周围形成湖沼、泉流与大草滩，在其东面的霍城、大马营一线的大草滩有多处泉源，汇成了山丹河的上游，山丹河孕育了山丹绿洲，并向西流汇入张掖城郊的黑河。祁连山北麓水草丰茂的自然地理环境对游牧部落和驻牧族群很有吸引力，同时受环境制约，出祁连山扁都口，历史上形成两条通向河西走廊的道路。一条道路即沿着今天的公路

（227 国道）经南丰乡、总寨子、洪水镇（民乐县城）、六坝镇，向西北行至甘州城下；另外也可以沿着童子坝河、山丹河向北，经马营墩、永固镇、霍城镇，直指山丹县城。向西北直接去张掖的道路虽然近捷，但是必须穿过缺水难行的石岗墩戈壁滩；如果直北去山丹，再折而西走张掖，路程虽然迂远，但沿途有水源可供补给。

鉴于大斗拔谷在交通上的地位和重要性，历代王朝在沿途修筑的城址历历在目。我们结合现存清代舆图，穿越大斗拔谷，对沿途城址进行了考察。清初绘制的《陕西舆图》描绘了甘州镇至扁都口的道路[①]，标志有四城：六坝堡、红水营、永固城营、马营墩堡。该地图显示山丹卫至扁都口的路线有五城：石峡口堡、水泉营、高古城营、大马营、黑城营。永固城是两条道路的交会点，也是规模最大的城址。乾嘉之际绘制的彩绘本《甘肃舆地图》描绘甘州府至西宁府的道路，更细致地标记了沿途城址和塘汛，我们结合实地考察依次考述：

出甘州府城（今张掖市区）沿 227 国道东南行，过

① 《陕西舆图》现藏中国国家图书馆，见曹婉如等编：《中国古代地图集》（明代），文物出版社，1995 年。案：图版说明的作者推断《陕西舆图》绘制的年代为明朝泰昌至天启年间（1620—1627），笔者考定该图应绘制于清朝康熙年间，但是绘画风格更接近明代。因此《陕西舆图》可以反映 17 世纪的情况。

下寨，脱离绿洲进入石岗墩戈壁滩。石岗墩，位于距张掖24公里的公路西侧，是黄土夯筑的烟墩，高7米。前行，路东侧沙堆中另存一黄土夯筑的烟墩。六坝堡，今民乐县六坝镇，在公路西侧2公里，镇南、北口的古代道路因踩踏过多而低于地表1米，现存圆通寺喇嘛教式土黄色砖塔[①]。红水营城，今民乐县城洪水镇，明嘉靖八年（1529）置洪水堡守备驻防，城周三里有奇，当大草滩之口，用于和蒙古诸部开市。黑城营，今山丹县霍城镇，明嘉靖中筑黑城营堡，城周五里，濒大草滩，城北邓家庄残存双湖古城遗址和汉墓群。

永固协城，位于今民乐县永固乡（图三），清顺治八年（1651）筑堡，周回四里，设协台镇守。城址位于童子坝河西岸的阶地上，周围低山环护，泉水出涌，溪流绕城，城址四周分布着数座烽燧。现东、北、西南三面残存夯土城墙，城垣曲折，残长远不止2000米，内侧夯层厚9厘米，北城垣上有一覆钵式砖塔（图四）。

① 《清嘉庆一统志》载："圆通寺在张掖县东乐堡，始于宋徽宗时，明天启年间重修，内有砖塔。本朝乾隆年间重修，高八丈有奇，较旧址更宽。"案：北宋势力未达此地，或建于西夏，抑或元代，东乐堡即张掖市东40公里东乐镇，何时迁移至六坝，待考。

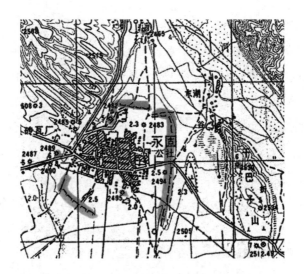

图三　永固城平面图

（民乐县地形图，1980 年）

图四　永固城北城垣

梁份《秦边纪略》卷三载：永固城，"汉为单于城，凉之祁连郡也"。永固乡东南山脚八卦营村西，在童子坝河东岸阶地上现残存一方形古城址，周长约四里，出土汉代及更早的遗物，背后山坡有上千座土穴墓，李并成教授推考该城当为匈奴城址[①]。永固城位于祁连山北麓大草滩边缘，东面不远就是焉支山，从考古发现与地理形势分析，这一带很有可能曾是匈奴王廷的驻牧地。西汉甘延寿、陈汤驱走匈奴以后，历代王朝均在此修筑过城池。唐玄宗开元十六年（728），吐蕃大将悉末朗率众攻河西诸州，八月，河西节度使判凉州事萧嵩遣副将杜宾客率弩手四千人与吐蕃军战于祁连城下，自晨至暮，散而复合，斩蕃将一人，吐蕃军大溃，临阵散走祁连山谷，哭声四合，露布传至长安，玄宗大悦[②]。吐蕃军队溃败能散入祁连山谷，战役发生地离谷口必定不远，唐朝祁连城址应在永固城附近。由此可见，历史上永固城的军事控御地位非常重要，永固城

① 李并成：《河西走廊历史地理》，甘肃人民出版社，1995年，第28—30页。
② 事见《旧唐书》卷八《玄宗本纪上》、卷九十九《萧嵩传》和卷一九六《吐蕃上》。嘉庆《大清一统志》"祁连废郡"条注："胡三省注城在祁连山下，故名。"《方舆路程考略》认为该城即单于城，在卫南洪水堡南三十里，故址犹存。考其方位应即永固城附近。梁份《秦边纪略》卷三："己酉（明万历三十七年［1609］），大草滩有夷游牧，乃设关筑塞，新名之曰永固城也。"

应当不会是清代方始营建，其城或许利用了前代城址旧基而重筑。目前城内建筑也只集中在永固城的中心部分，街巷围成方形（图五），故推测原来可能有两重城墙，清朝重建时仅仅利用其中的内城。

图五　永固城卫星影像

永固城位于 227 国道以东 3 公里，古代道路由此城下向南行 10 公里为马营墩城，今民乐县马营墩村，明朝筑马家墩堡，城周约 0.5 公里。祁连雪山南峙，大草滩北环，该地气候寒冷，盛夏有霜，史载："兵士堕指裂肤，四时不知菜根。"

再向南 10 公里即扁都口（图六），文献记载：两崖壁立，而横仅丈余，直无里许。盛夏积雪，当春不芳，鸟道环崖，裁容一轨，途经深涧，溜急石多，夏秋骑步均艰。修建现代公路后，交通已十分便捷，考察队仅用半个小时就穿过谷道，经二道沟、羊胸子（今民乐县羊雄子），越过海拔3685米的俄博岭垭口，来到祁连山腹地的野马川。

图六　祁连山扁都口现状

明清文献和舆图标作察汉窝（俄）博，今青海省祁连县峨堡镇，有路西去，经青海省祁连县可抵嘉峪关；东南大路可直下古浩亹河谷（大通河），去西宁、兰州；向北逾岭即通向河西走廊的扁都口隘道，三道交叉，原仅驻军而无住民，目前因往来停宿渐繁而成聚落。峨堡镇城南临黑河上游的东支峨堡河，又称八宝河，两岸尽是高原草甸，散布着很多藏民的帐篷、牦牛和羊群。因山高地寒，不能耕稼，只适宜驻牧，明朝视祁连山八宝川为边外蒙、蕃的牧场，未设屯戍。清朝稳定青海蒙、藏藩部以后，兴筑察汉俄博营城，属西宁镇永安营统辖，道光二年（1822）设都司，改属甘州永固协。察汉俄博营城，北倚山梁，夯筑土垣，周回二里二分，东、西、南各开一门，除部分墙体圮塌，现城垣、角墩基本完整（图七）。

图七　祁连山野马川察汉俄博营城

　　如今277国道擦着营城南墙东去，经卧牛河塘（今卧牛河北岸，公路左侧矗立的黄土烟墩），行20多公里攀上景阳岭垭口。景阳岭，一名金羊岭，垭口海拔3767米，清朝设金羊岭塘守备。景阳岭既是黑河与大通河水系的分水岭，也是中国西北地区内流河水系（黑河属之）与外流河水系（大通河下游经湟水汇入黄河）的分界点。过岭以后，沿227国道一路下行，过狮子崖（今狮子口），乾隆《西宁志》有诗云："两崖怪石多，中挂瀑布水，岩雨阴忽晴，涧雪低复起。"诗句描绘初下景阳岭的山路陡险、涧水奔涌的状况。下至七道班，公路在冲积扇上径直向东南延伸，沿途观察村庄却都位于西山根，说明老路并不是指向东南，而是向南折转，沿永安河谷西岸的阶地贴着山根走的。在门源县皇城乡马营村现存沙金古城，沙金古城遗址负山临河，平面呈长方形，东西长210米，南北宽120米，夯筑城垣残高5米，基宽8米，顶宽2米，夯层厚8—11厘米，仅东墙开一门。城北永安河与干沙河交汇的三角台地上尚存烽火台基址①，文物考古部门推定沙金古城为宋代所筑。城北为祁连山主脉冷龙岭，西夏元昊袭取甘州回鹘后，控制山北河西诸州，山南为青唐羌（吐蕃）唃厮啰势力所据，联宋抗夏，此时北宋尚不可能在浩亹河上游筑城。北宋政和六年（1116）童贯遣刘法率军出湟州（今青海乐都）败夏人，进筑古骨龙城，赐名震武城，地在山峡中，沙金古城可能筑于此时，当为北宋最前沿的城寨了。清代于此地设沙金城塘，由此南行约5公里至今门源县皇城蒙古族乡东北3公里处又有一城址——永安城。此城始建于清雍正三年（1725），是抚远大将军年羹尧平罗布藏丹津之叛以后，为掌控甘肃、青海咽喉要道，置永安营游击率制兵二百人戍守而建，城址位于永安河东岸阶地上，城周三里三分，今城已半圮，南北残垣438米，东

---

① 国家文物局主编：《中国文物地图集·青海分册》，中国地图出版社，1996年，第129页。

西残垣353米，城墙夯筑，残高7米，基宽6米，顶宽4米，夯层厚8—15厘米，外挖有壕，开东、西两门。城址当祁连之南，雪峰环峙，草滩环绕，旧为青海蒙古北境，城外不生五谷，绝无村落，惟蒙古游牧，有回鹘居半，产大通良马"青海骢"，现仍旧为蒙古族牧场。永安河汇入大通河（即古代著名的浩亹水）后东流，30里至黑沟口，今青石嘴镇，河谷豁然开朗，金黄色的油菜花撒满田间，由此进入中国著名的油菜花之乡——门源回族自治县。浩亹河谷虽然宽仅10公里，却从高寒草甸山地逐步过渡到适宜农耕的山林河谷，这在祁连山腹地实为难得。这里发现的人类活动遗迹可以追溯到青铜时代，曾是古西羌人休养生息的地区之一，北山乡金巴台古城的文化层从西汉堆积到唐代，老虎沟口城址从唐朝沿用至宋代，北宋散布有4座城址，北山老虎沟保存着明代修筑的边墙，清代则分筑营城，可见中原王朝对浩亹河谷之重视及投入。

我们考察了门源县的三座城址：黑石头堡、大通协（营）城、浩门故城。黑石头堡，在今门源县青石嘴乡黑石头村，城址位于公路左侧浩亹河北岸的阶地上，长方形城墙，南北长120米，东西宽80米，黄土夯筑，城角筑墩台，残高6米，基宽6米，顶宽1米，夯层厚7—10厘米，此城为清朝修建的绿营兵屯戍之城堡，有西、中、东三堡一字排列。大通协（营）城，位于今门源县浩门镇，雍正二年（1724）年羹尧奏请浩亹河谷驻总兵，旋设大通卫，隶西宁府，雍正三年始筑大通城，周回六里。"今大通镇营扼险据要……大通镇有控制援剿之责，应如马步各半例，设马兵一千，步兵一千"（《平定准噶尔方略》前编卷十七《川陕总督岳钟琪疏》）。雍正十三年（1735）改设副将，乾隆九年（1744）徙大通卫治于达坂山迤南之白塔城，遂改称旧卫城为"北大通营"。城址平面为长方形，东西长560米，南北宽490米，残高8米，基宽9米，顶宽4米，夯层厚6—15厘米。随着城镇建设规模不断扩大，旧时的城墙大部分已被拆除，现仅西北城墙尚完整。城南有浩门渡，为官渡要津。浩门故城，门源县城东1公里，城址南临浩亹河谷，位于河床阶地高崖之上，隔河面对苍松郁然的青山，东西两侧皆为深沟，高出河床80余米，凭险而筑（图八）。

图八　浩门故城卫星影像

城垣呈长方形，东西长 260 米，南北宽 240 米，夯筑墙体，底宽近 20 米，顶宽 7 米，残高仍有 10 米，夯层实测 10—13 厘米。城仅开南面一门，外筑瓮城门，并掘深 5 米的护城壕为堑。城内原有建筑已无存，仅东部残有遗迹（图九）。

图九　浩门故城址东南部

北宋对湟水流域的经略始自 1065 年。唃厮啰死后，西蕃不稳，宋神宗熙宁元年（1068），王韶上《平戎策》及《和戎六事》，宋廷采取招抚、用兵双策以避免河湟地区落入西夏势力范围，殃及川峡四路。熙宁五年（1072）王韶发动熙河之役，置熙河路，领熙、河、洮、岷诸州。哲宗亲政，采进取之策以接应欲投汉蕃部，元符二年（1099），王赡取吐蕃邈川、青唐城，在湟水中游置湟州（青海乐都）、鄯州（崇宁三年改西宁州，今青海西宁），复又弃守。徽宗即位，崇宁二年（1103），蔡京再开边，用童贯、王厚再复湟州、鄯州、廓州。政和五年（1115）熙河兰湟经略安抚使童贯遣熙河路都总管刘法出湟州，败夏人于古骨龙城，次年进筑古骨龙城，赐名震武城，未几改为震武军。据《宋史·地理志》载童贯奏疏可知，古骨龙原属湟州，有浮桥，政和六年赐名通济桥。通济桥之桥头堡，同年赐名善治堡。大同堡，本名古骨龙城应接堡，政和六年赐名。德通城，本瞎令古城，政和七年刘法既解震武军围，进筑，赐名。石门堡，位于瞎令古城北，地名石门子，政和七年赐名。浩亹（大通河）流域新归附宋朝的城堡，因宋元文献不载四至，迄今未能确指，谭其骧主编《中国历史地图集》第六册亦未标。现结合青海文物考古部门公布的门源县境唐宋城址规模考述：

金巴台城址，位于浩门镇北 8 公里北山乡金巴台村北的台地上，西濒老虎沟河崖，长方形城垣，东西长 200 米，南北宽 230 米，夯土城垣，残高 2 米，基宽 10 米，顶宽 4 米，夯层厚 10 厘米，向东开一门。唐开元二十六年（738）河西节度使鄯州都督杜希望率军攻拔吐蕃在浩亹河上的新城，以其城为威戎军，置兵千人、马五十匹镇之，应即此城。唐朝势力衰落后，吐蕃复据此城，北宋置震武军时，因城残破，未再利用而新筑城。

浩门故城址，位于浩门镇东 1 公里，GPS 定位：北纬 37° 22′ 18.46″、东经 101° 37′ 55.74″，长方形城垣，东西长 260 米，南北宽 240 米。

克图故城址，位于浩门镇东 28 公里克图口村，当地人称为三角城。城址北倚山坡，南临浩亹河，西濒克图沟，呈不规则状的城垣，东西长 460 米，南北宽 230 米。夯筑城墙残高 11 米，基宽 12 米，顶宽 3 米，夯层厚 6—11 厘米。向北面对克图沟开一城门，筑有瓮城。

老虎沟口城，位于浩门镇北 2 公里老虎沟口东侧，东西长 70 米，南北宽 40 米。城墙用石块垒筑，残高 2 米，基宽 4 米，向东开一门。

沙金古城址，位于浩门镇西 50 公里，长方形城垣，东西长 210 米，南北宽 120 米。

从城垣规模看，如果级别与城址规模相当，克图故城最大，又据史料载"震武在山峡中，熙秦两路不能饷"。克图故城址适在大通河入山之浩门峡西口与克图沟南口相交汇处，以地形度之，确实在山峡中，符合兵要控扼之原则，应是震武城。其城南临浩亹河，设有浮桥"通济桥"，作为桥头堡的善治堡应位于大通河南岸，今巴哈村。老虎沟口城址似一军事戍守要塞，以"石门堡"地名石门子度之，或即此城。因石门堡在瞎令古城北，再以方位推之，石门堡南面即浩门镇东 1 公里的浩门故城，有可能是原本为瞎令古城的德通城。政和七年（1117），刘法遣将王德厚率兵进筑[①]。沙金古城远在西山吐蕃故道下山之当口，"本名古骨龙城应接堡"，于理亦合。宣和元年（1119），童贯逼熙河路经略使刘法引兵二万深入西夏境，至统安城遇夏主弟察哥，刘法败死于山峡中。夏军乘胜围震武军城，欲拔之。察哥曰："勿破此城，留作南朝病块。"遂自引去。震武军远处大通河山峡中，难以获得北宋熙河、秦凤两路军马粮草接济，屡为夏人所困，自筑城三岁间，知军李明、孟清皆为夏人所杀。史家云：（北宋）"诸路所筑城寨，皆不毛，夏所不争之地，而关辅为之萧条，果如察哥之言"。元、明以降，浩亹河谷高寒的气候使其住民蒙人长期以放牧营生，清朝回民逐渐迁入。光绪时人陶保廉《辛卯侍行记》记载："北大通营，故青海蒙地……北阻祁连，南襟浩亹，六月飞霜，四时皆瘴，只产青稞，仰谷于甘州。汉少回多，习俗强悍，兼赖淘金，游牧畋猎为生。"

离开门源县城，西南行 10 余公里开始翻越多罗达坂，又名双俄博、拨科山、大寒山，今名大坂山，壁立千仞，东西横亘二百余里，山口海拔 3961 米。旧道盘旋而上，路面狭而积雪，行旅视为畏途，清朝置山顶塘盘查。近年打通了长 1530 米的大坂山山顶隧道，几分钟就穿至山的南坡。沿大坂沟南下，涧水淙淙，坡陡路滑，下至大

---

① 李焘：《宋十朝纲要》卷十七："政和七年六月癸酉，知熙州刘法遣将王德厚率兵筑瞎令古城。"

坂口，沿北川河上游河谷东南行。北川河，即古破羌水，集汇大坂山众多溪涧下泄。峡谷湍流过五间房，始平原广野，清初欲创设卫治，后改作西宁营马场，为南北通衢。由此南过峡口桥，白塔川（今黑林河）由西汇入，河谷渐宽，已经全然是农耕地区了。在北川河流域散布着许多以夹沙红陶为代表的齐家文化、卡约文化的遗址，表明这里曾是古代羌人生活的地区。明清时期，蒙、藏人聚之，庄户多立喇嘛塔，以白垩涂抹，俗谓白塔川。过桥向西行里许是大通县故城，今青海省大通县城关镇。大通县故城，原名"毛百胜"，清雍正三年（1725），川陕总督岳钟琪以白塔川与西宁北川营相去五十里，距大通镇（今门源县城）不过百里，声气响应，故设参将，领马兵二百四十、步兵五百六十，筑营城。城址南倚黄土原，北临白塔川，周三里余，开东西二门。因东郭外有白塔，故称白塔城，现存部分残垣。乾隆九年（1744）将大通卫从今门源县浩门镇移治于此，乾隆二十六年（1761）改置大通县。1957年大通县政府南迁至10多公里外的桥头镇，但是由于该城做过近200年的大通县治，城内清式建筑物随处可见，庙宇香火不断，商铺林立，较一般乡镇更繁盛。

白塔川口地当冲要，向为兵家所重。去城关镇北2.5公里上寺嘴山根存有一座古城址，城垣平面不规则，周回约1公里，残高8米，基宽7米，夯层厚12厘米，筑有马面，仅向西开一门，久经风霜侵剥而不磨，当地人附会于杨家将，俗称"杨家城"。李智信先生根据城内散落的残砖、断瓦和陶瓷碎片，考定该城是唐代安人军城[①]。此城选址于两条河水相夹的汇合处，择高地而筑，规模不大，防御性很强，符合唐朝军城选址的规律。

沿北川河南行15公里，到达今大通县城，旧名桥头。老爷山耸立河东，逼临北川，三川汇流而南下西宁，明代修永安桥以济渡。隆庆六年（1572），又添修边墙，西起河西娘娘山根，跨北川河，从老爷山根向东北，沿山岭蜿蜒东去。边墙开设东、西二暗门，墙外置马市，边墙内筑永安城。永安故城，位于新城乡古城村，城方形，周二里余，扼南北交通。清雍正三年（1725）又筑永安新城，设北川营游击，兵191名，驻扎新城堡，即今大通县南新城乡新城村。城周回六百丈，仅一里余，《中国文物地图集·青海分册》和李智信先生认为该城筑于明代[②]。可是规模如此之小，似不太可能，亦与《宋史·地理志》记载西宁州（原唃厮啰之青唐城）北二十五里的宣威城无

---

① 李智信著：《青海古城考辨》，西北大学出版社，1995年，第96—99页。
② 国家文物局主编：《中国文物地图集·青海分册》，第9页。李智信著：《青海古城考辨》，第103页。

涉①。考古部门在大通县城南新城乡下庙村小石山南发现一古城址，"面积不详，现存夯筑残墙长约 10 米，残高约 7 米，基宽约 5 米，夯层厚 12 厘米"。疑为唃厮啰之牦牛城，北宋改名的宣威故城。北川河从大通县故城经大通县城（桥头镇）至长宁堡的河道，受两岸山体的约束，长期以侵蚀东岸、西岸堆积为主。因此古代道路、古城址和年代较久的村寨大多分布在北川河西岸的阶地上，今天的公路已经转移到河东，而东岸的村落多在黄土梁上，公路沿线村镇稀少。由此看来，无论唐宋时期的军城，还是明清的营堡，都应当在北川河西岸选址。《中国历史地图集》第五、六册的绘制是不太准确的。

从大通县城沿着北川河东岸再驱车南行 30 分钟，湟水河谷与西宁城已经展现在我们的眼前了。

古人从河西走廊穿行大斗拔谷到达青海西宁，大约需要费时半月，而我们的考察队仅仅用一天的时间就走完了全程，除了慨叹现代交通工具的先进和道路之改善，更令人感触的是这条古代道路沿线迄今为止还存留了那么多人类活动的遗迹。根据文献史料的记载，借助卫星遥感地图

① 《宋史·地理志》："西宁州，旧青唐城，元符二年，陇拶降，建为鄯州……北至宣威城五十里……宣威城，旧名牦牛城，崇宁三年，改今名。东至绥边寨四十里，西至宁西城界三十五里，南至西宁州二十五里，北至南宗岭九十里。"

和 GPS 卫星地面定位系统，结合实地考察，较以往更容易探寻到古代城址。古代城址不过是最容易用眼睛去发现、用肢体来接触的历史遗痕，一定还有更多的文物古迹有待发现与理解。回想当年，倘若没有聆听广达老师的讲课，假如没有向广达老师深入地求教，学生可能永远不会走上历史地理学的学术之路，也不太可能组织这次甘、青边学术考察之旅。

（原载《张广达先生八十华诞祝寿论文集》，新文丰出版公司，2010 年）

壶兰轩杂录　　　　　　　游自勇　著

己亥随笔　　　　　　　　顾　农　著

茗花斋杂俎　　　　　　　王星琦　著

远去的星光　　　　　　　李　庆　著

梦雨轩随笔　　　　　　　曹　旭　著

半江楼随笔　　　　　　　张宏生　著

燕园师恩录　　　　　　　王景琳　著

鼓簧斋学术随笔　　　　　范子烨　著

纸上春台　　　　　　　　潘建国　著

友于书斋漫录　　　　　　王华宝　著

五库斋清史存识　　　　　何龄修　著

蜗室古今谈　　　　　　　丰家骅　著

平坡遵道集　　　　　　　李华瑞　著

竹外集　　　　　　　　　朱天曙　著

海外嫏嬛录　　　　　　　卞东波　著

耕读经史　　　　　　　　顾　涛　著

南山杂谭　　　　　　　　陈　峰　著

听雨集　　　　　　　　　周绚隆　著

帘卷西风　　　　　　　　顾　钧　著

宁钝斋随笔　　　　　　　莫砺锋　著

湖畔仰浪集　　　　　　　罗时进　著

闽海漫录　　　　　　　　陈庆元　著

书味自知　　　　　　　　谢　欢　著

三余书屋话唐录　　　　　查屏球　著

酿雪斋丛稿　　　　　　　陈才智　著

平斋晨话　　　　　　　　戴伟华　著